老包讲流程

包立南 胡建国 著

电子工业出版社
Publishing House of Electronics Industry
北京·BEIJING

内 容 简 介

本书是关于流程管理专业知识的介绍，同时对流程管理在企业中的实施策略和操作方法进行了说明，并用案例进行了展示。

第 1 章到第 3 章是概念篇，主要讲述流程管理的背景和相关概念，解决与基础认识有关的问题。第 4 章到第 6 章是思想篇，通过从宏观到局部的视角，探讨企业从顶层设计到流程运营的整体思想，这是流程管理系统性的集中体现。第 7 章到第 9 章是策略篇，从经验出发，讨论企业实施流程管理的现实策略。第 10 章到第 12 章是方法篇，讲述流程管理相关的技术方法，为实际操作提供指导。第 13 章是行业经验的分享。

本书适合想入门流程管理的企业管理者和流程管理专业人员阅读参考。

图书在版编目（CIP）数据

老包讲流程 / 包立南，胡建国著. —北京：电子工业出版社，2022.9
ISBN 978-7-121-43978-0

Ⅰ. ①老⋯　Ⅱ. ①包⋯ ②胡⋯　Ⅲ. ①企业管理－业务流程　Ⅳ. ①F272

中国版本图书馆 CIP 数据核字（2022）第 127823 号

责任编辑：石　悦
印　　刷：涿州市般润文化传播有限公司
装　　订：涿州市般润文化传播有限公司
出版发行：电子工业出版社
　　　　　北京市海淀区万寿路 173 信箱　　　　　邮编：100036
开　　本：720×1000　1/16　　　印张：21.75　字数：414 千字
版　　次：2022 年 9 月第 1 版
印　　次：2023 年 3 月第 3 次印刷
定　　价：102.00 元

凡所购买电子工业出版社图书有缺损问题，请向购买书店调换。若书店售缺，请与本社发行部联系，联系及邮购电话：(010) 88254888，88258888。

质量投诉请发邮件至 zlts@phei.com.cn，盗版侵权举报请发邮件至 dbqq@phei.com.cn。

本书咨询联系方式：010-51260888-819，faq@phei.com.cn。

推荐序

打造一家百年企业是很多企业的梦想。改革开放以来，国内涌现出一批又一批优秀的企业。很多企业快速崛起，又快速衰落。它们的崛起得益于政策、市场、技术的红利。它们的衰落是因为没有最终形成自己良性运营的基因，而使得成长缺少持续性。企业一时的成功很容易，能够长期保持旺盛的生命力却很难。环境和市场总是变化的，好的外部条件总是容易掩盖企业自身的问题。当外部条件不利时，企业中早已潜藏着的各种问题就开始"浮出水面"，这时企业往往已经积重难返。企业兴衰的原因多半如此。

近年来，情况发生了一些变化，越来越多的企业经过市场大潮的洗礼逐渐成熟起来，告别了野蛮生长的模式，把目光投向科学化的管理和运营。华为是其中的佼佼者，任正非以独到的战略眼光，在多年前就已经开始实施流程管理并对其持续优化。华为今天的成就得益于这样的魄力和坚持。任正非说，这个公司已经流程化、程序化了，即使他个人哪一天不在了，公司前进的步伐也不会改变。这是一个朴素的观点：企业的成功不能靠个人，而要靠一种机制、一个系统、一种其自身形成的持续运营的能力。

卓越运营是企业基业长青的保证，流程管理是现代企业运营管理的基础。这样的理念已经被越来越多的企业家认同。时至今日，流程管理已经成为企业的必修课，有很多企业成立了流程管理的专业部门，也有很多企业引入外部智力资源来建设流程管理体系。说到根本，流程管理的作用就在于为企业构建一个良性运营的系统。这个系统能够将个人的能力转化为群体的经验和习惯，能够让企业资源得以高效协调的运转，能够让企业实现自我运行和进化。我们引入了很多管理的思想和方法在企业中进行实践，也在实践中进行总结、提升和再认识。中国航空工业集团多年来先后引入了质量体系、综合平衡记分卡、精益六西格玛等多种管理体系，如今将其统一成一个 AOS（AVIC Operation System，中航工业运营管理体系）。AOS 是基于流程的运营管理体系，在流程的基础上实现各种管理体系和方法的整合与集成。这是一条当今企业生存和发展的必由之路。

流程管理作为一个尚显年轻的管理体系，与其他管理体系一样都是我们从西方先进国家学来的。因为它具有很强的专业性，同时与企业的各种实际业务和管理方法相互交织，又涉及现有运营模式的变革，所以在企业中实施不是一件容易的事。更何况目前流程管理的理论体系和操作方法也没有非常成熟，为此还需要很多管理专业人士不断探索、实践和总结。

包立南团队经过十几年的理论研究和在企业中的实践，积累了很多经验，并且在此基础上有原创的理论和方法，这是难能可贵的，也足见其功底深厚。他们的创造性可以总结为以下三个方面。

（1）在理论层面的探索。这包括流程管理相关的概念、流程管理体系的构成、流程层级结构的定义、流程场景的定义等。在理论层面上，他们厘清了很多模糊的认识。这些理论具有相对严谨的逻辑和对实践的指导意义。

（2）在策略层面的创造。从战略、运营模式到流程，从企业绩效、业务绩效到流程绩效，在企业中如何实现从宏观到操作的协同？在此之前，这些通常只停留在理论层面，他们给出了可以实现的策略，这是非常具有开创性和建设性的。他们还提出了企业推行流程管理的五要素（POMMC）模型，为企业实施流程管理提供了整体策略的参考。

（3）在方法层面的总结。在管理策略分析、流程架构方法、流程梳理和优化方法等实际操作层面上，他们也给出了一些非常实用的工具和方法。这些工具和方法非常具有参考价值。

我很荣幸受邀为本书作序，相信本书能够为企业实现卓越运营提供助力，为流程管理的从业者和爱好者提供借鉴和参考。

中航咨询董事长　徐光

2022 年 6 月

前　言

　　在企业管理领域中，流程管理是一个比较新的专业，甚至比质量管理、风险内控管理更年轻。虽然自从有企业那天，人们就开始关注流程，但是流程本身并没有被人们作为一个专业来看待。从弗雷德里克·泰勒的《科学管理原理》开始，对流程有了逐渐深入的探讨。直到迈克尔·哈默教授在20世纪90年代出版了《企业再造》一书，才标志着流程管理成为管理学的一个专业，到今天算起来也只有30年左右的时间。

　　2008年，我告别工作了十几年的商业银行，加入英资的Nimbus公司，开始从事流程管理咨询顾问的工作。虽然在Nimbus公司的时间并不长（后来它被TIBCO软件公司收购了），但是我很庆幸有这段经历。因为这段经历给了我流程管理的思想启蒙，更重要的是给了我一个面对企业管理的系统性视角。这样的视角伴随我做管理咨询顾问14年的职业生涯，咨询内容覆盖战略、企业架构、组织、人力资源、风险内控等专业领域，涉足生产制造、金融、科技、医疗等多个行业，深入研发、营销、生产、供应链等各种业务，然而所有的事情都没有离开过流程管理这条线。

　　关于流程管理，写一本书的想法由来已久。因为我越来越觉得这是当前企业普遍需要的，而在这个方面我应该能够做一点儿力所能及的事。7年前，我开始酝酿写作本书，然后几度搁置，总感觉有些内容并没有考虑清楚。直到2020年，我在网上发布了60集的视频课程"老包讲流程"，这套视频课程的录制和发布过程伴随着我更多的思考，尤其是从战略到流程那部分思考是在这个阶段完成的。时间到了2022年，这本书的内容才逐渐成形，有种十年磨一剑的感觉。

流程管理对企业的重要性是不言而喻的，这从今天企业界和学术界的普遍关注就可以知道。它已经成为大中型企业的必修课，小企业的管理者也有很多认知和实践。流程管理专业人才已经成为人力资源市场上的稀缺资源。人们普遍接受了这样一个基本观点：流程是运营管理的基础。

流程管理这个专业领域至今依然是各家之说，没有形成统一的标准和方法论。即使在流程管理专业的圈子里，也从来没有停止过关于流程管理是什么的讨论。这是一个有趣的现象：人们通常不会讨论战略管理、人力资源管理或者质量管理是什么，却对流程管理有这么多的讨论，为什么？

流程管理看起来不成熟，在我看来应该有以下几个方面的原因：第一，是由于流程本身复杂性的特质决定的，它既是业务又是管理，既是要素又是方法，既是活动又是标准，既是设计又是执行；第二，流程管理涉及的业务范围广，可以覆盖整个企业的全部业务活动，无论是在价值链的核心业务层面，还是在人力资源管理、信息化等管理层面，而且不同行业、不同企业的业务逻辑存在差异，很难形成统一的标准；第三，流程与其他众多的管理领域和方法（战略、组织、绩效、质量、风险内控、信息化等）密切相关，这也使得流程管理具有广泛的应用，延伸出众多跨领域的方法论和实践；第四，理论体系和实践之间总是相互关联、彼此成就的。当前，我国企业经营管理的普遍能力和水平并不高，流程管理的方法论水平也不太可能超越这样的现实。

写本书的初衷和愿望如下：

（1）希望它是通俗易懂的。尽管流程管理是一个比较有技术性的专业，我们也绕不开很多技术性的问题，但我还是希望能够做到让人读起来不那么累，为此哪怕牺牲一点儿科学性也在所不惜，毕竟管理学不像物理学那样是一门精确的科学。当人们问我这本书是普及型的还是专业型的时，我希望它是从基础到专业、由浅入深的。如果一定要做出选择，那么我宁愿它是前者。

（2）希望借此书解决认识上的普遍问题。在流程管理专业领域中，模糊的认识很多，许多实践中的问题都来自基本概念和理解的偏差，对这类问题进行澄清是我们能做好事情的前提。尽管我们没有必要在概念的具体表述中字斟句酌，但是对概念的认识还是应该尽可能清楚的，所以本书对基本认识的讨论占了相当多的篇幅。

（3）希望介绍一些有用的东西。我曾经有过编写一本流程管理大全类工具书的想法，后来放弃了，或许那应该是下一本书。因为我发现流程管理这个领域似乎还没有成熟到那个阶段，不如先介绍一些有用的东西。所以，我们致力于不去简单地重复在他人的著述中已经很成形的内容，并且也没有打算用均匀的笔墨面面俱到地做内容铺陈，更多的是我们的团队通过实践验证的知识和总结的经验。我们写我们认为应该写和必须写的，甚至不会纠结这些内容是不是已经超出了流程管理专业本身的范畴。

（4）希望能够在实践层面对读者有所帮助。我从 14 年流程管理咨询职业生涯的经验出发，用一些示例来说明实施策略和操作方法，希望能够让读者可以借鉴。但要说明的是：我们不太可能把客户企业的真实案例呈现给读者，这是对它们的尊重。所以，在这些案例中我们总要做加工，这样就难免会丢掉一些细节，希望读者能够谅解。

本书的主要内容如下：

（1）概念篇，包括第 1 章到第 3 章，主要讲述流程管理的背景和相关概念，重点讨论两个方面的内容：一个是流程管理的概念及其与一些管理概念的关系，这些概念包括制度、组织、职能等，解决认识基础的问题；另一个是关于流程型组织，从原理层面解读职能型组织和流程型组织运营方式的差异，我认为这才是实施流程管理的根本意义所在。

（2）思想篇，包括第 4 章到第 6 章，从企业架构讲到流程架构，从战略讲到流程落地实现，从组织绩效讲到流程绩效。这部分内容从宏观到局部，探讨从企业顶层设计到流程落地实现的基本思想和策略。这是流程管理系统性的集中体现，尤其是从战略到流程落地实现的过程。虽然流程是战略落地的途径和手段是人们的共识，但是如何实现这样的过程此前却没人给出可行的路径。我们创造性地构建了一个从战略到流程的可操作性模型，这是团队长期实践经验的总结。

（3）策略篇，包括第 7 章到第 9 章，主要讲述企业实施流程管理的策略和应用。其中，推行流程管理需要从五个方面出发：规划、组织、机制、方法和文化，这是我多年来在多个企业实施过程中的经验总结。在现实中，企业实施流程管理的很多问题都来源于上述某些方面存在着不足，尤其是机制和文化，这些是非常重要又容易被忽视的内容。流程管理的应用在这里聚焦于三个方面，组织架构、IT 规划和管理体系集成。企业在这三个方面具有普遍性的现实需求，在应用中也具有一定的技术难度。

（4）方法篇，包括第 10 章到第 12 章。业务框架、流程梳理和流程优化是流程管理实操中的技术部分，我们给出一些模板、案例和实操经验作为参考。需要说明的是，流程优化具有很强的技术性，它的技术性往往已经超越了流程管理专业本身，更多的是业务模式、业务策略的内容，这也是对流程管理专业人员能力的巨大挑战。

（5）第 13 章是一些专业和行业经验的分享。

以上是本书的内容梗概，这或许不能称为一本工具书。无论读者是一位初学者还是一位专业人士，我都希望它至少是一本有用的书。若果真如此，则是我的荣幸。

用通俗的语言讲实用的管理是我一直以来坚持的信条。

感谢本书的合作者胡建国博士，很多内容是我们在思想碰撞中完成的；感谢吴广阔先生，从战略到流程的思考受到了他的启发；感谢王婧和陈国容两位女士，她们在内容和文字编撰中提供了帮助；更需要感谢很多并没有参与本书写作，但一直帮助和支持我们的朋友和客户，他们是知识的来源和精神的动力。

包立南

2022 年 4 月 10 日

目　录
CONTENTS

思想篇

策略篇

方法篇

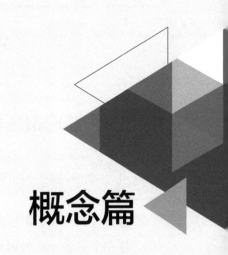

概念篇

第1章
现代企业的必然选择

1.1 适应市场环境的变化

1.1.1 市场需求和商业逻辑的矛盾

在当今世界中，市场在逐渐发生着变化。以前的市场是一个产品经济的市场，是一个供不应求的市场。在供不应求的市场中，我们不会过多地关注客户的感受，而主要关注产品的产量、质量和成本。随着生产力水平提高，市场发生了变化，几乎每个行业、每个产业都呈现出供大于求的局面。客户需求开始变得多样，企业就需要顺应市场环境的变化，满足客户的不同需求。所以，今天企业更需要柔性和智能化，价值链运营过程需要更精细并且能够快速转换，以便为不同的客户提供更多有个性的产品和服务。

企业运营的商业逻辑正好与之相反。企业要取得更多收益就需要通过批量化生产形成成本优势，批量越大，成本优势越明显。实际上，工业化过程解决的核心问题就是批量化生产。就像福特汽车的第一条流水线，使得生产效率提高了8倍，汽车的生产成本得以迅速降低，企业在规模经济中得以迅速成长和壮大，这是企业的商业利益的基本方向。

因此，市场需求和企业运营的商业逻辑之间就形成了一种矛盾，这是我们目前普遍要面临的挑战：既要满足不同客户的需求，又要保证批量化生产的商业利益。

1.1.2 企业面临的转型

企业的生产模式一般有四种类型：按单设计、按单生产、按单装配和库存生产，如图 1-1 所示。

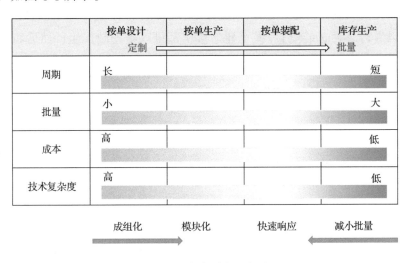

图 1-1　生产模式的类型

企业采用什么生产模式与市场需求和产品特征是高度相关的。生活中的日常消费品（如洗发水）采用的是大批量库存生产的模式。一些大型的生产制造（如工程机械、飞机、轮船之类的）采用的是按单设计、按单生产的模式。目前，生产模式的整体发展趋势是从两边朝着中间状态发展。按单设计、按单生产朝着按单装配的方向发展，库存生产也朝着小批量、按单生产的方向发展，这就是适应市场环境变化的结果。

例如，在汽车产业中，丰田推行的是准时制生产方式（Just In Time，JIT，零库存、定制化的准时生产）。国内很多汽车制造厂也在推出越来越多可选配的产品，加快产品更新换代的速度。这在手机行业中更加明显，发布新机型的速度在加快，现在每年发布五六种新机型都是正常的。

家具企业面临着全行业的转型。以前，我们的家装是定制化的，找装修队装修，装修师傅也负责打柜子、打家具，这样成本高、周期长，质量完全取决于装修师傅的水平。后来工业化的结果是我们可以到商场买现成标准化的产品，将其搬回家直接用。现在的一种新业务模式叫全屋定制，行业发展已经如火如荼了。这种模式是批量化生产半成品，然后根据客户的需要定制设计和安装，在客户多样化需求和企业批量化运作之间实现了平衡。

现在建造轮船、高铁客车，都可以不用像过去那样完全现场定制，多采用模块化的方式制造和安装。汽车行业也在朝着按单装配的模式发展，在基础产品上可以进行多种选装配置。甚至建造楼房都可以事先制作组件然后将其运到现场安装，这样就增加了标准化、批量化的成分，降低了施工难度和制造成本，缩短了工程周期，如图 1-2 所示。

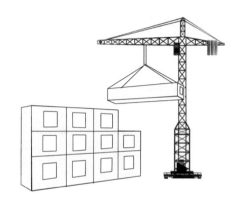

图 1-2　模块化建造

1.1.3　流程管理受到重视

这样的产业发展大环境，对企业运营流程化水平的要求提高了，因而近些年越来越多的企业开始关注和实践流程管理。在我做流程管理顾问十几年的职业生涯中，十年前总是在四处奔走于教育企业，讲流程管理的重要性，而当时能够理解的企业非常少，能够投入实践的就更少。近几年已经大不一样，大型生产制造企业几乎都在做流程管理，银行、电信运营商、石油公司和房地产公司，甚至政府和医院也都在推进流程管理。

客户的需求多样了，客户也开始变得挑剔，企业不仅需要在批量化生产的基础上兼顾灵活性，还要提高产品和服务水平，控制成本，稳定质量。这就要求企业的运营管理必须更加精细，流程管理是一条必经之路。现在，我到企业去一般不用强调流程管理的重要性，而更多的是聚焦技术层面的策略和方法，这是时代进步的必然结果。

1.2 工业革命背景下的流程管理

1.2.1 工业文明的进程

工业的发展进化过程经历了四个时期，如图1-3所示。

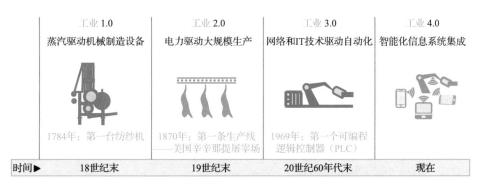

图 1-3 工业的发展进化过程

在工业1.0时期，蒸汽机的出现，让机器代替了人工；在工业2.0时期，电力得以应用，有了大规模的生产流水线，意味着大工业时代来临；在工业3.0时期，计算机和网络的应用、数据化和信息化，让我们进入信息时代；在工业4.0时期，物联网和智能技术开始发展，全社会大规模应用网络、数字和智能技术，企业作为全社会数字网络中的一个单元存在，更具有适应性和柔性，我们进入了智能时代。

工业2.0的核心是规模化，是通过流水线实现了规模生产。规模化的本质就是标准化和流程化，所以其实流程是工业2.0的主要内容。流程管理作为一个专业的历史是很短的，只有近30年的时间，并且至今理论体系依然不完善，但是人们研究流程的历史却很长，因为自从有企业那一天，企业就需要多人分工和协作，需要通过流程来生产产品和实现服务。

工业3.0是计算机和网络的应用，这只是工具层的表面，而本质是数据化。

数据化运行、数据化决策和数据化管理,使得企业经营比以前更精确和更高效。

工业 4.0 是智能化,这到底算不算一次工业革命其实还存在着争议,因为与前几次不同的是,我们只看到了量变而没有发现质变,并没有革命性的新技术出现,但是企业一方面要通过批量化生产追求经济性,另一方面作为社会网络的一部分,需要适应多样化的需求和变化,这个发展趋势是不争的事实。

我们处在这样一个既迅速发展又迅速变化的时代,面对工业 4.0 的挑战,企业准备好了吗?似乎没有!我们接触过很多国内企业,其基本水平在工业 2.0,甚至有些连工业 2.0 也没有做好,也就是说在标准化和流程化方面依然存在不足。至于工业 3.0,虽然很多企业都应用了信息化的手段,但是真正能够做好的寥寥无几。

我国提出了"两化融合"战略,两化就是工业化和信息化。面对与国际领先企业管理水平的差距,我们将工业 2.0 和工业 3.0 打成一个包,希望能够尽快迎头赶上。

1.2.2　来自管理的差距

很多产业的发展进步确实是日新月异的,一些高技术产业的水平越来越高。同时,我们也应该看到与国际先进企业之间的差距依然很大。

比如,我们的航空航天产业,一方面神舟飞船成功上天是科技实力的代表,但另一方面,航空发动机制造却是一个瓶颈。国外的一台航空发动机的寿命可以达到 10 000 小时,而国产的还只有几百小时,国产 C919 大型客机也要使用进口的发动机。

有人说,我们只善于生产单件产品,而不善于批量化生产。什么产品只要一批量化生产,一到产业化就不行了。汽车我们能做,芯片我们能做,圆珠笔芯我们能做,这都是技术意义上的,而不是产业意义上的。产业化需要全面的技术能力、运营管理能力、市场化运作能力。通俗地说,产业化就是能大量卖出去赚钱、产品具有竞争力、在商业上能够形成良性循环。如果不形成产业,那么技术的进步是难以持续的。

产生差距的原因是什么？从根本上来说，是整体工业化水平不足。工业化不只是技术层面的事，也包括企业管理、运营能力、人员素质等方面。回溯几十年前的中国，大多数人是农民。发达国家的工业化有二三百年的历史，而我国的工业化只有几十年，能发展到今天的程度实属不易。

所以，我国工业整体水平落后和能力不足是正常的，是发展过程中必然经历的一个阶段。技术上的差距是一个方面，管理上的差距尤其重要，甚至管理上的差距要比技术上的差距大得多。从事管理工作的人都知道，管理的基础理论、管理体系、管理模式几乎没有中国人原创的，这是我国工业落后的一个非常重要的原因。当我们有原创的管理理论和方法时，整个社会经济的发展也就不再是从前的水平了。

我们学的都是舶来的西方管理学，在本地消化吸收和应用还没有做好。改革开放以来，我们与国外先进的企业做了很多合作，工业化水平提升很大，但是对管理能力的消化和吸收仍然不够。一个典型的现象是，我们把德国大众、日本丰田的生产线和技术完整地搬到中国来生产，结果制造出来的产品就是没有原装的好。生产线是一样的，甚至是最先进的，管理是复制的，包括很多管理体系和操作规程都是复制过来的，但是依然有差距。我们的汽车行业从 2009 年开始产销量已经全球第一，但到现在为止能够走向世界的汽车却很少。

这种差距是工业文明底蕴的差距，隐含在很多思维习惯和行为习惯中，管理的复制不是那么容易的。与技术能力相比，管理水平才是更应该迎头赶上的。

1.2.3　流程解决运营的问题

企业管理的核心由三大部分组成，即战略、运营和资源，如图 1-4 所示。

第一个方面是战略，战略是方向。企业向何处去、客户定位是什么、市场定位是什么、靠什么赚钱、怎么发展，这些都是战

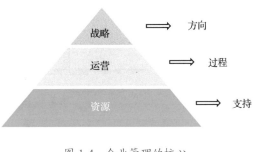

图 1-4　企业管理的核心

略层面的事。一个企业要成功，战略方向必须是对的，不能出错。第二个方面是运营。企业如何实现自己的战略、如何组织资源运作、如何制造产品、如何提供服务，这些都是运营层面的事。第三个方面是资源。人力资源、财务资源、技术资源、社会资源等为企业运营提供基础和支持。

一个企业在战略不能出问题的情况下，在具有所需资源的前提下，核心的事情就是做好运营。运营企业是一个长期的过程，基业长青靠的是优秀的运营能力。

流程对于企业来说是运营管理的核心，是现代企业运营管理的必修课。只有有了优秀的流程，才有优秀的产品、优秀的服务、优秀的企业。

1.3 流程不会使企业僵化

有人说，企业实施流程管理是对个性的扼杀，让个人能力没有办法发挥出来；还有人说，流程会让企业在面对市场的变化时不能快速反应，会因为阻碍创新而被市场淘汰。类似的问题我被问过很多遍，会不会有这样的结果？

1.3.1 企业运营的一种要素

首先，我们需要知道，流程是企业运营的一种要素。企业运营有很多要素，包括人、资金、物资、设备、技术、环境等。流程作为活动也是企业运营中的一种必需的要素。从这个角度来说，不管我们是否管理它，只要企业在运营，就存在流程。企业运营的要素如图 1-5 所示。

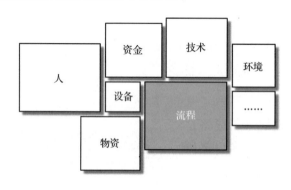

图 1-5　企业运营的要素

其次，流程是需要管理的。流程管理是企业管理的一个维度和一种方法。现代企业面对的环境要求运营管理越来越精细化，这种精细化就需要我们不仅要管理运营的结果，同时还要管理运营的过程，也就是活动。有活动的标准化才有结果的标准化，流程化和标准化是企业持续运营的基础。所以，流程管理是企业管理精细化的必然结果。

有了上述这两个前提，流程管理就是必需的，而如何管理流程就是一个技术问题了。流程会不会使企业僵化，取决于我们管理流程的方式。只有僵化的流程才会让企业变得僵化。很多优秀的企业都是流程管理的标杆，这本身已经充分说明了一个问题：一个企业要想成为优秀的企业，流程管理是必经之路。

1.3.2 流程和变化的关系

从技术上来讲，如何管理流程才能够让企业不会僵化？我们可以从三个层面来说明，即流程要面向变化、流程要适应变化、流程要创造变化，如图 1-6 所示。

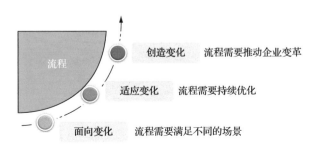

图 1-6　流程和变化的关系

1. 流程要面向变化

在企业运营过程中，活动是非常复杂的。流程需要满足不同场景的需要，而不能以简单粗暴的方式，用一个流程来解决不同场景的问题。

例如，企业对采购物资的验收有很多种情况。这些物资包括原材料、零部件、辅材、固定资产、工装、设备、信息系统等，此外还有外协、维修、培训、管理咨询等各种服务。对它们的验收就不能用同样的流程和标准来完成。原材料和零部件一般是需要检验的，有的需要筛选，而有些辅材就不需要检验和筛选；工装如果是量具就需要检定和校准；设备需要安装和调试；信息系统需要测试；有些服务需要评审，而有些就不用；有些标准化的产品只需要看外观等。不管有多少种情况，都应该有相应的流程，即使是特殊情况，比如来不及检验的例外放行，也需要有特殊情况处理的流程。

有些时候流程设计的不足，就表现在用一个流程或者极少的流程去解决本应设计多个场景的问题，这样的结果必然导致流程不适用。这不是流程管理的过度，恰恰是流程管理的不足。所以，只有面向变化设计不同场景的流程，才能满足业务现实的需要。就像图 1-7 所示的道路那样，我们在设计交通设施时必须给每一个场景都提供相应的路径。

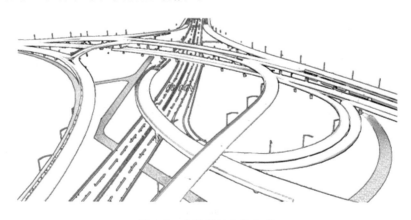

图 1-7　多场景的立体交通

是不是有人会觉得这样做的工作量太大？当然，设计不同场景的流程比只设计一个或者少数几个流程要复杂一些，但这样的工作是值得的，也是必需的。不管在描述和设计流程时付出多少工作量，这样的工作比起面对现实的混乱来说，付出的代价都要小得多。

所以，我们经常说的一句话是，设计越周全，操作越简单。设计流程正是管理者非常重要的一种能力。

2. 流程要适应变化

当业务场景发生了变化，流程不能满足业务需要时，流程就需要进行相应的优化和调整，以便适应这样的变化。

以上述的采购为例，如果企业需要采购"管理咨询服务"，而从前没有过先例，就需要审视现有的流程，看是不是能够满足这样的业务需要。采购管理咨询服务通常不适合用招标的方式，因为这种以智力为特征的服务不是标准化的，很难比较质量和价格。一般是先与咨询公司沟通交流，然后编制项目建议书或者项目实施方案，再通过评审和谈判的方式采购。验收也是很难标准化的，一般也要通过对项目交付结果进行评审的方式实现。

如果企业没有这样的流程，就需要先建立这样的流程，实施之后新建的流程就可以被重复应用。企业还要对不适用的、存在问题的流程进行优化，这种优化应该是长期且持续的，依靠一套流程生命周期管理的机制实现。流程管理的机制是不可或缺的，它决定了企业流程是不是有生命的，也最终决定了一个企业流程管理的水平。

企业中的流程就是在这样不断优化的过程中被积累和丰富起来的，形成的流程库是企业非常重要的资产。

3. 流程要创造变化

企业的战略要通过业务模式和业务策略，最终落实到具体的行动中。企业在成长的过程中，面对市场的变化总要做出相应的反应。战略方向性的调整是很少发生的，但是业务策略的局部调整却可能是经常性的，唯一不变的就是变化。如何把战略和业务策略的调整变成最后的行动？这个过程是需要依靠流程的设计和优化来实现的，因为流程就是活动，所有的管理设计最终都需要活动去实施。

从这个意义上来说，流程不仅是面对现实解决问题的手段，还是面向未来对业务模式和业务策略进行思考与再设计的途径。所以，流程优化的一部分原因来自现实中的问题，另一部分原因来自企业策略调整的需要。后者看起来不是一种被动的适应，而更像一种主动的变化，来自管理层的决策，是企业管理顶层设计的问题，所以我们说流程要创造变化。

综合以上讨论的内容，流程会不会使企业僵化？结论正好是相反的。为了能够让企业适应市场环境的变化，及时甚至前瞻性地进行调整，我们就更需要流程这样的管理维度和手段。

1.4 **流程对运营管理的作用**

流程对企业运营管理的作用如何是没有标准答案的。我们可以从不同的维度来表述。

1.4.1　经验的积累和传承

如果用一句最简单的话来说明流程的作用，我会说是经验的积累和传承。一个人的能力靠天赋和培养，团队的能力靠士气和训练，很多人协作的能力靠流程。

企业是依靠多人协作来提供产品和服务的，这种协作的过程常常是非常复杂的，由不同的专业分工来完成。有些工作需要多人来做，有些工作需要少数的几个人，不同专业的能力和要求各不相同。个体的人总是充满个性的，也存在着能力的差异，需要密切协作。如何让一个充满个性的群体工作的效果最好、效率最高而且尽可能偏差少，是企业运营管理需要解决的核心问题。

流程是企业运营过程中各种活动的路径，应该成为经验的积累，形成最佳实践去传承。让不同的人做相同的事情能够得到相同的结果，这样才能让企业运营的结果摆脱对个人能力的依赖，同时又能够很好地控制成本。

彼得·德鲁克在《公司的概念》一书中有这样的论述：

（1）靠天才和超人管理的机构是无法生存的。公司的组织形式必须使它在普通人的领导下运作。一个人管理的机构不可能长久，过分依赖某个人是危险的。

（2）现代组织能力代替了个人技巧，所以企业可以招募大量非熟练工人。

（3）现代组织减少了对低能力的需求，提高了对高能力的需求，即减少了对普通员工的要求,但却提高了对高层管理者的要求,导致管理人员的数量急剧增加和收入大幅提升。

一位企业经理给我讲述过他的经历:他去一家美国的直升机制造厂参观,当时正值工人罢工,很多生产线上的工人没有来上工。工厂就组织各科室的管理人员到生产线去顶替工人完成生产任务。管理人员能够像工人一样工作吗?他带着这样的疑问去车间查看,发现那些管理人员都能够完成生产线的操作。原来每个工位、每台设备上都有非常详尽的操作说明,而且工艺流程被细化到非常简单的程度,配合那些自动化的设备,生产线上的人不需要太多训练就可以很容易地完成那些操作。这实在让人惊讶!这就是流程管理的魅力所在。

1.4.2 控制了过程就控制了结果

流程的核心作用是运营活动的标准化。与其他标准化不同的是,它强调的是过程的标准化。我们相信,只要有过程的标准化,就能保证结果标准化的稳定性。一个很好的例子就是公路和铁路这两个不同的系统。

公路系统是充满规则的。我们学习过交通规则,道路上有红绿灯和各种标识,也有监控系统和维持交通秩序的警察。然而,这样的系统也很难平稳而均衡运行,车少和拥堵的情况都会发生,如图1-8所示。

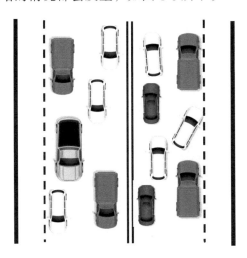

图 1-8 公路系统的规则表现

为什么？因为虽然这个系统充满了规则，但是对于个体行为来说还是有很高的自由度。我们需要在什么时间驾驶汽车到什么地点，这是我们行动的目标，至于实现目标的过程是可以由个人决定的。这个逻辑就像依靠制度管理的企业，规定了可以怎么做和不可以怎么做，实际上我们更在乎结果而并不去精确地控制过程。不控制过程就意味着我们很难保证结果是稳定的。

铁路系统的管理规则是另外一种模式。火车必须在轨道上行驶，速度和时间都被控制得比较精确。多个编组站形成一个信息网络，保证它有很好的计划性而不会出现拥堵。铁路系统的运力是惊人的，可以在短时间内（如春运）把几亿人和很多货物输送到全国各地。这就与基于流程管理的企业类似，它的特征是作为个体的每一列火车的活动都是被管理和控制的，如图 1-9 所示。

一个企业在规模比较大并且活动被高度重复的情况下，就不能像公路系统一样只重视结果而不重视过程，应该像铁路系统一样进行过程的管控，这样才能保证资源被充分而均衡地利用，才能保证运行结果稳定。

图 1-9 铁路系统的规则表现

1.4.3 运营管理的设计

流程对运营管理的作用，一方面在于我们需要标准化运作的结果，另一方面在于我们需要设计运作的方式，而结果总是从设计开始的。好企业是设计出来的，就像好产品是设计出来的一样。

企业的运营过程是需要设计的，企业越大，运营过程就越复杂，这个工作就越重要。企业就像一台机器，它的运行和管理需要不断经历"设计—运营—调试"的过程。在这个过程中，流程提供了设计的蓝图和验证的路径。我们需要将现实的流程描述出来，然后思考和分析它们的运作方式和结果，设计、修改和完善这些流程，在实际运行中再去检验它们实施的效果。

我曾经回访一家辅导过的企业，企业经理说，之前引进流程管理咨询给他们带来的最大的变化其实不是某些业务流程的优化，而是意识层面的。他说："如今，当讨论问题时，我们的第一反应总是流程有没有问题。我们的思维方式从就事论事转变到了更关心运营过程的设计，这才是流程管理最大的意义"。

建立在这样的本质认识基础之上，我们可以将流程对企业运营管理的作用延伸到更多方面的表现，包括充分利用资源、稳定产品质量、节省成本、控制风险、平稳运行，甚至是保持核心竞争力和基业长青。

伟大的英雄留下的是故事，伟大的领导人留下的是传统。

第 2 章
流程型组织

2.1 组织形态的演进

组织结构是企业内部的部门分工、层级和权责关系，是企业实现战略目标、持续运营的载体，也是企业管理的重要对象和内容。

组织结构呈现不同的形态，这与企业所处的行业和发展阶段有关。同时，组织结构也不是天然形成的，而是经过设计并且在运营过程中逐步调试而成的。组织形态需要匹配企业的战略方向和目标，适应环境的变化，满足企业运营的需要。

2.1.1 组织结构的不同形态

1. 直线制的组织形态

下面先来看一下简单而古老的组织形态——直线制的组织形态。这种组织形态的特征是从高层向下层直接传达指令，简单地说就是厂长管车间、车间管班组的模式，如图 2-1 所示。

直线制组织形态的特征：命令是统一的，职责是分明的，组织是稳定的，管理成本也会很低。其缺点是组织内部各单元之间缺少横向的联系，没有专业的职能部门，也就是职能管理不够专业化，对管理层的要求比较高，因为管理层要承担多种职能的工作。

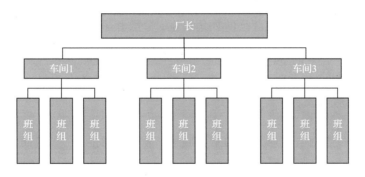

图 2-1　直线制的组织形态

这种组织形态在中小型企业中被普遍采用。长三角和珠三角的很多制造型企业，就是用这种比较简单的模式。

2. 直线职能制的组织形态

直线制的组织形态再向前演进，就是直线职能制的组织形态。这种组织形态与直线制组织形态的主要差异就在于形成了一些职能部门，这是职能分工专业化的结果。当企业的规模发展得比较大时，原来一个人可以身兼数职，现在就需要有更多的专业人员来做特定职能的工作。多个专业人员组成团队，就形成了部门，如研发、生产、销售等部门，组织形态也就演化成了直线职能制，如图 2-2 所示。

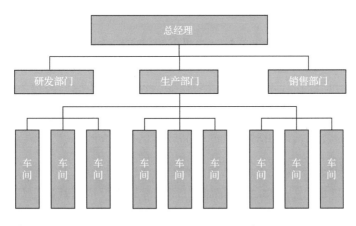

图 2-2　直线职能制的组织形态

直线职能制组织形态的优点如下：职能工作更加专业化，能够发挥职能的作用；可以在企业中调节资源，有利于人才的培养。其缺点是职能部门有可能因为专业分工的差异而从自己的视角出发,分散和争夺企业的资源,部门之间形成壁垒。既要划清职能的边界和职责,也需要彼此协同工作,这本身就使得管理相对复杂了。

3. 事业部制的组织形态

将直线职能制组织形态中的某些职能,放到公司的一个业务单元中,让这个业务单元形成类似于一个公司的完整功能,这就是事业部制的组织形态,如图 2-3 所示。

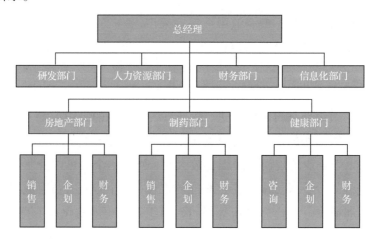

图 2-3 事业部制的组织形态

当一个业务发展到一定规模,公司希望这个业务能够尽快成熟起来,未来作为一个子公司独立运营时,就会采用这样的组织形态,赋予这个业务类似于公司一样可以独立运作的相对完整的功能。这样的事业部一般没有上层公司职能部门那样全面,只是拥有了某些必要的功能。这种组织形态主要出现于面向多元化发展的公司,以相对独立的产品或者区域来划分事业部。

事业部制的组织形态的优点如下:事业部可以独立运作,具有孵化器的作用;事业部可以考虑成本收益,面向市场能够快速反应。其缺点如下:管理成本会增加,因为有些职能在公司和事业部中是重叠的;不利于资源的综合运用,可能会影响公司内部沟通的效率。

4. 矩阵制的组织形态

矩阵制的组织形态的特征是纵向有职能部门分工,横向以项目为单位贯穿职能部门，形成横纵两个方向管理的一种矩阵式结构，如图 2-4 所示。

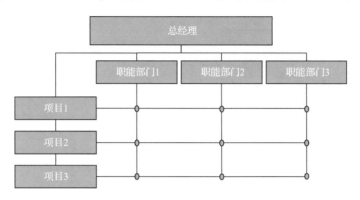

图 2-4　矩阵制的组织形态

一般以研发为导向的或者大型工程实施类的企业会采用这样的组织形态。

矩阵制组织形态的优点如下：有利于资源充分利用，企业避免将有限的资源封闭在一个职能的空间里,可以以目标为导向基于项目运作将这些资源整合管理起来；信息有更多的交流渠道，能够调动职能部门的积极性。

它的缺点如下:对于组织成员来说角色相对复杂,有横跨多个项目的人员,有项目中专职的人员，也有项目外围支持的人员，这些人都面对来自横纵两个方向的指令，容易形成多头领导；对员工素质的要求比较高，需要他们具有很高的工作积极性；组织中不容易实现权力的平衡，绩效评价和考核的方式也会相对复杂。

5. 立体多维制的组织形态

更复杂的是立体多维制的组织形态。它实际上是一种直线职能制和矩阵制组织形态的混合型，它们混杂在一起形成立体多维制的组织形态，如图 2-5 所示。

通常大型的跨国公司由于业务结构复杂、产品种类多、地域分布广，基本上都会采用这样的组织形态。比如，联想、海尔这样的大型企业在欧洲、美洲的分公司需要以事业部的方式独立运作，统一的研发中心需要矩阵制的结构，总部需要有整体协调、指挥和综合服务的功能，立体多维制也就会成为组织形态的必然结果。

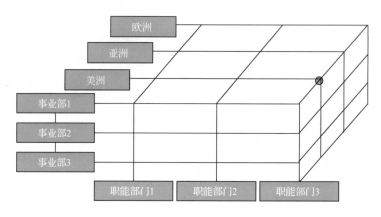

图 2-5　立体多维制的组织形态

6. 流程型组织

我们可以将直线职能制、事业部制、立体多维制的组织形态统称为职能型组织。它们的共同点是以职能化分工作为组织构建的核心思想。流程型组织实际上是一个相对于职能型组织的概念，是基于流程管理的思想来构建的组织形态。

企业运营管理的核心是价值链流程而不是职能部门，这很容易理解，因为价值链是企业创造价值的过程，职能存在的意义就是为价值链更有效地配置资源。

流程型组织就是将企业的人员分工按照流程进行配置，如图2-6所示。

团队 1 负责流程 1，团队 2 负责流程 2，团队 3 负责流程 3。这些团队由各自的角色构成，而团队中的角色有可能是跨专业组成的。流程活动由这些团队来完成，流程都有负责人。管理者的主要管理对象不是人，而是某一部分流程。流程负责人管理这些流程。不管是谁，只要发生在这里的活动都是由他负责的。这样的逻辑像项目管理，所以有人称之为项目化管理。

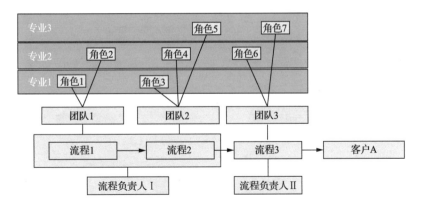

图 2-6　流程型组织

流程型组织就是在组织中基于流程构建起来的管理关系,更强调基于流程的分工,而不是针对人的行政命令。人们之间的角色关系不再是上下级的关系,而是合作者的关系,人们各司其职。在有确定的流程之后,大家都按照流程既定的规则去分工和协作。

海尔在进行流程再造时,曾经提出零管理层的理念。零管理层不是不要管理层,而是不要一层层的职能管理,通过流程再造使企业与市场之间形成端到端的流程链条,实现每个人都与市场零距离全面接触。

需要说明的是,流程型组织是一个与职能型组织相对的概念,不存在一个纯粹按照流程进行分工的组织。这样的一种组织形态是适应现代企业运转要求的,在遵守规则的同时又具有柔性,可以对环境的变化迅速做出反应。关于流程型组织的特征,我们会在后面的章节里详细说明。

7. 网络化/虚拟组织

网络化/虚拟组织,是在整个社会分工的范畴里去看的组织形态。企业通过网络把社会资源灵活地进行组织和解构,组织的内部和外部划分不明显,就像一滴水中有无数个变形虫,如图 2-7 所示。

今天你是我的供应商,明天你可能就是我的一个子公司;你之前是我的客户,后来又可以成为我的子公司,或者我们互相投资成为合作伙伴。

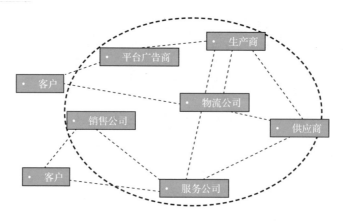

图 2-7　网络化/虚拟组织

有很多企业把自己的某些业务外包出去,现在越来越多的公司都在做着这样的事情。行政管理、人力资源管理、财务管理、供应链管理、生产、研发等都可以外包。你可以承接我的一部分业务,我也可以承接你的一部分业务。这样,企业的边界就开始模糊了,形成了一种在整个社会生活中大范围分工合作的关系。

且不说国产 C919 大型客机这样复杂的产品,小小的国产手机也是全世界范围内分工合作的结果,而企业要做的就是在这样的社会分工中占据自己有独特优势的一席之地,如图 2-8 所示。

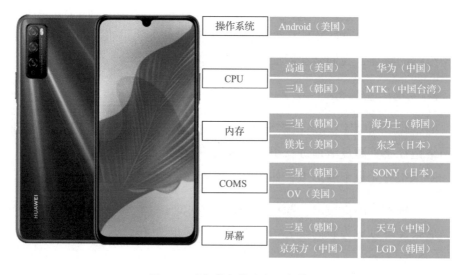

图 2-8　手机零部件的分工合作

我们把这样的组织形态称为网络化/虚拟组织，也有人称之为企业的社会化。随着市场环境的变化，同时现代通信技术和交通工具使得全球交互的距离变短了，企业需要面对更加激烈的市场竞争，彼此之间需要更多相互合作，所以产生了这样的结果。

从管理科学发展的历史来看，从直线制组织形态到直线职能制组织形态是一个相当大的进步。然而，时至今日，市场环境的变化使得企业的组织形态在发生变化。这种变化不是替代的关系，不是彼此不相容的，而是一种在前者基础上不断进化的过程，其中也有由于我们关注组织的视角不同而产生的差异。

2.1.2　组织形态进化的路径

组织形态的进化从时间轴上来看，是从古典到现代，再到后现代这样的一条路径，如图 2-9 所示。

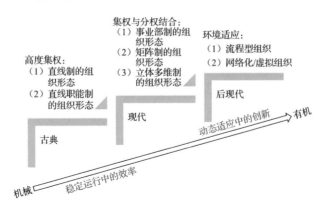

图 2-9　组织形态进化的路径

对于上面的几种组织形态来说，我们称直线制、直线职能制组织形态为古典的组织形态，称事业部制、矩阵制和立体多维制组织形态为现代的组织形态，称流程型组织和网络化/虚拟组织为后现代的组织形态。

古典的组织形态是高度集权的。现代的组织形态是集权和分权相结合的，更强调的是如何在稳定的运行中追求更高的工作效率。控制运营成本，提供更好的产品和服务，这是它们的目标。后现代的组织形态是适应变化的，强调在动态环境中创新。获取更多的生存和发展空间是它们的目标。

组织形态的进化是一个从机械到有机的过程,因为要面对的环境已经与以往不同:企业规模更大,产品更加丰富,在细分市场领域中竞争在加剧,而客户的需求越来越多样化。

以上是我们要讨论的组织形态的演进,总体来说组织形态因为进化而变得多样。各种形态都有优缺点,采用什么样的组织形态不总是有最优答案的,需要根据企业的现实进行选择和设计。在不同的行业和环境条件下,面向环境的适应和与企业运营水平相匹配才是硬道理。

2.2 部门墙是怎样产生的

我们通常说职能型组织会有"部门墙",这种部门墙是怎样产生的?为什么我们明明知道它的存在,却很难消除它?

2.2.1 职能型组织的运作方式

在职能型组织中,有一个基本特征就是每一个职能部门都有一个对外的唯一接口——部门经理,这是部门经理负责制,如图 2-10 所示。

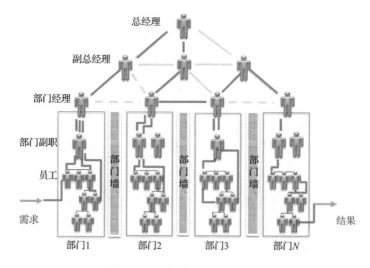

图 2-10 职能型组织的工作路径

当一个员工面对外部输入的一个问题或者工作任务时,他做的第一件事就是向部门经理汇报,由部门经理指派相应的人来完成这个工作。在工作完成之后,承接工作的员工会将工作结果反馈给部门经理,由部门经理判断工作结果是不是满足要求。

当一个工作任务跨越两个职能部门时,要从部门 1 传递到部门 2。通常不会由部门 1 的员工直接去找部门 2 的员工,而要通过部门 1 的经理去找部门 2 的经理,他们要先进行沟通,然后部门 1 的员工才能去找部门 2 的员工交接工作。

当这两个部门经理的意见不能够达成一致时,他们就会去找副总经理。如果这两个职能部门由不同的副总经理分管,而他们又不能达成一致,就会去找总经理解决问题。

于是我们可以看到,在职能型组织中,工作路径会呈现上上下下多次沟通和传递的过程。

部门和部门之间有唯一的接口,就使得职能部门呈现一个竖井的结构,而上层由于密集的沟通呈现一个金字塔的结构,由此部门墙就产生了。

曾经有一段时间,国内很多大型的企业都试图通过精简机构来提高效率,改善这种职能型组织典型的工作路径,它们提出的目标是组织机构扁平化。然而它们发现这似乎很难,如果直接把组织机构去掉一层,管理就变得更加混乱,为什么会这样?

因为组织结构的形态是由运作方式决定的,如果不从根本上改变组织的运作方式,就解决不了组织结构的问题。

2.2.2　金字塔结构的成因

我们知道理想状态就是路径最短,工作传递应该是直线的,由员工"自动"完成,他们基于岗位分工按部就班地工作,如图 2-11 所示。

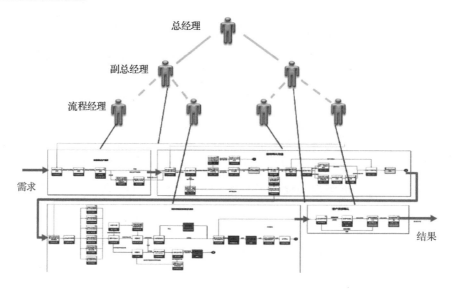

图 2-11　直线传递的工作路径

为什么不是这样的呢？形成职能型组织上层这种金字塔结构的根本原因在于三个"不确定"。

第一是职责不确定。谁做什么事情是不确定的，今天让这个人做，明天可能让另一个人做，都是领导在根据自己的意愿交办工作。

第二是流程不确定。我们强调结果导向，而对过程缺少控制。不管是黑猫还是白猫，能抓住老鼠的就是好猫。缺少对过程的控制就会使结果不稳定，做事情的路径和方法因操作的人不同可能会发生变化。

第三是工作标准不确定。对怎样做是对的、做到什么程度是可以接受的结果，没有明确的标准，都是由人来判断的。有经验又能够承担责任的就只有管理者了。

这三个"不确定"就产生了上述的结果。因为职责不确定，所以工作任务由部门经理来指派；因为流程不确定，所以工作路径由部门经理来安排；因为工作标准不确定，所以工作结果由部门经理来判断。部门经理就成了实际工作流程中最重要的环节，于是职能型组织的种种问题就产生了。

2.3 职能制下的"官僚并发症"

2.3.1 人治之伤

职能型组织的这种运作方式对所有人能力的依赖程度都很高,呈现一种"人治"的状态,这种状态对企业的商业利益当然是有害的。

第一,反复沟通会降低企业的运营效率,面对市场和变化无法做到快速响应;第二,运营状态很不稳定,产品质量和交货期很难保证,总是"制造"内部问题,管理者就成了"救火"队长;第三,企业的运营成本会很高,需要更多的管理人员,而有能力的人总是稀缺的,企业难以承受这样的成本。

职能型组织是组织分工专业化的结果,曾经具有一定的先进性,但同时也带有先天的"官僚化基因"。经年日久,企业大到相当规模时,容易患上一些挥之不去的顽疾,可以称之为"官僚并发症"。

2.3.2 那些顽疾的表现

下面历数一下职能型组织的"官僚并发症"的种种表现。

1. 工作分配的随意

首先,工作的分配是具有随意性的,并没有受到岗位职责的约束。

在职能型组织中,部门职责和岗位职责是有定义的,通常由各个职能部门自己编写。员工在编制岗位职责时,通常会总结自己的工作内容,最后总有一条内容会写:领导交办的其他工作。然后,在做工作总结时,他发现自己做得最多的就是领导交办的其他工作。

因为人员和工作都是封闭在部门内部的,所以分工都由部门经理说了算,这样就产生了工作分配的随意性。一项工作任务应该由谁来做?通常管理者会通过谁能做好或者凭自己的好恶来选择。

既然工作都是领导交办的，那么对工作结果的评价自然也就由领导说了算。"以客户为中心"是一句空话，以领导为中心才是生存法则。于是，阿谀奉承就有了生存空间，甚至有些"能人"成了领导的心腹和"家臣"，官僚之风日盛。

部门内部的分工如果是由管理者决定的，那么人力资源的岗位配置功能就失效了。人力资源经理并不完全清楚某个岗位的人到底在做什么，也不清楚某个岗位到底需要多少人。有些部门经理总是向人力资源经理要人，但看起来要人部门似乎并不忙，就开始讨价还价，岗位编制成了一笔糊涂账。

2. 诸侯割据的局面

为企业中的某个部门匹配什么资源，与这个部门的定位和功能应该是相匹配的，而实际上，职能型组织中的部门经理经常会从部门利益出发，在企业里争夺资源，也常常因为个人能力的不同而带来资源分配上的差异。能给自己管辖的部门带来更多资源的管理者，通常会被认为是优秀的。

部门之间争夺资源对整个企业来说是有害的，因为企业的资源总是有限的，企业的价值体现就是在资源有限的条件下解决问题。在某些地方投入得多一些，在其他地方就会投入得少一些。

部门经理掌控一个部门，他所管辖的领地容易形成一个暗箱，他自己会成为一方"诸侯"，这个部门按照他制定的规则运转，别人很难知道里面发生了什么。掌握了企业核心资源和信息（比如核心技术和客户信息）的部门经理甚至可以独霸一方，有了可以和公司讨价还价的能力，公司想换一个人都不敢。他如果哪天不爽，就可以另立山头，几乎可以带走一个部门的人。

有些企业中有二级制度。一级制度是整个公司的制度，二级制度是部门内部的制度。这样的二级制度只是部门内部的人在应用，对别人不会产生任何影响吗？答案通常是否定的。每个部门承担的职责，都是整个公司功能的一部分。这些二级制度的存在，让部门经理和占山为王的山大王没有本质区别。我的地盘我做主，这是典型的诸侯割据。

3. 群体的老练的无能

在职能型组织中，因为部门经理最终要承担工作的责任，所以出于自己业绩的考虑，总会倾向于让那些非常能干的员工承担更多的工作，整个部门才能有更好的业绩表现。

这样的结果就是能力不足、表现不好的员工容易被闲置，他们的工作量和责任都会变少。时间久了，那些能干的员工的积极性会受到打击，他们会逐渐变成"老油条"，也开始降低工作效率。最后，群体修炼的结果就像彼得·圣吉说的那样，呈现一种"群体的老练的无能"。那些有能力而没有修炼好的员工，会因为无法适应而离开，形成"劣币驱逐良币"的结果。

彼得·德鲁克说组织的目的是让平凡的人做出不平凡的事，而我们看到的却是一个相反的结果，就是让不平凡的人开始做平凡的事。

4. 疲于奔命的管理者

有些职能型组织的管理者非常繁忙，他们每天都在应付各种审批签字。各种流程都是以管理者为重要环节来运转的，离开了管理者很多流程就没有办法运转。

我们经常看到企业中的高层管理者问来找他签字的人：这该我管吗？得到的答案是：这是制度规定的。实际上这是高层管理者被职能部门绑架的结果。企业的制度通常都是由职能部门制定的，职能部门在这样的环境中已经修炼得非常老练，在制定规则时总会把高层管理者拉进来减轻自己的责任，而高层管理者一般也没有那么多时间和精力详细审查这些规则是不是合理。

还有一种典型的现象就是，企业中的会议非常多。因为工作的职责、流程和标准不清楚，需要协调沟通的事情就非常多，很多本来可以按部就班的工作都成了会议沟通的内容。有人调侃说，领导是很难找的，不是在开会就是在去开会的路上。

5. 越养越多的猴子

比尔·翁恺做过一个有趣的比喻，叫猴子理论，即每个人的背上都背着一

只猴子,这只猴子就是他自己的责任,每个人都应该背着那只与他的岗位相匹配的猴子。他讲了以下情形:

有一天,你在路上遇到了你的下属,他请你等一下,说需要给他一点儿时间汇报一件事。本来你是有事情要做的,被他拦住说话,结果半个小时过去了。这时,你就要小心了,因为他背上的猴子的一只脚已经悄悄地踩在了你的肩膀上。

你的下属向你说了一些情况,但是你发现这半个小时得到的信息不足以让你立刻做出决策,于是你对下属说,等回头再找他谈。这时,那个下属的猴子已经轻松地跳到了你的背上。结果就是,在你可能已经要忘掉这件事情时,你的下属会找你说:"领导,我们那天说的事情怎么样了?"这时,猴子已经理所当然地变成你的了,而他似乎在向你布置工作。

时间久了,你会发现你的下属渐渐地认为你是喜欢猴子的,于是他们的猴子会接二连三地跳到你的背上,然后你背着很多的猴子不堪重负,如图 2-12 所示。

图 2-12 越养越多的猴子

6. 流程逆优化

还有一种现象叫流程逆优化。我们通常会说流程优化,通过减少不必要的环节使得流程更有效率,流程逆优化则是一种相反的情形。

在职能型组织中,为了刷存在感,表现自我价值,各个职能部门的人总是倾向于在可能并不需要他们的流程中加入一些环节，而当需要承担责任时，他们则倾向于把责任推出去。这是他们的智慧的体现，是趋利避害的本能使得他们有这样做的原始动力。流程会变得越来越长，他们不仅会增加流程的环节，还会用一些流程环节把高层管理者套住。尤其是当我们引入一种管理体系，或者强调风险内控时，甚至在进行了一些变革之后，结果不但没有提高效率，反而使得流程变得更加冗余，这就是流程逆优化，如图 2-13 所示。

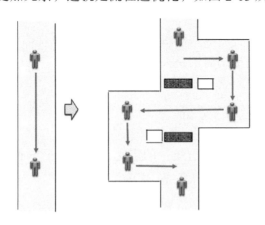

图 2-13　流程逆优化

7. 高能的个人和低能的组织

在职能型组织中，虽然我们都知道要适当授权，但在很多时候高层和中层管理者却不敢授权。这是由于流程和标准不确定，对个人能力的依赖程度过高，授权很可能因为被授权人的能力不足而出现问题。这样，领导放不开手脚，自然事必躬亲，就会很忙、很累。

这种职能型组织不像一台运转良好的机器，更像一个江湖。在这个江湖里比拼能力，各显神通。所以，我们可以看到这样的结果，那些管理层都是在拼杀中最后胜出的人，自然每个人的能力都因此变得超强，但是这种拼杀是一种内耗，组织整体运营的结果却表现出一种低能，我们称之为"高能的个人，低能的组织"。

一个运转良好的企业不应该如此，内部的关系应该是简单的，做事情靠的是组织的整体能力，对个人的依赖程度比较低，不需要在"办公室政治"中拼杀。

吉姆·柯林斯在《基业长青》一书中分析了很多能够长期保持卓越表现的企业。他发现那些企业多半都看起来很低调，没有超强的能人，甚至人们都不知道它们的董事长是谁，强的不是个人而是企业的整体。

2.4 解读流程型组织

流程型组织是一种后现代的组织形态，是基于流程的组织分工方式，管理者的管理对象主要是活动而不是人。

2.4.1 流程型组织的特征

关于流程型组织目前没有统一的定义，它是一个与职能型组织相对的概念，在这一点上人们的理解几乎是一致的。

我们可以通过流程型组织的几个特征来勾画它的大概轮廓。

1. 系统化的流程设计和管理

从业务框架到操作细节，构建了一套完整的流程体系。流程经过系统性设计，贯穿运营管理的始终，而不是片段散落的状态。

流程作为企业的核心资产被有效管理。流程生命周期包括流程设计、执行、检查、反馈和优化的过程，形成了持续运行和管理的机制。

流程能够被有效执行，并且经过持续优化成为最佳实践。

2. 客户价值的有效传递

客户需求能够在企业中通过贯穿始终的流程迅速、准确地传递，这个过程不被职能割裂，最终能够得到有效满足。

价值链形成了很顺畅的链条，整个组织的各种职能和资源都能够以价值链为核心实现协同和合理配置。

3. 基于流程的职责分工与合作

企业运转不是依靠行政命令上传下达的方式，而是基于流程；流程成为企业运行的基本规则，并且形成各个岗位的工作标准。

企业中角色的权责关系不是上下级的从属关系，而是基于流程的分工合作关系。

管理者的核心工作是管理系统的设计，以设计流程、标准和工作机制为管理的核心内容。

4. 管理手段和方法的集成

企业中的各种管理手段，能够有机地协调起来，不会各自形成孤岛。它们通过流程实现集成，能够有效地作用于现实的活动。

信息系统是基于业务架构和流程进行整体规划与设计的，运行中的信息系统之间、人机之间能够顺畅交互和彼此协调。

5. 自我运行的文化

企业形成一种尊重规则的文化，因尊重共同的规则而形成"集体的理性"，而不是遵从带有随意性和个人偏好成分的长官意志。

群体智慧在持续改善中得到很好的体现，形成良性循环；工作细节不需要高层管理者的日常参与就能够实现自我运行，从而形成一个"自觉"的组织。

2.4.2　从职能型组织到流程型组织

1. 流程型组织和职能型组织的差异

流程型组织和职能型组织的差异可以用表 2-1 来说明。

表 2-1　流程型组织和职能型组织的差异

对比事项	流程型组织	职能型组织
工作方式	有明确的流程和标准，按部就班地工作	缺少流程和标准，领导指派，靠会议协调
责任机制	人管事，个人对流程结果负责，对客户负责	人管人，个人不对工作负责，只对领导负责
管理者功能	管理系统的设计师，处理重大和例外事项	流程中的关键环节，庞杂事务缠身
绩效评价	依据个人在流程中的工作完成情况进行评价	个人的工作内容不确定，靠领导或者民主打分
组织形态	扁平化精简的组织结构，管理成本比较低	金字塔形的组织结构，管理成本很高
核心竞争力	对个人能力要求低，流程和标准是核心竞争力	对个人能力要求高，部分能人是核心竞争力
运营效果	价值链协同高效运营，产品和服务质量稳定	部门分立，协同不畅，产品和服务质量不稳定
市场表现	面对市场变化和客户需求快速响应	面对市场变化和客户需求响应速度慢

2. 流程型组织会消灭职能吗

首先要说明的是，职能本身是专业化分工的结果，存在专业化分工就需要职能的存在，因此职能是不能被消灭的。试想一下，如果消灭了财务部，那么财务人员的选拔、培养、提升和专业管理怎么办？毕竟彼得·德鲁克说过，人是企业唯一能够创造价值的因素。

流程型组织和职能型组织的差异在组织结构设计、运作方式和权责关系上，并不在于形态上是否存在职能部门。

我们可以将流程型组织看作职能型组织的升级版。流程型组织是在职能型组织的基础上，按照流程进行组织职责匹配和工作分工的结果，而且这种改变主要体现在与价值链直接相关的业务上，而对于不直接相关的行政、人力资源、财务、信息化部门则没有太大差异。从这个意义上来说，我们将上述职能型组织表述为"传统"职能型组织更为贴切。

3. 流程型组织的未来有多远

在现实中，企业多数都是职能型组织，有哪些企业建成了流程型组织？

这是一个很难回答的问题。像丰田、三星和华为这样出色的公司的流程管理的历程少则十几年，多则几十年，至今它们也没有说自己完成了向流程型组织的进化——这似乎是一种令人悲观的现实情况。

流程型组织是一种理想，本就是一个方向而不是目标，不存在一个可以衡量的标准。就像学习型组织一样，我们也没有办法界定一个组织到底是不是学习型组织。

有一点是确定的，即从职能型组织向流程型组织的转型是一个长期的过程，这个过程不存在捷径。我们可以看到一些新兴的互联网公司，它们一经成立就带有一些流程型组织的典型特征，这是由于它们身处风云变幻的行业，高度竞争和快速响应是它们得以生存的基础。同时，灵活性也是双刃剑，使得这样的企业沉浮也在须臾之间。

行业不同、环境不同、管理策略不同，组织形态也不同，经验可以借鉴但不可以复制。每个企业都面临着一个同样的问题：找到一条适合自己的道路，而答案是各不相同的。

我经常会被问到这样的问题：在我们所在的行业里有没有可以学习的流程型组织的标杆？我通常会这样回答：没有标杆是一件幸事吧，如果有哪一家企业能够成为这样的标杆，那么只能说明你们已经落后了太远。

——流程型组织，我们都在路上。

第 3 章
流程相关的概念

3.1　流程和制度的关系

很多人并不理解流程和制度是什么关系。为什么企业要做流程管理？把制度做得精细化不是一样的吗？流程是不是制度的另一种表达方式？下面来讨论和解答这些问题。

3.1.1　流程和制度的概念

1. 什么是流程

在 ISO 9000 里这样定义流程:流程是一组将输入转化为输出的相互关联和相互作用的活动。如果我们把这句话的修饰成分都去掉，就会得到"流程是一组活动，是动作的组合"。这些活动是有目的、被组织起来、有输入和输出转化的。

哈默教授也给流程做了一个定义，在他的定义里流程是要创造价值的。实际上，不管能不能创造价值，那些被组织起来的活动都应该是流程。在企业里，流程是企业运营的所有活动。我们通常认为流程是那些重复性的活动，因为只有重复性的活动被持续管理才有意义。

流程有构成要素，基本要素是活动、逻辑关系和角色。只要有了基本要素，就能构成流程。实际上，流程还可以有很多其他要素，包括输入输出、条件、表单、时间、指标、风险等。这些要素可以描述流程发生的环境、条件、承载内容和特征。这些内容可以保证流程是完整的、可操作的、可执行的。

流程图是流程视觉描述的结果，实际上不管你是不是描述它们，它们都是存在的。有时候，我们说的流程特指企业被显性化描述出来的流程图，如图 3-1 所示。

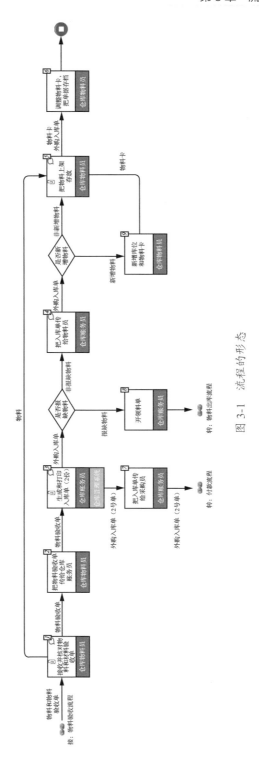

图 3-1 流程的形态

2. 什么是制度

制度是人们的行为规范。制度定义了人们什么可以做、什么不可以做。从经济学意义上来讲,制度是一种契约,是人们为了降低交易成本而订立的契约。既然是契约,就是双方达成的、共同遵守的规范。制度是文本化的,它的表现形态如图 3-2 所示。

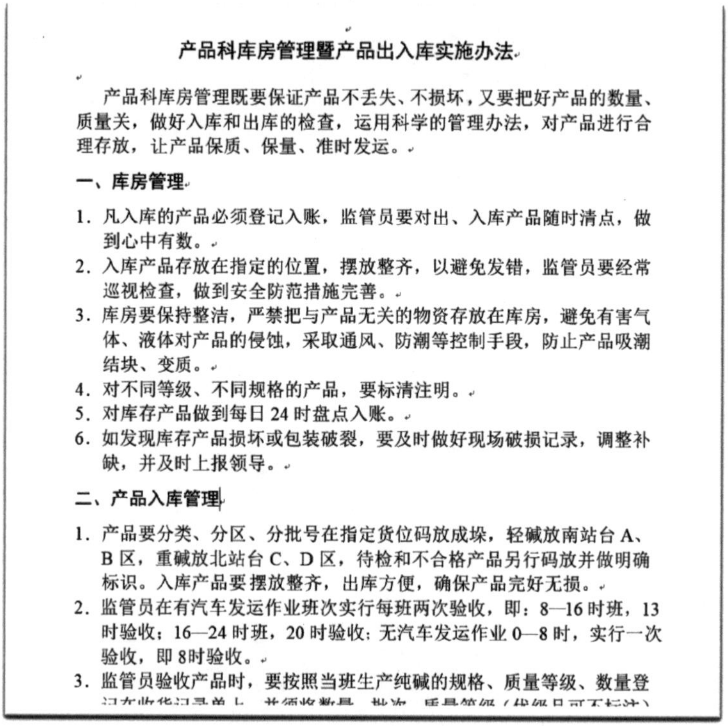

产品科库房管理暨产品出入库实施办法

产品科库房管理既要保证产品不丢失、不损坏,又要把好产品的数量、质量关,做好入库和出库的检查,运用科学的管理办法,对产品进行合理存放,让产品保质、保量、准时发运。

一、库房管理

1. 凡入库的产品必须登记入账,监管员要对出、入库产品随时清点,做到心中有数。
2. 入库产品存放在指定的位置,摆放整齐,以避免发错,监管员要经常巡视检查,做到安全防范措施完善。
3. 库房要保持整洁,严禁把与产品无关的物资存放在库房,避免有害气体、液体对产品的侵蚀,采取通风、防潮等控制手段,防止产品吸潮结块、变质。
4. 对不同等级、不同规格的产品,要标清注明。
5. 对库存产品做到每日 24 时盘点入账。
6. 如发现库存产品损坏或包装破裂,要及时做好现场破损记录,调整补缺,并及时上报领导。

二、产品入库管理

1. 产品要分类、分区、分批号在指定货位码放成垛,轻碱放南站台 A、B 区,重碱放北站台 C、D 区,待检和不合格产品另行码放并做明确标识。入库产品要摆放整齐,出库方便,确保产品完好无损。
2. 监管员在有汽车发运作业班次实行每班两次验收,即:8—16 时班,13 时验收;16—24 时班,20 时验收;无汽车发运作业 0—8 时,实行一次验收,即 8 时验收。
3. 监管员验收产品时,要按照当班生产纯碱的规格、质量等级、数量登

图 3-2　制度的表现形态

流程和制度的共同点是,它们都可以表现为一种规则,是需要员工遵守的,一般以企业的强制力作为保障。

3.1.2　流程和制度的差异

1. 流程和制度的表现形态是不同的

流程既可以是显性化的,也可以是非显性化的,而制度只有显性化一种形

态。也就是说，流程被描述和不被描述都是存在的，只要人们有重复性的动作就是存在流程的，在企业中无处不在。流程可以存在于规范性的文件中，可以存在于人们的行为习惯中，也可以存在于机器设备或者 IT 系统中。

制度只能有一种存在形态，就是正式文本，不在正式文本中的不能称为制度。

这样，我们就可以知道，它们的管理范围是不同的。流程管理能够覆盖企业的所有活动，而制度只是用来界定那些我们认为需要订立契约的部分。这样看来，要管"到位"就需要靠流程，不管它是明文规范的还是习惯，不管是人的活动还是机器的活动。

2. 流程是连贯的而制度是不连贯的

制度的表现形态是条款化的文本，分章、节、条、款。这种文字的表现方式就决定了它本身是不精确的。比如，我们要制定一项制度，写多少章、节、条、款是没有规则的。虽然企业里通常会为制度制定规则，但是这些规则只限于制度的表达范式，至于制度的边界、颗粒度、内容和语言都是没有办法定义的，这是由制度的特性决定的。

流程则不同，流程具有精确性。比如，一个流程有五个活动，那就是五个活动，而不能是六个或者四个，这是确定的。同时，流程具有连贯性，有严格的逻辑顺序。现代企业管理需要精确，能够实现这种精确性的是流程而不是制度。

3. 流程主要针对动作而制度主要针对结果

流程针对做事情的过程，我们需要管理动作，是因为如果动作能够被控制，那么我们相信结果是稳定的。只关注结果而不控制过程，就会使得做事情的过程容易被各种因素干扰，让结果变得不稳定。

管企业就是管人，管人如何做事情。换句话说，我们希望不同的人做相同的事情有相同的结果，尽可能消除经验或者个人意识带来的影响，这就需要通过流程来规范动作，让结果保持一致性。

4. 流程可以集成多种管理功能而制度不行

所有的管理维度和方法最终都需要落实到活动中。流程能够承载很多的管理功能，基于流程可以进行组织管理和职责分配，可以进行业务模式的设计，可以整合质量、风险内控、绩效管理等很多管理维度和体系，可以支持 IT 规划和开发。这是流程的特性，而制度不具备这些功能。

因为流程和制度存在上述差异，所以我们要用流程代替制度作为运营管理的核心内容。但是要说清楚的一点是，这并不表示流程要代替制度，这是两回事。

在通常情况下，我们用流程定义了人们做事情的路径，还需要对做事情提出相应的要求，制度具备这样的功能。所以，最好的结果是制度和流程相互匹配，它们的关系应该是相互融合的关系。我们看到有很多比较先进的企业，它们已经把流程、制度和很多管理体系整合起来，我们称之为管理体系集成。关于这部分内容，我们在 9.3 节会进行具体的描述。

3.2　流程与相关管理概念的关系

要想充分认识流程对企业的作用，首先需要清楚流程和战略目标、制度、职能、风险内控、信息化、工作任务等各种管理概念之间的关系。下面用一个类比来说明。

图 3-3 为一个区域的地图，一个乡镇由多个村庄组成。

我们将这片土地想象成一个企业。这片土地中有河道，河道就是流程。

1. 流程和战略目标的关系

这片土地的战略目标是什么？土地的价值就是通过收获来养育土地上的人们，这就是它的战略目标。当一块土地很小时，就像我们自家门前的菜地，并不需要河道，用简单的工具就可以灌溉。而当一块土地非常大，由很多村庄组成时，我们就需要修建河道。有了河道才能确保所有的土地都得到有效的灌溉，才能实现最终收获的目标。

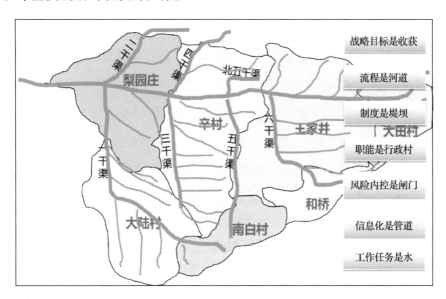

图 3-3　流程和相关管理概念的关系

所以，流程是战略目标实现的途径。企业需要基于流程进行资源的配置和流动，交付产品和服务企业，实现自己的价值和战略目标。企业的规模越大，流程就越重要。

2. 流程和制度的关系

制度是什么？如果流程是河道，制度就是河道两边的堤坝。河道需要堤坝来确保水能够沿着河道流淌。堤坝要沿着河道布置，在没有河道的地方修建堤坝是无效的；同时，有河道的地方都应该有堤坝而不应该中断，否则会让水泄漏出来。

所以，制度作为确保流程有效执行的手段，需要与流程相互匹配，共同发挥作用。

3. 流程和职能的关系

职能是什么？这片土地被分成多个行政村，这些行政村就是职能，它们事实上分别管理一部分河道。那么问题来了，当行政村发生变化时（合并或者拆分），河道应不应该发生改变？不应该。因为河道设置的方式取决于灌溉的整体效果，也就是怎样设置对这块土地的整体收获最有利就应该怎样修建，而不应该由行政区划决定。

所以，流程和职能的关系应该是相对独立的，流程来自企业运营的最佳实践，不应该随着职能的变化而改变。在企业中，职能部门分割了这些流程之后，有可能为了争夺资源去改变这些流程的运行状态。这样变化的结果对于部分流程来说可能是优化了，但对于整个企业来说未必会使全局的结果更优，结果很有可能会相反。所以，我们在进行流程设计、分析和优化时，需要站在整个企业全局的视角去考虑，整体最优才是最优。

4. 流程和风险内控的关系

风险内控是什么？风险是不确定性，内控是针对不确定性的控制措施。在灌溉这片土地的过程中，可能有的地方水多而发生洪涝，也可能有的地方水少而发生干旱。为了避免这样的情况发生，我们就需要监控灌溉的过程和效果，这就是风险预警；我们应该在河道上设置一些水闸去控制水的流量，这样的水闸就是流程上的控制措施。

所以，风险内控是离不开流程的，不管是考虑风险点还是考虑控制措施，离开了流程就是无本之木。这也是为什么有些企业的流程管理是由风险内控需求而引发的。

5. 流程和信息化的关系

信息化是什么？假设我们要将这些河道中的一部分进行改造，把它们换成管道并且装上水泵，这样就可以更好地控制水的流转，提高效率，减少浪费，同时也能够降低局部洪涝和干旱的风险。当然，我们在进行管道设计时，要基于已有河道的灌溉经验，结合现实水流的路径。

这种情况就相当于我们把一个流程植入 IT 系统中运行。现在越来越多的企业意识到，在进行信息化之前需要进行流程梳理。同时，我们也要考虑人工和信息系统之间、新的信息系统和已有信息系统之间的关系，让它们能够很好地相互匹配。

好的信息化能够事半功倍，不好的信息化是另一场灾难的开始。

6. 流程和工作任务的关系

我们还需要清楚地认识一个问题，即流程不是工作任务。有些人会将它们混为一谈。实际上工作任务是水，它需要在河道中流转。当水没有来时，河道也是存在的。相对于水流来说，河道是静止的。

工作任务是动态的，而流程是相对静态的。用一句富有诗意的话来说，任务来或者不来，流程就在那里，不增也不减。就像在订单没有来时，生产线是存在的一样。同时，流程的这种静态只是相对于工作任务来说的。在一个长周期中，流程也是动态的，是可以改变的，我们称这种改变为流程优化。

综上所述，我们借助这张地图比较通俗地解释了流程和几个相关管理概念之间的关系。

3.3 流程管理和流程管理体系

3.3.1 流程管理的概念

国际组织 Gartner 给出了一个流程管理的概念：流程管理（Business Process Management，BPM）是以规范化地构建端到端的卓越业务流程为中心，以持续提高组织绩效为目的的系统化的管理方法。用简洁的语言来说，流程管理就是以流程为核心管理企业的系统性方法，它的目的是提高企业绩效。

对流程管理的概念和范围，其实业界是有不同认识的。流程管理的范围如图 3-4 所示，这也可以看作流程管理理论和实践发展的历程。

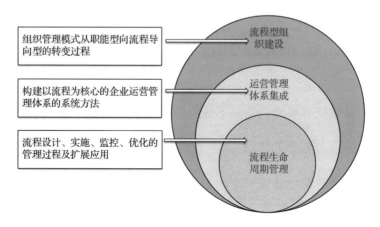

组织管理模式从职能型向流程导向型的转变过程 → 流程型组织建设

构建以流程为核心的企业运营管理体系的系统方法 → 运营管理体系集成

流程设计、实施、监控、优化的管理过程及扩展应用 → 流程生命周期管理

图 3-4　流程管理的范围

在图 3-4 中，最小的范围是流程生命周期管理，就是我们通常所说的管理流程的内容，包括流程的设计、实施、监控和优化，也包括流程 IT 化和各种应用。这些活动是流程管理专业性的工作，是流程管理核心技术的体现。

Gartner 给出的流程管理的概念，实际上是图 3-4 的中间范围。它是以流程为核心，整合各种方法管理企业的运营，我们称之为运营管理体系集成。这些运营管理体系通常包括企业的组织管理、制度管理、标准化、绩效管理、风险内控管理、质量管理体系、信息化等。

随着流程管理理论和实践的深入发展，流程管理的范围已经延伸到图 3-4 中最大的那个范围，我们称之为建设流程型组织，这是近年来一个比较热门的话题。人们在研究和推行流程管理时发现，流程管理会使得整个企业的运营模式和组织形态发生变化。这个结果就像哈默教授早期提出的"企业再造"这个概念一样，企业经过这样的过程被"再造"了，呈现了一个与以往不同的革命性的变化。只是这个过程通常并不像哈默教授说得那么快，而是要经过一个相当长周期才能实现。

对图 3-4 中这三个圆表示的范围，我们可以这样理解：最内层是流程管理核心的技术性工作；中间层是流程管理的延伸应用；最外层是一个企业持续进化的长期目标和结果。

企业推行流程管理是从小处开始的，逐层展开一个持续进化的过程。

3.3.2　流程管理体系

体系就是系统。在通常情况下，我们将边界清晰的、有一定形态的称为系统（如 IT 系统、汽车的传动系统），而将边界不那么清晰的、理论方法层面的叫体系（如理论体系、质量管理体系）。

流程管理体系（简称为流程体系）是流程管理相关要素的集合，也是一个有边界、有结构、相互关联的系统。

流程管理体系包括以下六个方面的内容。

1. 流程相关的定义和标准

这些定义包括流程和它的构成要素、流程的层级结构定义，以及流程描述的语言规范（通常称为建模规范）。定义和标准是流程管理工作的基础。

2. 流程管理的主要对象

流程管理的主要对象就是流程框架和流程图。这是我们做流程管理工作的载体，流程的专业性也主要集中在这个方面。流程框架也叫业务框架，是企业经过业务架构形成的结果。我们会在企业架构（EA）的部分深入探讨。流程图是流程的视觉表现形式，包括片段的流程图，也包括相互关联的流程图及它们的各种要素构成的流程场景。

3. 流程管理的组织和分工

流程管理的组织包括企业在推进流程管理及持续运行的过程中，与流程工作相关的内部组织机构，通常包括流程管理委员会或者领导小组、流程实施的项目组织和流程管理的专业部门。此外，还有各种角色，包括流程经理、流程管理员、流程编制者、流程应用者。这些构成了流程管理的组织和角色分工，是流程管理的推动主体。

4. 流程管理的策略和机制

流程规划是流程管理实施策略的开端,此外还需要确定流程管理推进的目标和路径。推进流程管理需要有相应的机制,包括项目管理机制、持续运行机制、沟通机制、评审机制、考核和激励机制等。机制为实施提供动力。

5. 流程管理的方法和工具

这些是流程管理相关技术方面的内容,包括流程梳理、分析、优化、检查、评价的方法和工具,也包括流程与其他管理维度相互作用、协同的方法和工具,还包括流程管理的软件和信息系统。

6. 流程管理的文化

文化是企业中软的、无处不在的东西,包括流程管理理念导入、意识培养、宣传,目的是营造企业中推行流程管理的氛围,培养人们的思维模式和行为模式。

以上六个部分构成了流程管理体系的内容。只有认识了这些内容,我们才能清楚在企业中推行流程管理需要从哪些方面着手。

3.3.3 体系之间的关系

1. 流程管理和标准化之间的关系

标准化是一种状态,是以简化、统一、通用、规范为目标的,图 3-5 所示为通过标准化形成一致的形态。

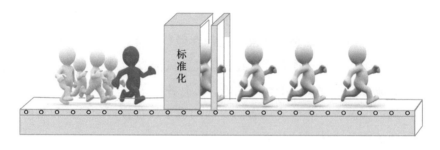

图 3-5 通过标准化形成一致的形态

标准化是有很多对象的，不只限于管理，也包括产品、技术、文件，甚至企业形象。标准化常用于产品和技术，这也是很多企业将标准化功能放在技术系统中的原因。

流程是一种管理维度和方法。流程是企业活动，对于活动这个对象来说也需要标准化，即流程标准化。

2. 流程管理和质量管理之间的关系

流程管理和质量管理都有体系，体系是系统化的方法，方法都是要为企业运营服务的。

流程管理和质量管理关注的重心不同，流程管理关注活动，而质量管理关注对质量产生影响的因素，这些因素包括我们通常说的人员、机器设备、物料、工艺方法、环境等，如图 3-6 所示。

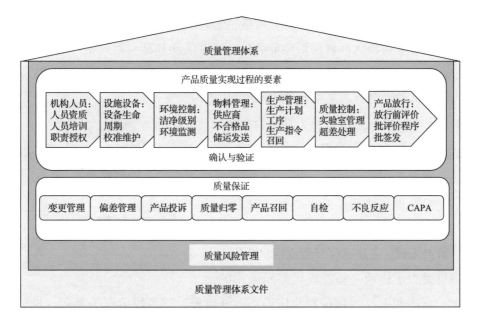

图 3-6　质量管理体系的结构

流程为质量管理提供了很好的基础，从业务框架的结构到描述覆盖整个企业运营的操作路径，这些都是质量管理不可或缺的内容。流程标准化和流程优化这样的活动在很多时候也是以稳定或者提高产品和服务质量为目标的。

做过质量管理体系的企业推行流程管理,最大的问题是需要对业务和流程重新进行结构化的思考。企业做的质量管理体系的内容一般不完整,只关注认为对质量有影响的活动。按照流程的系统化思维、结构和方法来操作,是质量管理体系的一次进化。

流程管理和质量管理应该是结合得非常紧密的两套体系。质量管理体系的两层文件是程序文件和操作手册,是以流程为基础编制的规范,这也应该是流程管理最终输出的文本化结果。

在管理体系建设得非常好的企业中,没有制度、质量管理体系文件、流程文件和其他管理体系文件的差异,它们应该融合形成一个运营手册,覆盖所有的体系和管理要求。

3. 流程管理和精益六西格玛之间的关系

精益六西格玛是精益生产与六西格玛管理的结合,它的本质是消除企业运营中的浪费。精益六西格玛活动分为精益改善活动和精益六西格玛项目活动。其中,精益改善活动是采用精益生产的理论和方法解决简单的问题;精益六西格玛项目活动主要针对复杂问题,把精益生产的理论和方法与六西格玛工具结合起来。精益六西格玛的方法论也可以用来做流程优化,如图 3-7 所示。

图 3-7　精益六西格玛的实施步骤

流程管理与精益六西格玛都是管理方法。流程管理是以企业活动为对象的,从这个层面上来说,它是一种管理维度。精益六西格玛是为了达到一种管理状态而采用的思想、方法和工具。精益六西格玛离不开流程,需要以流程为基础。同时,精益六西格玛并不限于流程,是多种方法的综合运用,更关注结果。

综上所述,各种管理体系都有管理目标、对象、范围和侧重点,在管理实践中需要根据现实情况综合运用。就像哆啦 A 梦口袋里的宝贝,每件都有它的应用场景,我们需要清楚在什么情况和条件下用什么宝贝。

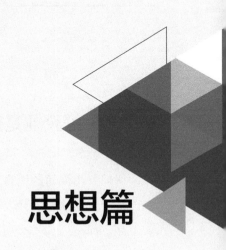

思想篇

第 4 章
流 程 架 构

4.1　好企业是架构出来的

如果要用极简的语言来介绍企业架构（Enterprise Architecture，EA)，那么应该是企业的顶层设计。

4.1.1　企业架构的由来

1987 年，IBM 公司的 John Zachman 率先提出了"信息系统架构框架"的概念，从数据、功能、网络、组织、时间、动机六个视角，用多个要素构建用于分析企业的模型，如图 4-1 所示。

Zachman 被公认为企业架构领域的开拓者，尽管他当时没有明确地使用"企业架构"这个概念。

1996 年，美国的 Clinger-Cohen 法案（也称信息技术管理改革法案）提出了"IT 架构"这个术语。这部法案要求美国政府下属的联邦机构的 CIO（首席信息官）负责开发和维护一个集成的 IT 架构来管理信息技术的引入、使用与处置，当时用的术语 ITA 就是 IT 架构。

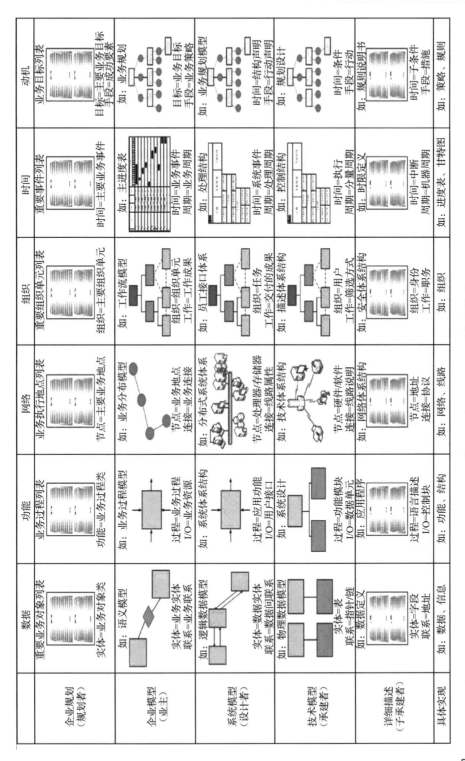

图 4-1 John Zachman 的架构模型

The Open Group 国际组织在 1995 年发表了著名的 TOGAF（The Open Group Architecture Framework）框架。它给出的企业架构的概念是"企业架构是关于理解所有构成企业的不同企业元素，以及这些元素怎样相互关联。" TOGAF 框架经过了多次更新，目前的版本是 9，如图 4-2 所示。

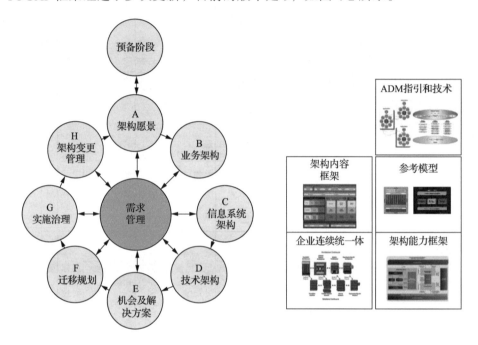

图 4-2　TOGAF 框架

除了 TOGAF 框架之外还有很多种框架，比如美国联邦企业架构框架（FEAF）等。

4.1.2　企业架构的概念

从最开始的 Zachman 到后来的 The Open Group，以及著名的 Gartner，都给出了企业架构的定义，但翻译成中文都有些晦涩，这是语境的原因，在此不列举。

TOGAF 框架中给出的"架构"的两种含义可能更接近于说清楚这个概念。

（1）一个系统的正式描述，或指导系统实施的组件层级详细计划。

（2）组件结构、组件之间的相互关系，以及对这些组件的设计和随时间演进的治理原则与指南。

我们用通俗的语言来说，企业架构（EA）就是对企业构成要素的结构和关系进行模型化描述，用途是进行经营管理活动的策划、分析和信息系统开发。我们通常将这样的活动叫架构，将活动产出的结果叫框架或者模型。不过，有时候也分得不那么清楚，比如我们在说到 IT 架构时也将其当成名词来用。

现实的企业是多维度的、由复杂因素构成的一个整体，怎么呈现一个多维度的现实呢？我们只能选择从某一个维度入手，呈现它的结构、要素和关系。

到底有多少种架构理论上是无法尽数的，这就类似于给一个杯子拍照片，选择的角度可以很多，只要你想或者需要，如图 4-3 所示。

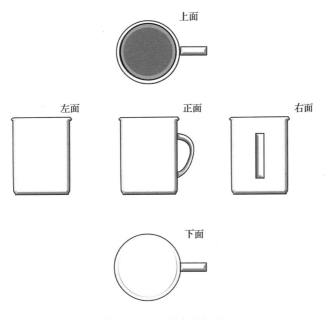

图 4-3　不同视角的杯子

企业架构就是在某一个视角中给企业拍照片，从组织维度、流程维度、IT维度或者某一个维度进行描述。选取一个维度是为了把结构和关系描述清楚，而在实际运用时，我们又必须还原到多维度的现实。

这些企业架构都不是孤立存在的，各种管理体系、方法最终还要相互作用和影响。例如，我们在进行组织架构设计时，要考虑战略要求和业务结构；在进行流程优化时，要考虑风险和内控；在构建研发体系时，要考虑绩效应用等。

时至今日，管理体系和方法众多，企业容易陷入另外一个误区：引入并构建了多个管理体系，但这些管理体系形成了管理的孤岛，并没有发挥集成的作用。质量管理体系在某些企业中只是对体系文件的管理，这是一种典型现象。

4.1.3　企业架构的类型

企业架构从整体上可以分为两类：业务架构和 IT 架构。

1. 业务架构

业务架构是从企业日常运营和管理的视角构建模型，用 TOGAF 框架的说法是，定义业务战略、治理、组织和关键业务流程。

业务架构的类型有很多，从业务和管理的不同维度上都可以构建这样的模型，包括战略、运营模式、绩效、组织、空间布局、资源配置等。我们把在管理领域中为企业构建的各种模型都归为业务架构，因为它们具有以下共同的特征：

① 对企业要素面向一个维度进行的结构和关系的描述；

② 有一套标准的规范、语言和构建方法；

③ 形成了可以在比较广泛的行业或者领域里供参考应用的通用模型样本；

④ 企业需要基于此构建符合自己特性的模型，而通常这个模型应该是独一无二的。

比如，战略地图是战略实现路径分析的模型，如图 4-4 所示。

COSO（美国反虚假财务报告委员会下属的发起人委员会）框架是著名的风险和内控整合模型，如图 4-5 所示。

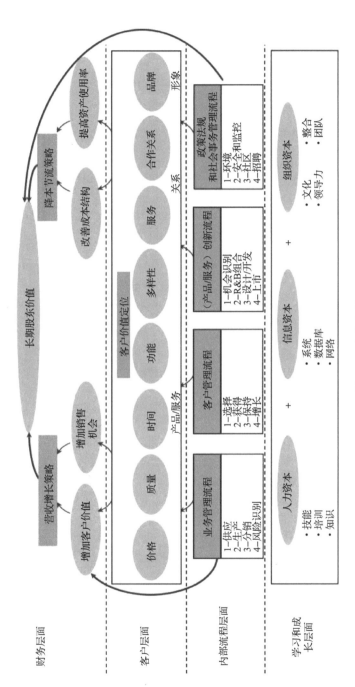

图 4-4 战略地图

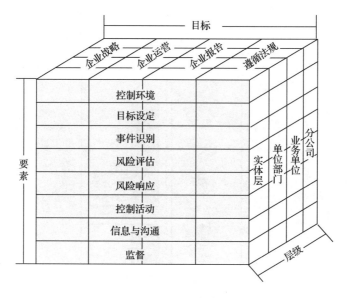

图 4-5 COSO 框架

APQC（美国生产力质量中心）框架给我们提供了一个业务流程框架模型，如图 4-6 所示。

国际供应链协会发布的供应链运作参考模型（SCOR 模型）如图 4-7 所示。

我们见到得最多的架构就是组织架构，它的表现形式是组织架构模型，如图 4-8 所示。

2. IT架构

IT 架构是从企业信息化实现的维度构建模型，目的是描绘信息系统的蓝图，包括应用架构、技术架构和数据架构，如图 4-9 所示。

（1）应用架构。应用架构描述 IT 应用、多个 IT 应用之间，以及它们和组织业务流程之间的关系。

（2）技术架构。技术架构描述支持业务、数据和应用服务部署所需的软件与硬件能力的结构和关系，包括 IT 基础设施、中间件、网络、通信、处理和标准等。

（3）数据架构。数据架构描述数据资源的分类、管理结构，以及与组织管理、应用、硬件设施之间的结构关系。

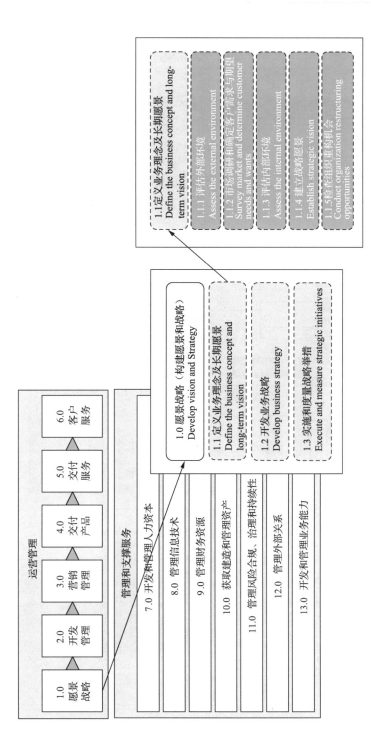

图 4-6 APQC 框架

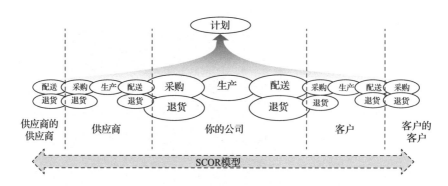

图 4-7　供应链运作参考模型

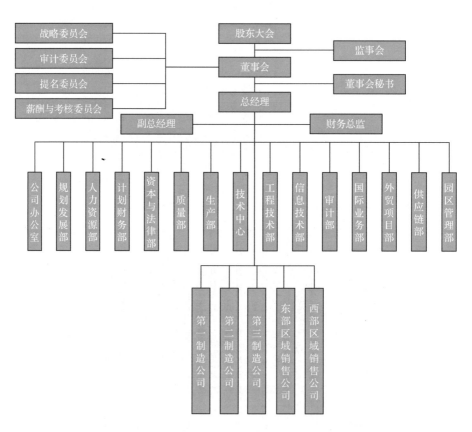

图 4-8　企业组织架构模型

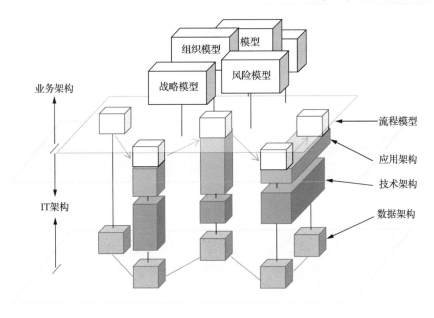

图 4-9 企业架构分类模型

4.1.4 业务架构和 IT 架构的关系

业务架构和 IT 架构的关系是很微妙的。

（1）业务架构起始于 IT 架构，因为最早建立业务架构就是为了 IT 规划，然而它的发展却逐渐与 IT 远离。

（2）业务架构和 IT 架构是从不同维度构建的模型，我们可以单独应用它们。

（3）当进行 IT 架构时，我们还是首先要从业务架构出发。原因很简单，不管如何进行 IT 规划和开发，最终都要为业务发展服务。

4.1.5 企业架构的作用

企业架构是一种描述，将企业的某些维度的特征描述出来，让我们能"看"到，就像在作战时总要有地图、在建筑时总要有图纸一样。构建企业这样的"图纸"，可以帮助我们更系统地思考问题。比如，业务模式如何设计、流程的走向如何、生产线如何布局、组织机构如何设置、IT 系统如何建设等。如果没有这样的"图纸",做事情就容易陷入简单粗暴。一个企业的经营和管理缺少设计,是与今天这种管理精细化的大趋势背道而驰的。

这里引用罗伯特·卡普兰和大卫·诺顿的那句经典的话:不能呈现就不能衡量,不能衡量就不能管理。

有一种说法是,企业架构也存在着生命周期管理。当然,企业架构框架是可以迭代的,也是可以调整和进化的,可以有版本管理,但这毕竟不是一个经常性的工作。企业架构需要由专业人员完成,而且发生的频率恐怕与企业进行战略规划差不多,所以对它进行生命周期管理就把事情做复杂了。

企业架构目前越来越受到重视,甚至在某些程度上可以用"追捧"这个词,这是一个非常好的现象,因为人们逐渐意识到——就像产品一样,好的企业是设计出来的!

4.2　不同类型的企业的业务框架

业务框架是从企业业务功能和活动的视角出发构建的业务架构模型。企业所处的行业不同,描述的范围不同,构建的业务框架的类型不同。

1. 电信运营商领域的ETOM模型

这是电信运营商领域里一个非常著名的模型。增强型电信运营图(Enhanced Telecom Operations Map,ETOM)模型如图4-10所示。

ETOM模型的业务结构分为战略基础设施与产品、运营、企业管理三大部分。整体逻辑自上而下是从客户接触界面逐步向后台延伸,从左到右则是从基础到实现。我们看到的是整体视图,对逐层分解的过程不做详述。

2. 医院的业务框架模型

医院的业务框架模型也分成三大部分,即战略、核心业务和管理服务。其中,核心业务有门诊、急诊、住院三条主线,支持主线的业务内容是检查检验、专业治疗与护理、手术、基础护理,如图4-11所示。

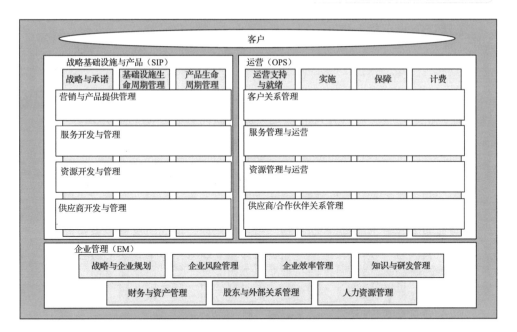

图 4-10 电信运营商领域的 ETOM 模型

图 4-11 医院的业务框架模型

3. 银行的业务框架模型

银行的业务框架模型分为战略、运营和管理支持三大部分，如图 4-12 所示。

其中，运营层面的业务结构有非常典型的行业特征，从上向下是从客户接触界面到业务应用、后台管理和基础设施，纵向分为不同的业务线。

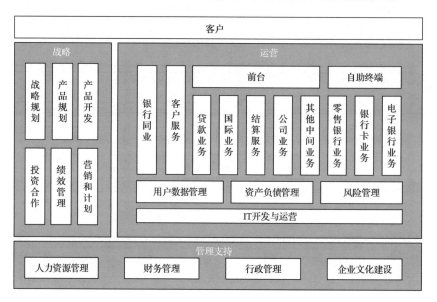

图 4-12　银行的业务框架模型

4. 生产型企业的典型业务框架

图 4-13 是生产型企业的典型业务框架。

生产型企业的业务框架具有广泛的应用，首先是因为它们通常对流程的关注程度更高，其次是因为生产型企业的价值链相对更复杂、更具代表性。如果我们要构建一个贸易型企业的业务框架，那么只需要去掉这个框架中研发和生产的部分就可以了。

上述几种行业的业务框架，是在长期实践的基础上，咨询团队与企业共同总结的。除了电信运营商领域的 ETOM 模型，目前还没有形成普遍认同的行业标准。虽然美国生产力质量中心（APQC）分行业给出了参考框架，但是人们发现在实际操作中很难应用，或许是由于语境不同，也或许是由于 APQC 太希望事无巨细地把所有内容都表达完整。

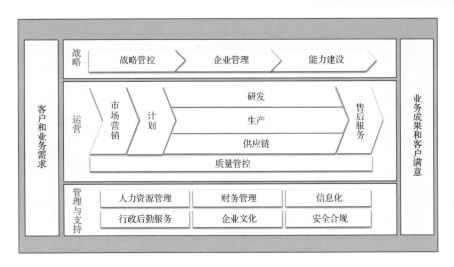

图 4-13　生产型企业的典型业务框架

业务框架可以表达企业完整的业务结构,也可以表达企业中的部分业务功能。例如,之前提到的国际供应链协会发布的 SCOR 模型和集成产品开发(IPD)模型等。

4.3　流程的层级结构

流程是做事情的路径,是动作的组合。我们要讨论流程的层级结构,首先需要有基本的思想:企业中的流程是有层级结构的。

4.3.1　流程需要有层级结构

其实,流程作为现实世界的真实活动是没有层级结构的,也没有颗粒度。就像道路一样,实体的道路是真实存在的,我们走路时少走一步都不行,但是要把道路描绘成图就不一样了,需要有比例尺、颗粒度,也需要有结构。流程也如此,我们要描述和分析它就需要抽象。

流程有层级结构是因为它太复杂。复杂的东西就应该有结构,否则我们无法认识、建设和应用。有些人并不觉得流程有那么复杂,下面看一个实例,图 4-14 是一个企业做的采购流程图。

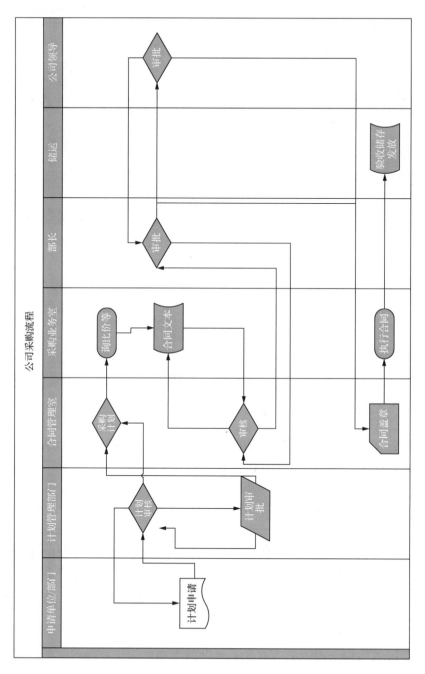

图 4-14 某企业的采购流程示例

这最多算是用来表达一件事情的逻辑图，根本不能叫流程图，因为它完全没有把做这件事情的动作表现出来。换句话说，如果你是一个对这个业务并不熟悉的人，看了这张流程图之后，完全不知道如何操作。这就失去了流程的意义：定义人们做事情的路径。

在一个企业中，所有重复性的活动都可以称为流程，那么这样的活动有多少？按照流程来算应该有几千个，按照活动来算应该有几万个，而且它们之间是相互交错的，就像一个超大城市的交通网络那样复杂。采购流程应该有几十条路径、几百个活动，这样的量级才可能说得清楚。

这样复杂的工程没有层级结构是难以想象的。建一条路需要有规划图，更何况建设一个街区，甚至建设一个城市的交通网络。

4.3.2　流程的层级定义

APQC 给出了一个流程层级结构的参考定义，如图 4-15 所示。

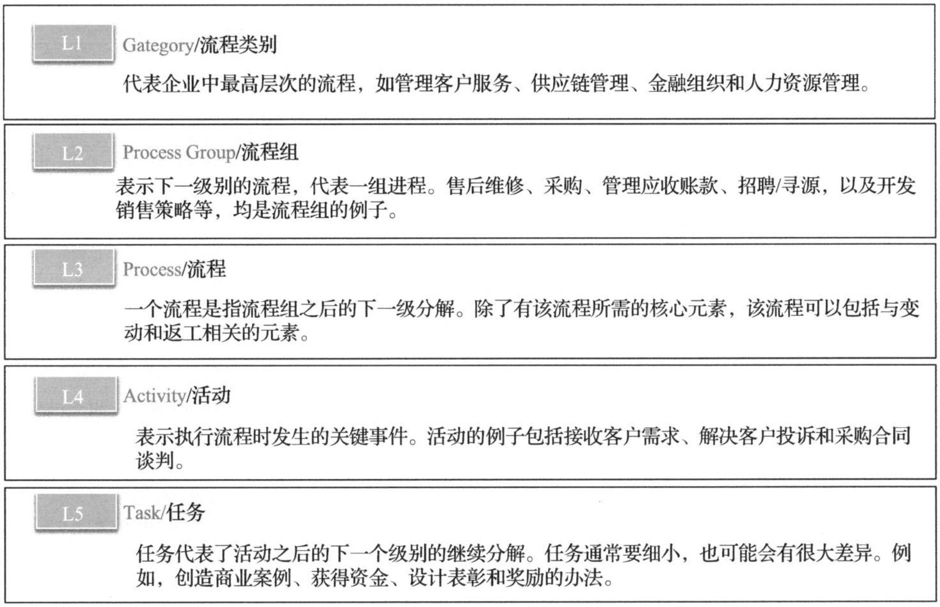

L1	Gategory/流程类别
代表企业中最高层次的流程，如管理客户服务、供应链管理、金融组织和人力资源管理。

L2	Process Group/流程组
表示下一级别的流程，代表一组进程。售后维修、采购、管理应收账款、招聘/寻源，以及开发销售策略等，均是流程组的例子。

L3	Process/流程
一个流程是指流程组之后的下一级分解。除了有该流程所需的核心元素，该流程可以包括与变动和返工相关的元素。

L4	Activity/活动
表示执行流程时发生的关键事件。活动的例子包括接收客户需求、解决客户投诉和采购合同谈判。

L5	Task/任务
任务代表了活动之后的下一个级别的继续分解。任务通常要细小，也可能会有很大差异。例如，创造商业案例、获得资金、设计表彰和奖励的办法。

图 4-15　APQC 给出的流程层级结构的参考定义

它给出了很好的参考,但恐怕这样的结果让人难以接受,其中有逻辑问题,也有中英文语境的问题。比如,流程组和流程互相解释,这是逻辑问题(一组流程是流程组,流程组分解是流程);流程、活动和任务这些英文翻译的词汇也让人难以准确区分。

我们给出一个更简洁而明确的定义,如图 4-16 所示。

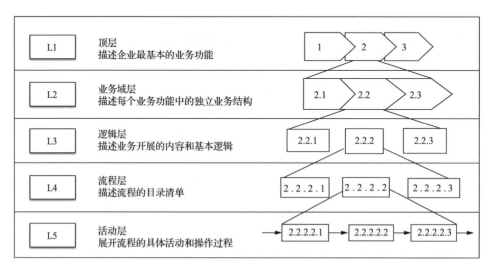

图 4-16 流程层级结构的简明定义

第一层:顶层。这一层只有一张图,把整个企业的基本业务轮廓完整地勾画出来。在 APQC 框架中,这一层有 12 个业务功能。在现实中,每个企业都可以根据产业特征定义一个自己的业务框架,我们这张图有 16 个业务功能,如图 4-13 所示。

第二层:业务域层。业务域层就是顶层的下一层,展现业务功能的内部结构。我们给它起个名字叫业务域。以供应链这个业务功能为例展开到业务域层,如图 4-17 所示。

第三层:逻辑层。逻辑层是将业务域层继续分解得到的,展现出来的结构单位称为业务单元。我们将采购业务域展开到逻辑层(也可以称之为单元层),就可以看出基本的业务逻辑,如图 4-18 所示。

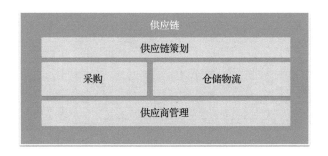

图 4-17　供应链业务功能的业务域层框架

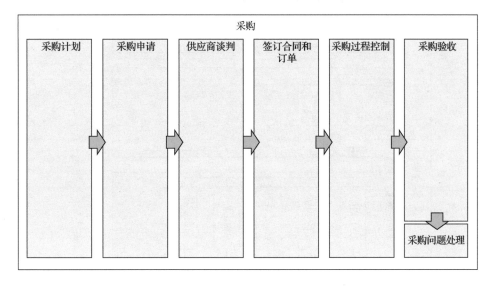

图 4-18　采购业务域的逻辑层框架

第四层：流程层。逻辑层再向下展开称为流程层。在这一层，我们已经得到了流程的目录，也就是每一个单元都是一个流程，如图 4-19 所示。

需要说明的是，不是所有的业务功能都要分解到第四层才能看到流程清单，有些并不复杂的业务功能的第三层就已经是流程目录了。我们就将那个业务功能的第三层叫流程层，如表 4-1 所示的流程清单中呈现的那样。

表 4-1 中圈定的部分就是流程清单，是属于这一部分业务功能的流程目录。目录有多少行，就意味着未来的流程理论上可以有多少个。不过，现实中有一些业务功能是不需要流程化的，如"采购管理策略制定"这种策划类的工作。

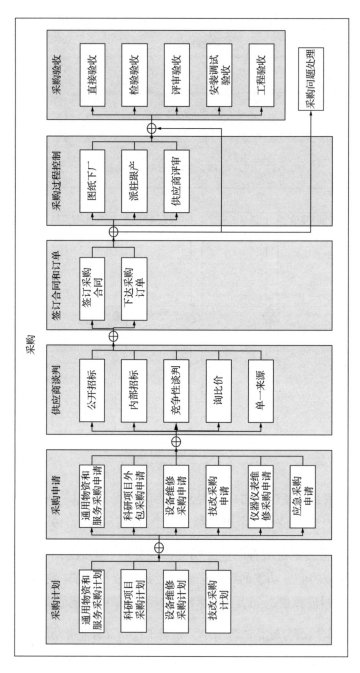

图 4-19 采购业务域的流程层框架

表4-1 流程清单示例

顶层		业务域层		逻辑层			
L1		L2		L3-1		L3-2	
序号	业务功能	序号	业务域	序号	业务单元	序号	业务单元
10	供应链						
		10.1	供应链策划与协调				
				10.1.1	采购管理策略制定		
				10.1.2	供应商管理策略制定		
				10.1.3	库存策略制定		
				10.1.4	仓储物流布局策划		
		10.2	采购				
				10.2.1	采购计划		
				10.2.2	采购需求确认		
						10.2.2.1	生产类采购立项
						10.2.2.2	科研类采购立项
						10.2.2.3	设备类采购立项
						10.2.2.4	保障类采购立项
						10.2.2.5	工程类采购立项
				10.2.3	采购合同确认		
						10.2.3.1	招标
						10.2.3.2	比质比价
						10.3.4.3	竞争性谈判
						10.3.4.4	直接采购
				10.2.4	签订采购合同		
				10.2.5	采购执行与过程控制		

第五层：活动层。这一层才是真正的流程展开的结果，它是用流程语言描述的业务实现的具体活动。图4-20是"供应链业务功能—采购业务域—供应商谈判业务单元—招标流程"展开之后的流程图。

流程需要尽可能精细，否则就失去了存在的意义。在通常情况下，我们可以描述到这样一个细节的程度：一个人的一个动作有明确的产出。关于流程的颗粒度，我们在第11.2节中再详述。

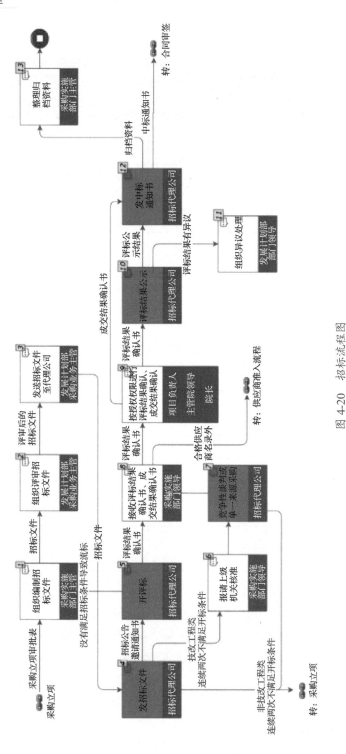

图 4-20 招标流程图

理论上，当我们觉得一层流程不足以表达细节时还可以继续展开，流程还可以有子流程，子流程还可以有更细的子流程，但通常我们尽量不这样做，流程的颗粒度是需要控制的，企业到第五层完全可以将业务活动最小的颗粒度表达清楚，如果不能表达清楚，那么说明上面几层的颗粒度是需要调整的。

4.3.3　流程框架的完整结构

从顶层到活动层，这是一个流程框架完整的层级结构。虽然我们总习惯称之为"流程"框架，但是其实上面四层确实不是流程，准确地说是业务框架，属于 EA（企业架构）的范畴，只有最后的活动层才表现真正的流程，如图 4-21 所示。

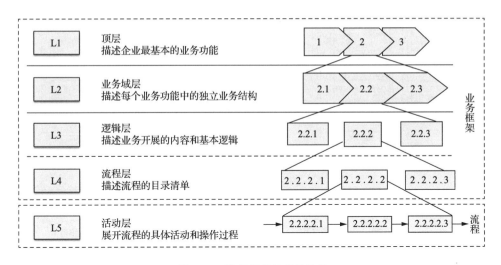

图 4-21　流程框架的层级结构

从纵向来看，形成了一个从上到下逐层分解的结构。这样展示的意义在于，我们通过逐层分解能够很好地控制业务和流程描述的范围及边界，上层的一个模块就是下层的一张图，如图 4-22 所示。

从横向来看，我们可以把采购的流程都在一个页面上展示形成一张大图，这种图称为全景图（与图 4-14 相比，完全不在一个量级），如图 4-23 所示。

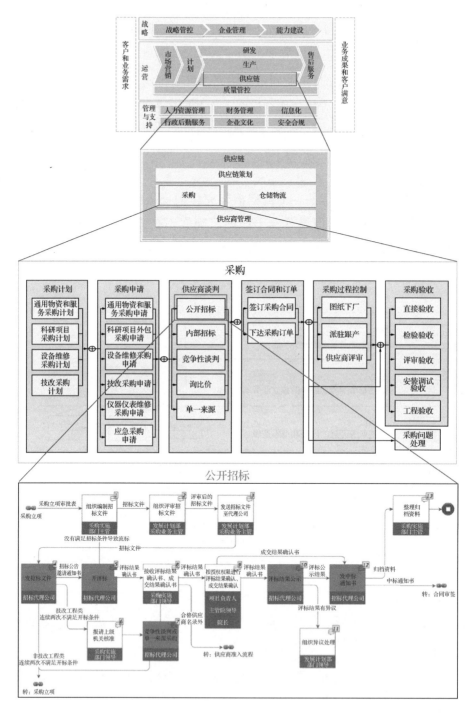

图 4-22　流程逐层分解示意图

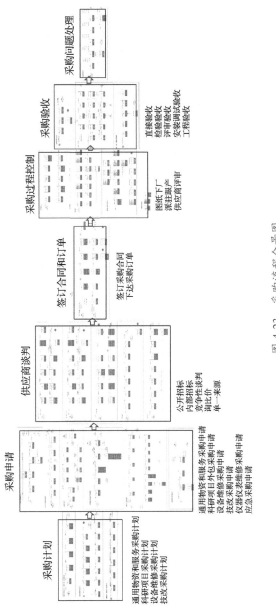

图 4-23　采购流程全景图

由于篇幅的限制，没有办法把一个业务域的流程全部清楚地展示出来。不过，我们已经可以看出，企业实际运作的流程的数量是非常多的，从顶层到活动层，是以几何级数增加的，如图 4-24 所示。

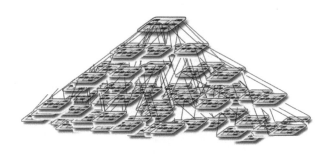

图 4-24 流程层级结构展开效果图

这个逐层展开的效果图有点像高德地图、百度地图那样的电子地图，现在的流程管理软件可以支持这样灵活地展示。我们可以回到最开始的那个问题，流程为什么要有分层的结构？——结构化就是为了简单。

还有一个问题就是，我们在描述业务和流程时总要从顶层到细节逐层展开，直接进入细节的结果就是一团乱麻。这个道理很简单，没有目录怎么建一个图书馆？所以，从框架开始是必不可少的。

对流程的层级定义，目前也有很多不同的说法，但基本思想没有本质差别。只要给各个不同的层级以清晰的定义，能够控制颗粒度就行，至于名称叫什么并不重要。

有两点是值得注意的：第一，尽可能采用通用的说法，少用企业的个性定义（是指表达的个性而不是指业务的个性），这样可以降低沟通成本；第二，需要通俗易懂而不要晦涩，不到万不得已不要制造新的词汇，或者给一个常用的词汇以一个非同一般的含义，这样做最大的麻烦就是总要对不同的人一遍一遍地解释。

4.4 端到端的流程和流程场景

我们经常听到这样的概念："端到端的流程"和"流程场景"，怎样解读它们？它们有什么用途？

4.4.1 端到端的流程

端到端自然是从一端的起点到另一端的终点，这个概念是区别于片段流程的。我们经常看到的流程图实际上多数是片段的，虽然它们也有起点和终点，但一般都会有前置流程和后续流程，因为我们没有办法把所有事情的起因和结果在一个有限的篇幅里表达。

比如，一个校园招聘流程的前置流程是制订员工招聘计划，后续流程是新员工入职，如图 4-25 所示。

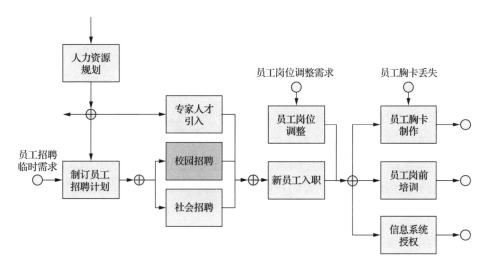

图 4-25　人力资源管理的部分流程框架

制订员工招聘计划流程的前置流程又是什么？是人力资源规划。再向前追溯呢？是公司战略规划。人力资源规划同时还有多个后续流程。这样，企业流程是像蜘蛛网一样相互关联的网状结构的。

很多人认为端到端的流程是从客户需求到客户结果满足，这是有一点儿问题的。因为企业所处的行业不同，在有些行业里从客户需求到结果满足可能是非常短暂的。比如，对于快消品来说，从客户需求到结果满足可能就是客户在超市货架上选取商品的一瞬间。对于这种商品来说，它的整个生命周期过程是不是从客户需求开始的很难说，它的需求可能来自企业内部产生的一种产品研发的决策。

那么到底什么是端到端的流程呢？端到端的流程就是在特定场景中，流程从需求到结果满足的一个完整过程。不管这个需求是来自客户的还是来自企业内部的，也不管这个过程只是一段很短的路径，还是跨越企业很多业务功能的路径。

比如，从设备出现故障到设备修理完成，是一个端到端的流程。再如，从人员需求到新员工入职，是一个端到端的流程。在一个定制化研发和生产的企业中，从客户订单到交付的端到端流程几乎贯穿企业整个价值链的过程，包括营销、研发、生产和供应链。

端到端是相对于流程场景来说的，要想清楚端到端就首先要清楚流程场景。

4.4.2 流程场景

流程场景就是流程运行的环境和条件。为了很好地理解这个问题，我们可以把企业的流程比喻成一个城市的道路。建设流程的过程就像建设城市的道路，我们会建设一个四通八达的网络，以便能够满足每一个点上的人在各种条件下都能够应用这个网络。人们在实际应用时，总会有具体应用的目标、环境和条件。

下面举例说明。我准备从中关村去火车站，有四条路径可以选择，如图 4-26 所示：自驾，拥堵少，可以选择路径 1；打车，成本低，可以选择路径 2；乘地铁，最快，可以选择路径 3；乘坐公共交通，换乘少，可以选择路径 4。

这样，目标、环境和条件就构成了一个特定的流程场景。端到端的流程就是在这样一个特定场景中，从起点到终点的完整流程路径。我们可以将端到端看作一次导航。

这样说来，端到端的流程总是相对于场景来说的，如果没有场景，就没有端到端的概念，就像没有目的地就没有办法用电子地图导航一样。流程场景是一种应用，是通过起点、终点、环境和条件这些要素来定义的。

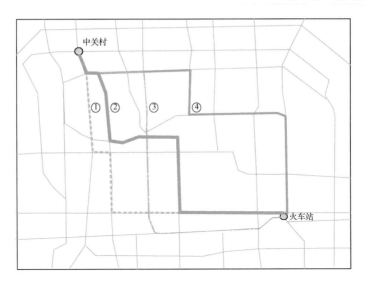

图 4-26　四条可选路径

4.4.3　流程场景和全景

我们再看下面这个例子，一个合同审批的流程如图 4-27 所示。

这个流程有三个场景，是以合同金额来定义的，分别是小于 10 万元、大于等于 10 万元小于 50 万元、大于等于 50 万元。在这三个场景中，流程分别会走不同的路径，表现在审批的人会不同，金额越大，审批人的级别越高。

这样三条看起来不同的路径，实际上有共用的部分，如果我们把这三条路径叠加起来，就如图 4-28 所示。

我们可以将这个叠加多个场景之后的结果称为全景。于是，我们得到以下结论，多个流程场景叠加形成了流程全景，而流程全景在某个环境和条件下的应用是流程场景。这就是流程场景和流程全景之间的关系。

对于流程体系建设，我们总是期望能够构建完整的流程全景，以便满足各种场景的应用；而在进行流程分析和优化时，我们又要做一个相反的动作，就是必须从这样的全景中抽取一部分的场景，否则这样的全景有时候太过复杂让我们无从入手。

一个企业从订单到交付的业务路径通常是非常复杂的，不同的订单输入进来有 N 条路径可以走，如图 4-29 所示。

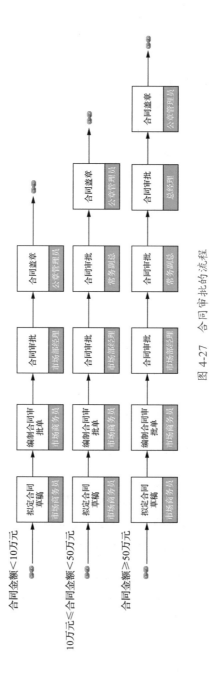

图 4-27　合同审批的流程

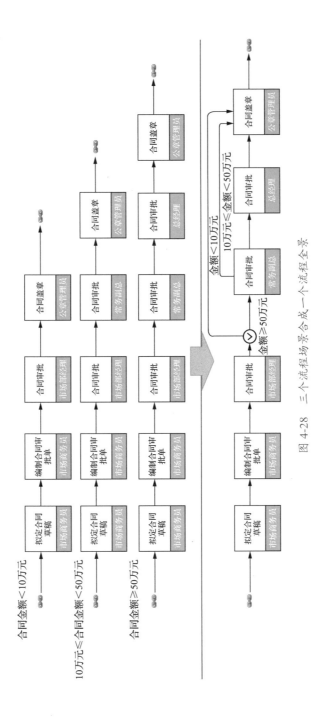

图 4-28　三个流程场景合成一个流程全景

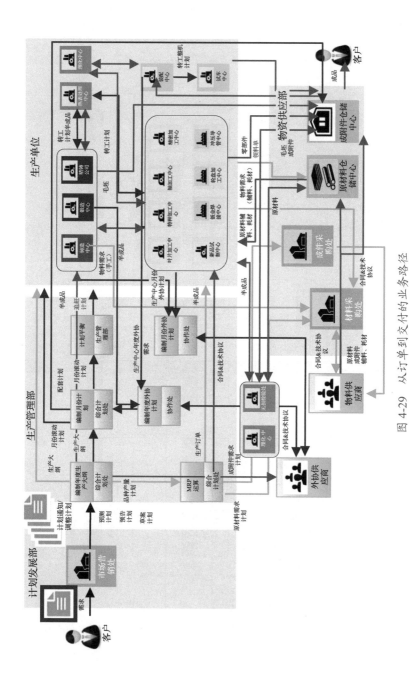

图 4-29 从订单到支付的业务路径

如果不从某一个场景出发，那么从整体来看一头雾水，分析和优化都无处下手。如果我们能够给出一种场景的定义，就可以描述一个场景，这样思考问题也就容易得多了。

场景设计不足也是流程经常出现的问题，在本书后面章节中会讨论关于流程场景优化的内容。

第 5 章
从战略到流程

5.1 战略管理的基本理念

5.1.1 对战略的认识

① 迈克尔·波特说：战略是关于怎样与其他企业不同，意味着有意识地选择一系列不同的活动来提供独特的价值组合。

② 迈克尔·哈默说：战略是关于客户、价值增值、差异化和工作方式的一系列关键选择，以确定企业的形态和特性。

③ 盖瑞·哈美说：战略是洞察未来的市场状况，然后扩展企业的技能，重新定位而从未来获益。

简而言之，战略是企业面向未来的长周期的安排，是定义企业未来目标和行动策略的活动。

如果企业是一棵树，运营是如何让它茁壮成长，那么战略就是在哪里种一棵什么样的树。如此说来，战略是企业所有事情的开端。

有这样的段子说，在《西游记》中，师徒四人去西天取经，唐僧看起来是最不中用的，战斗力是零，肉眼凡胎，还总会成为妖魔鬼怪的目标。他到底有什么用？他的用处就是，无论在什么环境下，他都坚定地朝着西天的方向走。

即使在企业初创阶段，我们也没有言明企业有什么战略，但实际上我们总要思考这样的问题：

① 我们从事什么业务？

② 我们如何创造和获取收益？

③ 同行业中还有谁？

④ 哪些人是我们最主要的客户？

⑤ 我们接下来要怎么做？

上述问题都是战略要回答的。人无远虑必有近忧，这种远虑就是战略。

很多人对战略有认识上的误区，比如：

① 战略是虚伪的——自己都不信的宣传语；

② 战略是口号——我要成为世界××强；

③ 战略是短期的——明年就能实现；

④ 战略是时髦词——智慧×××；

⑤ 战略是经营指标——市场份额达到×××。

战略是一种管理维度和方法，是从理性思维到行动的一个完整的管理体系，而不是停留在纸面上的表述。

对战略的认识有几个关键词，如图 5-1 所示。

差距：战略意味着差距。触手可及的不是战略。我们描述未来的目标和蓝图，当未来与现实之间有一段差距时，如何填补这样的差距实现最终的愿景，就是制定战略的目的。

空间：战略意味着空间。我们在所处的环境中选择自己的生存空间，在面向未来的行动中拓展自己的生存空间，同时在运营中与外界维持互动的关系，这样的空间就是战略要思考的内容。

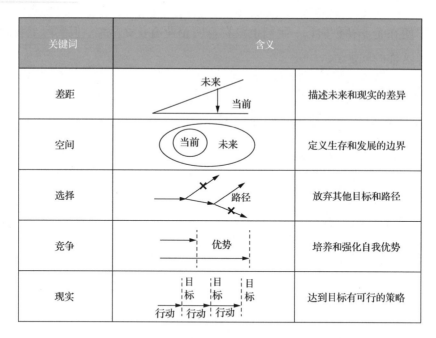

关键词	含义	
差距	未来 ／ 当前	描述未来和现实的差异
空间	当前 未来	定义生存和发展的边界
选择	路径	放弃其他目标和路径
竞争	优势	培养和强化自我优势
现实	目标 目标 目标 行动 行动 行动	达到目标有可行的策略

图 5-1　战略的关键词和含义

选择：战略意味着选择。我们总是面对很多选择，如市场和客户的选择、方向的选择、策略的选择，在做一种选择时就意味着放弃了更多的选择，懂得放弃才是战略的真谛。

竞争：战略意味着竞争。没有竞争就不需要战略。企业制定的战略必须包含独有的竞争优势。不断地保持和强化自己长期的竞争优势，是企业最根本的生存和发展之道。

现实：战略意味着现实。高不可攀的不是战略。战略不是感性的期望，而是理性的分析。战略必须具有可行性，具有实施的策略，是通过努力能够实现的关于未来的谋划。

5.1.2　战略管理的技术性

战略管理作为一种管理维度和方法，看起来是很有技术性的，然而现实中却经常有这样的案例：一个用很专业的方法思考战略的企业家未必能够真的让企业蓬勃发展，而另一个似乎不那么懂得战略管理方法的企业家却获得了成功，为什么会这样？

这就是战略管理不同于其他管理的妙处：真正的战略家总有天然的嗅觉，他们能够闻到成功的味道，而其他人却不能。有时候这些战略家们还要力排众议，在众多通往未来的路径中选择别人认为不可思议的路径。

我们必须承认战略家们具有这样的天分，这也是企业家和经理人的差异。经理人更倾向于思考用何种策略来实现这样的目标，这正是他们擅长的，而常规的思维方式和经验往往限制了他们的想象力，当然我们并不排除某些经理人也是战略家。

不过，这并不意味着战略管理的技术和方法就可有可无，因为这样的技术和方法能够为企业提供战略方面的帮助。

① 选择战略：在纷繁复杂的环境和条件中拨云见日，做出更精准和更理性的战略选择；

② 评估战略：对战略选择可能的结果进行预判、评估和调整；

③ 落实战略：将战略目标转换成可行的实施方案以便落地执行；

④ 协调行动：协调整个公司各业务单元和成员的行动，使之能够和战略方向一致。

随着社会的发展进步，企业所处的环境越来越充满变化，对管理水平的要求越来越高。在这种状态下，管理的粗放让企业难以生存，包括战略也如此，仅仅依靠战略家的眼光就能够成功的日子已经一去不复返了。管理的科学化和系统性正在成为现代企业必须面临的挑战。所以，战略管理已经成为企业家和经理人的必修课。

5.1.3 战略管理的一般模型

战略管理的内容可以用一个模型来表述，如图 5-2 所示。

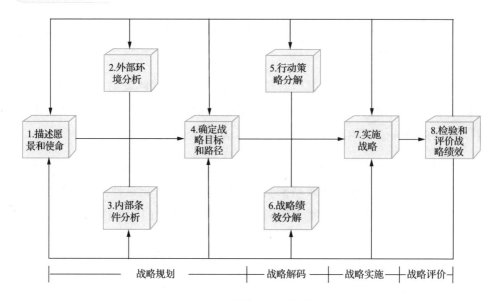

图 5-2　战略管理的一般模型

战略管理分为战略规划、战略解码、战略实施、战略评价四个部分，一共有八个活动。

战略规划包括描述愿景和使命、外部环境分析、内部条件分析、确定战略目标和路径。这个部分是制定企业战略的过程。战略规划的周期通常是 3～5年，稳定发展的企业的周期要长一些，而变化中的企业的周期则相对较短。

战略解码包括行动策略分解和战略绩效（战略绩效是对企业进行整体评价的绩效，也称企业绩效）分解。这个部分一方面是如何把战略落实到具体的行动，另一方面是如何把战略目标分解成具体的行动指标。这两个方面都是在企业中实现战略协同的过程，这个过程要在制定战略规划之后接续完成。

战略实施是企业在一个战略规划周期中的持续运营。这个过程是具体的行动，行动总是要为战略目标服务的。

战略评价是企业在经过一段时间的运营之后（一般在一个战略周期的中期和末期），需要对实际运行的效果进行评估，对战略进行检视，对出现的偏差进行调整，或者调整战略目标，或者调整行动策略。

战略的技术性工作通常集中在战略规划和战略解码部分,它们是战略管理最核心的内容。

5.1.4　战略规划的 SWOT 分析法

说到战略规划的方法,我们必须提到 SWOT 分析法。这是 20 世纪 80 年代初由美国旧金山大学的管理学教授海因茨·韦里克提出来的,几乎所有的战略规划都会采用这个方法。

SWOT 分析法的核心是构建一个矩阵,通过列举外部环境和内部条件的因素,帮助我们思考如何采取应对措施,从而对战略方向和实施策略做出选择,如图 5-3 所示。

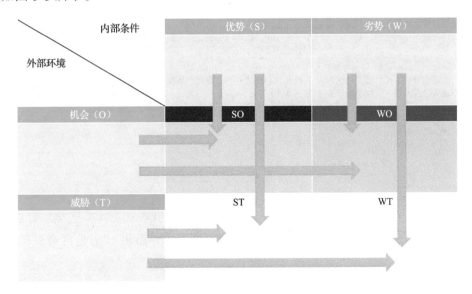

图 5-3　SWOT 分析矩阵的结构

这个矩阵的纵轴是外部环境的机会(O)和威胁(T),横轴是内部条件的优势(S)和劣势(W)。我们需要先列举这些因素。横轴和纵轴相互交叉就形成了四个象限:SO、ST、WO、WT。

我们可以对 SWOT 分析矩阵进行以下解读。SO 象限表示当面对外部机会时，要采取什么样的策略来发挥自身优势；ST 象限表示当面对外部的威胁时，要如何用自身的优势去应对；WO 象限表示当面对外部机会时，如何弥补自身的不足；WT 象限表示当面对外部的威胁时，如何控制自身劣势可能造成的风险。

这样就形成了一个策略选择的矩阵，如图 5-4 所示。

内部条件 外部环境	优势（S） 1.国家加大对××××的投入，在体制、机制、能力建设方面都有空前的支持力度； 2.面向中国智能制造、工业4.0，××××作为工业制造王冠上的明珠，应当成为行业的先锋	劣势（W） 1.干部任用、薪酬体系、员工聘用、绩效激励等体制的问题，不能与行业发展匹配； 2.正在形成人才瓶颈，高端制造业的高端人才稀缺，需要有培养和吸引人才的能力
机会（O） 1.×××市场高速发展，在"十三五"期间预计可达到8000台的市场规模，是几十年的总和； 2.低空开放已经箭在弦上，未来民机市场的发展空间更加广阔	SO 1.以×××为主体，聚焦中小航空发动机业务和市场； 2.承接国家大规模支持和投入，能力建设上台阶； 3.关注民用飞机市场发展变化，做行业引领者	WO 1.转变现有的薪酬体系和用人机制； 2.形成有效的吸引人才、培养人才的能力和机制
威胁（T） 1.行业面临开放、民营资本的进入、国际顶尖公司的进入，竞争会逐步升级； 2.从国家到社会，改革的整体进程在提速，我们必须正视生存压力和危机	ST 1.聚焦核心制造能力，提高产品和服务水平； 2.聚焦核心技术和工程攻关，在技术上取得竞争优势	WT 取得国家的支持，进行具有前瞻性的体制、机制改革，建立与国际化竞争相适应的现代企业制度

图 5-4　SWOT 分析矩阵示例

这是一个经过简化的示例，实际上可能要复杂得多，不过道理是一样的。战略制定的过程就是基于外部环境和内部条件分析，做出对企业自身长期目标和策略的研判。

5.1.5　古老的案例

SWOT 分析矩阵只能给我们提供一个思考的方法，其中的内容是充满智慧的。虽然这看起来是一个现代战略管理的模型，其实这样的思想却是自古就有的。为了说明这个逻辑，我们回顾一下三国时诸葛亮写的著名的《隆中对》。

"自董卓已来，豪杰并起，跨州连郡者不可胜数。曹操比于袁绍……刘璋暗弱，张鲁在北，民殷国富而不知存恤，智能之士思得明君。"——这是外部环境分析。

"将军既帝室之胄，信义著于四海，总揽英雄，思贤如渴。"——这是内部条件分析。

"若跨有荆、益，保其岩阻，西和诸戎，南抚夷越，外结好孙权，内修政理；天下有变，则命一上将将荆州之军以向宛、洛，将军身率益州之众出于秦川，百姓孰敢不箪食壶浆以迎将军者乎？"——这是实施策略。

"诚如是，则霸业可成，汉室可兴矣。"——这是最终的战略目标和愿景。

从外部环境分析到内部条件分析，从实施策略到战略目标和愿景，《隆中对》实际上就是标准的战略规划。

当然，在现实的企业中，战略规划不太可能像《隆中对》这样寥寥几笔，需要更多信息的整理和分析，更多数据的支撑，制定的策略更需要具有可行性和现实性。

5.2　解读商业模式

模式是事物的标准样式。对于企业管理来说，模式就是标准行为结构。

5.2.1　商业模式和运营模式

我们经常提到商业模式和运营模式。商业模式是企业在与外部交互的过程中体现出来的行为结构，通俗地说就是企业如何获取商业利益；运营模式是企业内部与提供产品和服务相关的行为结构，通俗地说就是企业如何提供自己的产品和服务。

有些时候我们并不很严格地区分商业模式和运营模式。前者主要关注企业和环境之间的关系，环境包括客户和供应商；后者主要关注企业内部运行，是企业价值链的结构。商业模式和运营模式如图 5-5 所示。

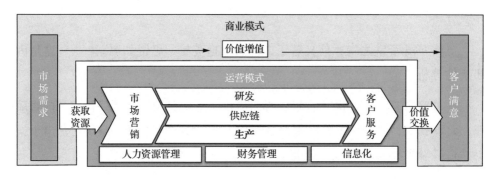

图 5-5　商业模式和运营模式

商业模式的核心是三个问题：我们如何获取资源？我们如何与客户进行价值交换？我们如何取得收益及如何持续取得收益？

5.2.2　商业模式的类型

企业的传统商业模式，最基本的是生产型商业模式、贸易型商业模式和服务型商业模式。生产型商业模式包括定制化生产、多品种小批量生产和大批量库存生产；贸易型商业模式有直销、分销、代理、批发等；服务型商业模式的种类比较多，有代理、融资、物流、租赁、护理等。这些都是企业的传统商业模式。

随着社会的进步和技术的发展，企业的商业模式逐渐创新。下面列举一些比较典型的新兴商业模式。

1. 平台模式

平台模式的特征是企业构建一个类似于市场的平台，在平台上布置各种产品组合供客户选择，或者供需双方都可以在平台上进行交易，平台提供商主要通过收取服务费用的方式获取收益。

平台模式实际上并不是一个新概念，传统银行就是一个典型的平台模式。银行在开发自己产品的同时，也会代理证券、保险、理财等很多业务，它的中间业务就是为客户提供这些产品的交易场所，并为此获取佣金。西方商业银行的中间业务收入会占到整体业务收入的 60% 以上。

电信运营商也是类似的，它们会开发很多虚拟运营商及衍生产品和服务，在它们的平台上布置和交易。

国美和苏宁，也采用的是平台模式。随着互联网的发展，线上的平台模式已经非常多了。像淘宝、京东、携程等一大批互联网公司都采用的是这种模式。在传统的线下商业环境中，企业由于受到空间的限制，能够辐射的客户的范围是有限的，而互联网的特征是能够把全球客户都连接起来，这就为平台模式的发展打开了一个非常广阔的空间。

2. 产品附加模式

产品附加模式的特征是企业不仅提供产品，同时还基于产品提供更多的附加价值，甚至有时候它是通过附加价值取得收益的，而不是产品本身。典型的就是乐视，乐视并不依靠销售电视机赚钱，而是通过承载的内容服务获取收益。著名的罗尔斯罗伊斯公司为飞机提供航空发动机。航空发动机在整个生命周期中，需要多次维护和维修，罗尔斯罗伊斯公司的很多收益都来自发动机的租赁、维护和维修服务。

3. 内容服务模式

现在很多"互联网+媒体"服务商采用的是内容服务模式。比如腾讯有 QQ 游戏，还有微信。它构建非常广泛的交流渠道，然后通过渠道加载服务内容取得收益。客户量是它的制胜法宝，内容非常丰富，很多时候客户也可以成为内容的提供者。百度、知乎，以及各种视频、交友网站或者 App，采用的都是内容服务模式。

4. 入口模式

入口模式就是"占山头"。在一个商业机会中首先抢占市场，拥有了足够多的客户量，就形成了一个"商业漏斗"，让后来者很难有进入的机会。这种入口模式的竞争通常是比较惨烈的，毕竟谁都想先抢占山头。比如，美团、分众传媒等，无一不是通过这样的血拼才占领市场的。它们在成为市场的胜利者之后，就可以在这个商业入口内谋取商业利益，挖掘客户价值。

5. 终端自助模式

技术的普及和人工成本的增加，使得很多企业会选择终端自助模式。这样的模式更有利于在一个较短的时间内实现规模扩张。比如，从前的银行依靠建设经营网点扩展业务，后来经营网点转变成网上自助银行，成本就降低了很多，再后来银行利用 POS 机和手机终端就可以把服务延伸到客户身边。在线购买车票、机票、电影票，以及共享充电宝、在线 KTV 等，都采用的是终端自助模式。

6. 众包模式

众包模式也是一种平台模式，它的特征是收集客户的需求进行集中发布，服务提供者在其中承接并且履行订单。这样，原本零散的订单需求和服务提供者可以在一个平台上实现交易。众包模式的典型是滴滴、百度外卖等。

7. 会员模式

会员模式是通过吸收会员形成一个稳定的客户群体，然后为这个群体提供服务的模式。会员模式的历史是比较悠久的，其一般采用的是俱乐部和商业会所的形式，形成商业规模却不太容易。近年来，会员模式得到了广泛的发展，美国的好事多超市在不景气的传统商超行业中异军突起，已经进入中国市场并在上海开了分店。它的商品价格低廉，它不从商品销售中赚钱，而是通过收取会员费的方式获取收益。类似的还有提供影视剧服务的奈飞公司。目前，提供网上影视剧和流媒体服务的公司很多都采用的是会员模式。

8. 众筹模式

众筹模式是一种投资者也是消费者的模式，颇有点儿"自给自足"的味道。早期的信用社、供销社就采用的是众筹模式。很多股东出资，目的是为自己服务。曾经有一段时间，有人众筹去建房子。但目前看来，似乎这样的模式都不太成功。这其中恐怕有一个商业悖论，因为我们通常认为专业化才是成本最低的方式，而众筹模式的出发点却是与此相背离的，这样的模式看起来不够集约化。

5.2.3　商业模式多样化的原因

如今的商业模式已经林林总总，而且还在不断推陈出新。追根溯源，似乎它们都能够在传统商业模式中找到根基，但是那些传统模式已经被装进了万花筒，呈现出多种多样的形态，看来这是社会发展的必然结果。

商业模式蓬勃发展的原因，可以归纳为以下三个方面。

1. 互联网的发展

从来没有什么信息媒介能够像互联网一样，给人们的生活带来如此深刻的变化。克里斯·安德森在 2004 年提出了"长尾理论"，大概意思是说，用正态分布来描述人们关注的需求，从前我们总关注能够形成规模的头部需求，也就是只能为有少数几种需求的客户服务，尾部大量的零散需求因为无法形成商业规模而被舍弃，如图 5-6 所示。

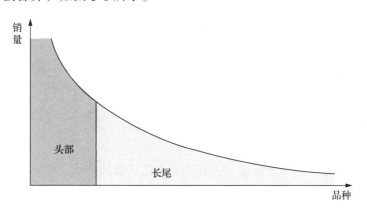

图 5-6　长尾理论

互联网提供了逆转的可能，因为传播的触角无所不在，可以将那些分散的小众需求通过网络收集起来，形成一个大量的需求，这样企业完全可以关注一个更加细分的市场，这就从根本上改变了传统的商业生态环境。

我们在网上购物时已经可以深刻地感觉到这一点，从前看起来一个很小众的需求，如今可能在网络上也能够形成相当的规模，由此就萌生了很多围绕互联网发展起来的新兴商业模式。

2. 市场需求的变化

社会的发展让人们的需求产生了深刻的变化。

在供不应求的时代，人们的需求是同质化的。我们需要的只是牛奶和面包，至于需要什么样的牛奶和面包通常不在思考的范围之内。进入供大于求的时代后，物质产品丰富了，我们的需求开始呈现多样化的趋势。于是，我们开始有了多种选择，也就出现了消费的潮流化。如今的市场需求是打开的"潘多拉盒子"，新人类的个性化特征成为最大的潮流，于是人们开始更愿意做"新奇"的尝试，"另类"和"小众"反而司空见惯。

这样的社会背景使得长尾变得更长，更多的小众需求很容易形成细分市场的规模，也就为商业模式的创新打开了空间。

3. 供给能力的提高

科学技术在进步，生产效率在提高，商品流通在加速，我们这个社会提供产品和服务的能力已经今非昔比。在多数时候，只有你想不到的，没有做不到的。社会分工越来越细，很多从前看起来很"冷门"的产业，如今可以很容易形成规模，成本随着规模发展而降低。一个产业或者一种产品，从投入到产出的周期大大缩短。我们已经很难区分"蓝海"和"红海"，一个新兴产业昨天可能还方兴未艾，今天就已经群雄逐鹿了。

产能过剩是一种普遍现象，这是后工业化社会的特征，正是这样的特征驱使企业必须不断创新商业模式，它们需要在创新中获取生存空间和经济收益。

5.2.4　商业模式的设计

商业模式设计是战略管理的内容，也有思考的模型和方法，主要是围绕客户价值主张展开的。简单地说，客户价值主张就是客户选择你而不选择别人的理由：是价格低廉、质量优势、品牌效应、响应速度、情感因素，还是有什么能够满足需求的独特性？

我们围绕价值主张去分析客户需求、收益方式、渠道建设、成本构成、资源获取和资源配置等因素,这些因素考虑清楚了也就形成了一个商业模式的基本结构, 如图 5-7 所示。

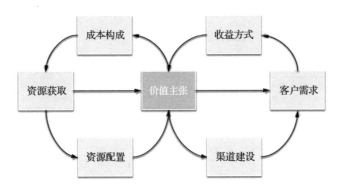

图 5-7　商业模式设计的参考模型

我不想用更多的语言讲述商业模式设计的方法,因为模型和方法只能让我们有相对结构化的思维,事实上商业模式设计却是一个难题——我们没有办法在这样的模型和方法中寻找到正确答案,就像我们熟读《孙子兵法》但是未必会打仗一样。要想找到成功的商业模式,我们可以在行业先行者那里获取经验,可以跨行业借鉴学习。

创新的未必会成功,坚守的不一定会失败,但商业模式的多样化是社会发展的必然结果,它给企业带来的是机遇和挑战。柯达退出了历史舞台,微软从操作系统转向了云计算,可口可乐守着 100 多年的配方也在思考未来……

未来是什么样的? 在你思考时,它正在悄悄地到来。

5.3　读懂运营模式

运营模式聚焦企业内部产品和服务的产生过程,也就是我们通常说的价值链。

5.3.1 价值链的结构

不同行业中的企业的运营模式是有很大差异的。下面看一个生产型企业的价值链结构，如图 5-8 所示。

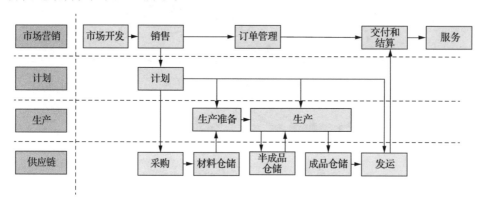

图 5-8　生产型企业的价值链示例

从市场营销到计划、生产、供应链，最后到交付和结算与服务，这个过程的链条比较长。在此只做大概的描述，实际过程没有看起来这样简单。如果是一个定制化生产型企业，加上产品开发的过程，还会再复杂一些，如图 5-9 所示。

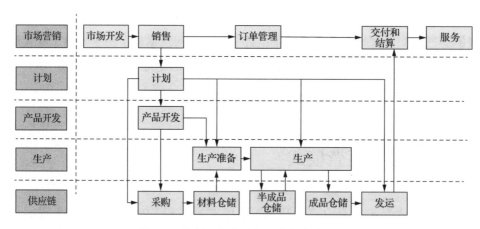

图 5-9　定制化生产型企业的价值链示例

下面再看商业银行的价值链结构，与生产型企业有很大的差异，如图 5-10 所示。

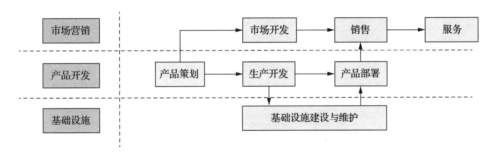

图 5-10　商业银行的价值链示例

　　它们没有供应链和生产的过程，通过产品开发和基础设施建设，在平台上布置自己的产品，然后销售和提供服务。这样的价值链就比生产型企业的价值链短得多，很多服务型企业的价值链都是类似模式的。

5.3.2　业务模式和业务策略

　　我们还需要介绍的一个概念是业务模式。业务模式是企业中业务功能的行为结构，也就是企业用什么方式实现销售、生产、采购、研发、产品交付和售后服务这些业务功能，也包括人力资源管理、财务管理、信息化等这些不属于价值链构成部分的业务功能。

　　运营模式是价值链功能的业务模式的组合，业务模式是运营模式分解细化的结果。

　　相同行业的企业价值链的结构是基本相同的，差异体现在各种业务功能的特性，这种特性需要从业务模式中才能体会到。企业的业务模式因为业务功能众多而存在很多组合，是充满变化的，我们没有办法像商业模式那样穷举有多少种类型，不过可以参看典型的业务模式。例如，营销模式有规模化营销、体验式营销、关系营销、连锁、一对一营销。生产模式有少品种大批量生产、多品种小批量生产、单件定制生产、批量定制生产等。

　　业务模式再向下分解是业务策略，就是业务模式中某一个功能细节的实现方式，如图 5-11 所示。

　　如图 5-11 所示，生产模式有多种，在各种生产模式之下还有具体的生产计划策略、生产组织策略、生产控制策略、生产保障策略等，管理的复杂性和智慧表现在这些模式与策略中。

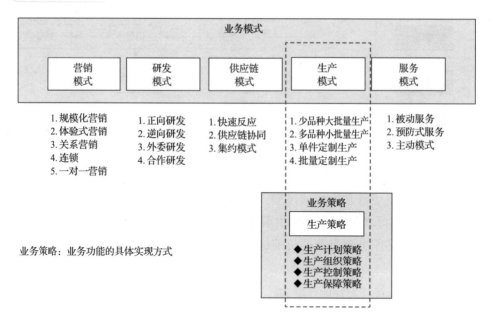

图 5-11 典型的业务模式和业务策略示例

我们举一个生产计划的例子来说明业务策略的不同，如图 5-12 所示。

在图 5-12（a）中，生产总计划员基于订单运算平衡制订主计划，然后把主计划分推送给型号计划员；型号计划员分别处理不同型号产品的计划任务，形成型号计划并将其推送到生产中心；生产中心计划员接收不同型号计划员给的任务指令，进行二次平衡然后排产，组织完成生产任务。在这个过程中，因为涉及生产管理部和生产中心的两级平衡，中间有一层调度员，调度员随时在生产管理部和生产中心之间进行信息传递。

在图 5-12（b）中，生产总计划员基于订单运算平衡制订主计划，然后将主计划推送给零部件计划员和型号计划员；型号计划员将主计划分解成装试计划和零部件计划，再把装试计划和零部件计划分别推送给装试中心计划员和零部件计划员；零部件计划员根据主计划和零部件计划分车间制定生产计划和指令，推送给零部件生产中心；零部件生产中心根据生产管理部给出的计划和指令排产并组织生产。与图 5-12（a）中差异在于，零部件计划是由主计划拉动的，只在生产管理部做一次计划平衡，然后把指令直接下达到车间，不需要二次平衡。

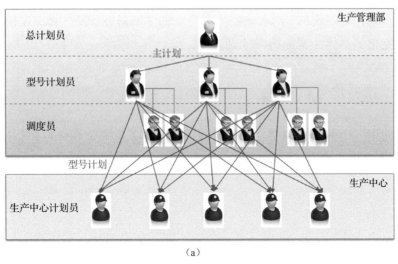

（a）

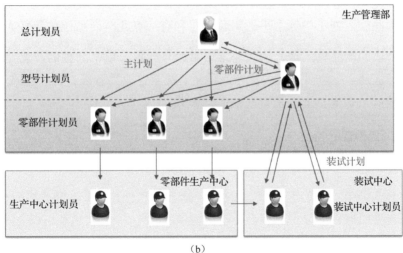

（b）

图 5-12　两种生产计划的业务策略

在上面这个例子中，在生产模式相同的背景下，生产计划策略是不同的。如果不面对一个具体的企业，多数时候我们很难说策略的优劣，需要看应用场景。第一种生产计划策略适用于那些各车间都进行装配但生产不同产品的情况；第二种生产计划策略更适用于整个企业制造都向装试中心交付，再由装试中心完成整体装配，最后向客户交付的情况。

从企业运营模式到业务模式，再到业务策略是一个逐层细化的过程。这个过程应该是相互匹配的，同时也需要与企业的战略目标保持一致，这样才能形成一个完整的整体协调的运营状态。

5.3.3 运营模式的示例

下面用一个例子来说明企业的运营模式、业务模式是如何运作和协调的。

A公司是一家集时装研发、生产和销售于一体的公司，商业模式是时装行业普遍采用的完整产业链的模式。它的运营模式有非常鲜明的特征，以快速反应著称。

下面先介绍一下 A 公司产品的市场定位。战略问题总与运营模式息息相关，运营模式、业务模式和业务策略都应该与企业战略相匹配。A公司的目标客户是那些收入处于中等水平的工薪阶层和有一点儿时尚品位的年轻人。

A公司的产品特点是，款式非常丰富而且新颖，单个品种的产量比较小，产品快速流通。A公司不太关注产品质量，甚至在业界看来，其产品质量处于一个比较低的水平。下面来看它的运营模式。

1. 销售模式的特征

A公司在几十个国家开设了上千家连锁店，店面一般会非常大，很多都能达到1万平方米以上。大空间可以摆放更多款式的服装，这样顾客挑选的时间会很长，这是促进即时消费的一种策略。

这些连锁店每天把销售信息发回总部，每周要向总部发两次补货订单。总部拿到各个连锁店的销售信息和库存信息之后，判断产品是畅销的还是滞销的。如果产品是畅销的，公司又有现成的材料，就会通过快速反应的供应链来追加生产，用补货抓住销售的机会。如果产品是畅销的而公司没有相应的材料，就会非常果断地停产。如果发生了产品滞销，公司会取消原计划的生产任务。如果某个产品超过了3周还没有销售出去，公司就会把这个产品集中到某一个连锁店处理，通常一年会有两次打折销售。

2. 研发模式的特征

A公司的设计理念来自一些大型的酒吧和服装秀场，时尚观察员会收集很多最新的时尚信息，比如哪些明星穿了什么样的衣服，时尚观察员会非常快速地向总部汇报，同时 A 公司的连锁店也会反馈当天的销售报告和顾客需求信息给总部。

A 公司的总部有由设计师、市场专家和进货专家组成的 400 多人的设计团队，每年要设计 4 万多款服装，平均下来每天要设计 100 多款服装，这个数目是非常惊人的。这些服装最终投入市场的大概有 1 万多款。设计团队会根据反馈的信息，尽可能利用企业现有的材料进行设计，避免订购新材料花费更多的时间和成本。

3. 采购模式的特征

A 公司采购的原材料有 40% 来自母公司，可以保证快速反应，另外 60% 的材料从很多供应商处采购。供应商是分散的，有 260 多家，这样能够保证不会对某一个供应商有过多的依赖，从而保证自己的安全。它采购的布料有 50% 是没有经过染色的。这样可以在设计和生产的过程中，根据季节变化随时染色，便于快速反应。

4. 生产模式的特征

A 公司在本地有 22 家工厂，其中 50% 的产品是自己生产的，其余 50% 的产品外包给了 400 多家加工厂。每家加工厂都生产一种款式，这样可以保证生产的专业化水平和响应速度。70% 的外包加工厂分布在总部周边，距离短，便于运输。剩下的 30% 靠近终端市场，主要生产基础款的产品，为了适合当地消费的需求。

5. 物流配送模式的特征

A 公司的物流配送系统十分发达。从总部的生产基地到物流中心有地下 20 千米的传送带，有一套非常成熟的自动化管理系统来控制传送带。对于每一笔订单，A 公司都会借助光学工具来分拣产品，1 小时能分拣超过 6 万件服装，出货的准确率非常高，能达到 99% 以上。A 公司的总部还可以通过双车道的高速公路直通物流中心，物流中心的运输卡车有固定的发车时间，可以把产品送到国内各地。同时，A 公司还有两个空运的基地。这样发达的物流配送系统可以保证本国的连锁店通常在 24 小时之内到货，美国的连锁店到货需要 48 小时，日本的连锁店的到货时间在 48 小时到 72 小时之间。

纵观 A 公司的整条价值链，突出了一个"快"字。一款服装从设计到最终投放到市场，同行业的其他公司一般要 4 个月以上，快些的能达到 2 ~ 3 个月，而 A 公司通过这一系列的模式运作能达到非常惊人的速度：7 ~ 12 天。

A 公司的这种运营模式与它的战略方向和客户定位是匹配的，所以才能在同行业中表现出不俗的业绩。

有人问，是先有战略，还是先有商业模式和运营模式？哪个在前呢？商业模式和运营模式实际上是战略的组成部分。战略不只是制定目标和一个方向，也需要给出实现路径和策略，商业模式和运营模式分别是战略实现的路径和策略。

只有设计了清晰的商业模式和运营模式，战略才能被称为一个完整的战略。

5.4　从战略到流程的路径

我们知道，流程是战略得以实现的途径，然而从战略到流程的跨度还是很大的。这个落地的过程是如何实现的？我们需要一条路径。

5.4.1　五层塔模型

我们构建了一个模型，用以描述从战略到流程的解构过程。我们把战略经过商业/运营模式、业务模式、业务策略，最终到具体操作层面的流程称为从战略到流程的"五层塔"，如图 5-13 所示。

接下来，我们从上到下逐层解构这座五层塔。

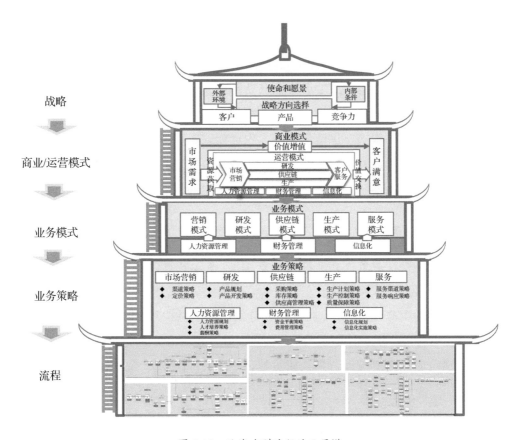

图 5-13 从战略到流程的五层塔

第五层：战略

首先要定义企业的愿景，愿景是对未来的预期。未来我们要成为谁？我们要经过外部环境分析和内部条件分析（著名的 SWOT 分析），做出战略方向的选择。这是关于战略的思考模式。战略最终要回答三个核心问题：我们的产品是什么？客户是谁？核心竞争力是什么？

第四层：商业/运营模式

在选择了战略方向后，接下来要确定如何实现战略和目标，这就是商业模式和运营模式。商业模式是企业在与外部交互的过程中实现商业运作的方式，运营模式是企业运营过程中提供产品和服务的方式。商业模式和运营模式其实也属于企业战略管理的范畴，这部分内容在前面介绍过。

第三层：业务模式

我们继续解构运营模式中各个业务功能的实现方式，即业务模式。企业的商业模式和运营模式各不相同，业务模式会随之各具特色。业务模式的内容包括营销模式、研发模式、供应链模式、生产模式、服务模式等。

不构成价值链的业务功能（如人力资源管理、财务管理、信息化）也有相应的模式，只是对不同的企业来说这部分的模式差异并不明显。

第二层：业务策略

业务策略是在业务模式下继续思考，让业务模式具体实现的方式。业务策略这一层更接近流程，实际上它是在给流程提供一个运营的场景。比如，在多品种小批量的生产模式之下，生产滚动计划的周期是按月、旬、周，还是按天，这就是业务策略（生产计划策略）的内容。业务策略应该是与业务模式相匹配的，当然也应该向上与运营模式相匹配。

第一层：流程

从业务策略再向下，才到了地面的一层——流程。如果流程足够复杂，那么也是可以分层来表达的，从宏观的流程场景到具体活动的细节。业务策略会给出流程的一个基本方向和逻辑。例如，采购是集成管理的策略，流程自然就是一个集成管理的流程。

从战略到流程的"五层塔"，这个结构和流程框架的分级结构是类似的。这并不是一种偶然现象，实际上流程的框架结构为战略落地过程的逐层思考提供了一个不同颗粒度的视图，如图 5-14 所示。

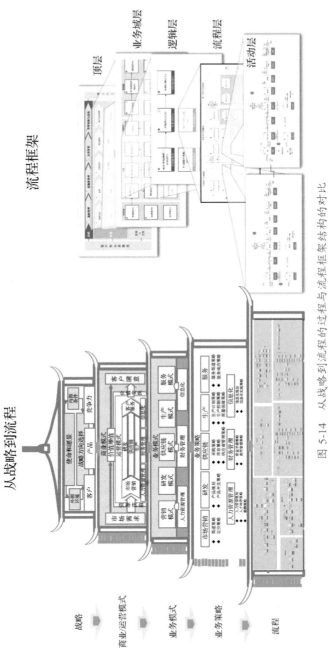

图 5-14　从战略到流程的过程与流程框架结构的对比

5.4.2 战略转型的示例

一家大型工程机械制造商，从前采用的是典型的生产型企业的运营模式，先获取销售订单，再组织采购、生产、安装和交付，最后提供后续的售后服务和产品维修，如图 5-15 所示。

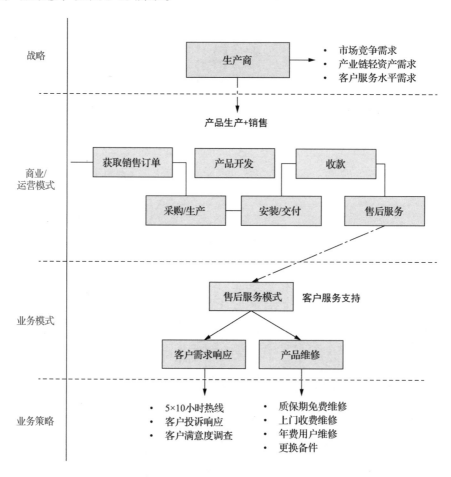

图 5-15 工程机械制造商的运营模式示意

市场逐渐发生了变化。首先，竞争对手的成长使得竞争愈加激烈；其次，作为工程施工单位的客户开始倾向于轻资产运营，购买设备的意愿在降低；再次，客户对服务水平的要求在逐步提高。

　　鉴于这些因素，该公司决定进行战略转型，从设备生产商转向工程设备及服务解决方案提供商，不仅要向客户提供产品，还要提供与产品相关的服务，与客户建立更密切的合作关系，形成相对稳定的战略联盟，由此获得更持续的收益。

　　这种转型首先带来的是商业模式的变化。该公司不再主要通过销售产品给客户来赚钱，而是为客户提供产品租赁服务。客户在需要时租用它的产品，在不需要时再还给它。这样，客户就不必因为采购设备而形成更多的固定资产，同时设备的所有权在提供方，它更专业，所以对设备的维护水平会提高。提供方收取租金和服务费，算起来比直接销售产品更划算，也更持续。这样就可以形成双方都获益的结果。

　　与商业模式变化相应的是，运营模式也会变化。从市场营销开始，该公司将从前分散的销售网络整合成少数几个销售和服务综合站点，围绕核心客户建设。这样，大客户经理可以从客户端得到更多信息，如客户未来会获取哪些工程项目、这些项目需要什么设备和相关的服务等。

　　产品开发也从定制化产品向定制化解决方案转变，不是被动地按照客户需求开发产品，而是根据客户的工程需求分析它们现有的能力，为客户提供产品和服务组合的完整解决方案。这样，该公司可以尽可能地利用现有产品和模块化技术，控制运营成本和服务质量。

　　更多变化来自产品交付之后的服务。以前，产品的售后服务是通过热线电话响应客户的产品维护和维修需求。转型之后，把产品交付给客户只是价值链的前端，还有很大一部分工作是运行维护，这也是价值链的一个核心组成部分。运营模式的转变如图5-16所示。

　　售后服务模式转变成了运维模式，具体的工作内容包括产品定检、产品状态监控、产品保养维护。

　　为此，该公司制定了具体的业务策略：

　　① 每周定检：每周进行一次产品状态检查；

　　② 运行状态监控：每天通过云平台进行产品在线状态监控；

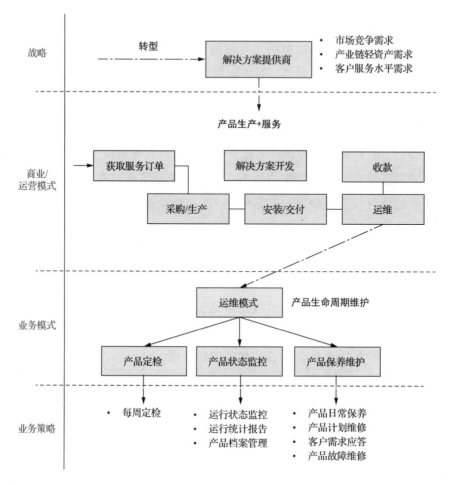

图 5-16　工程机械制造商的运营模式转变示意

③ 运行统计报告：在每月末输出当月的运行统计报告；

④ 产品档案管理：建立产品档案，按照生命周期分类管理；

⑤ 产品日常保养：为客户的操作人员进行产品日常保养培训和辅导，作为上岗资格考评内容之一，为此设立奖金；

⑥ 产品计划维修：每年度、每季度按照产品档案制订维修计划，对到维护期的产品进行检修；

⑦ 客户需求应答：撤销 5×10 小时人工服务热线，为客户配置专门的客户经理，更有针对性地提供远程和上门无间断服务。

⑧ 产品故障维修：由产品定检人员或者客户经理发起，对产品的故障问题进行现场维修。

在上面的例子中，战略逐层分解到业务策略，最后业务策略给出了流程的场景，我们描绘流程也就在这个业务策略给出的框架之内。

5.4.3　整体协同的问题

面对这座五层塔，从上到下是从宏观到细节、从战略到落地的过程，我们沿着这个过程思考战略实现的路径；从下向上则是现实与战略的协同过程，我们沿着这个过程思考产生现实问题的深层次原因和解决策略。

企业所处的环境和条件不同，它们的战略选择有差异，商业模式和运营模式都可能不同。无论采用什么模式、什么具体的业务策略和流程，最终都需要实现一个结果，就是从战略到流程的整体协同。

很多时候，企业面临的问题表现在具体的活动中，但原因可能来自业务策略和业务模式，也可能触及商业模式和运营模式，是它们之间不协调、不匹配的问题。要想查找这些痛点的源头，我们就要沿着五层塔向上追溯，直到能够解决问题。

丰田公司创造了自己的 TPS（精益生产）运营模式，其中最有代表性的是JIT，如图 5-17 所示。

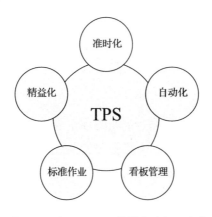

图 5-17　丰田 TPS 运营模式的核心内容

丰田实现了供应链与客户及供应商之间的整体协同，在控制生产成本的同时实现了为客户定制化生产产品。对于这一点，很多企业都期望效仿，身不能至，心向往之。然而，很多时候我们只关注一个业务模式的特征，却很少深入了解它所处的环境和条件。

日本汽车企业的营销不同于日本以外的地域，奉行的是多经销商模式，销售采用的是人海战术。其中，80%的销售是通过销售员深入家庭来实现的，门店的销售只占 20%。汽车销售员会深入每一个社区、每一个家庭，成为这些家庭的朋友。他们知道这些家庭都在开什么车、在什么时候买的、在什么时候应该更新换代，甚至对这个家庭的收入水平和喜好也都一清二楚。——这有点儿像我国的保险销售员。

汽车销售员在一个家庭准备换车时，会根据他们的实际情况给出配置的建议，确认订单并传递给汽车制造商。在汽车生产下线之后，销售员可以帮助客户将一应手续办完，把汽车送到客户家里。对客户来说，省去了去门店选购的时间，坐在家里就可以购买适合自己的汽车，定制化生产的等待时间是可以接受的。

这样的销售模式，确保了输入订单是及时而准确的。也正是因为有了订单的及时和准确，才有了定制化和准时制生产模式的前提，才有了丰田整个供应链之间的完整协同。

丰田模式难以复制，首先是由于社会环境和营销模式的差异。没有准确的订单输入，准时生产就没有意义；没有对客户需求的足够了解，定制化和柔性也就无从谈起。所以，除了日本，无论是欧美，还是中国，几乎都采用批量化生产、门店营销的模式。计划的输入是销售预测，采购是批量化的，生产是均衡化的而不是定制化的，定制只限于选配。

面对从战略到流程的五层塔，企业的各个管理层的视野是不一样的：高层管理者关注的总是上面的部分，中层管理者关注中间的部分，而基层管理者和具体操作的员工更关注流程本身。

欲穷千里目，更上一层楼。

第 6 章
基于流程的绩效

6.1　绩效指标的结构

6.1.1　什么是绩效

绩效就是业绩和效果。一个企业、一项业务、一个部门、一个活动都有运行的业绩和效果。我们通常将能够用量化指标衡量的叫业绩，将不容易用量化指标衡量的叫效果。

关键绩效指标（Key Performance Indicator，KPI）就是用来衡量这些业绩和效果的数值，是相对于业务最终目标的完成程度。在衡量业务运行业绩和效果时可以有很多指标，因为管理本身是有成本的，不可能事无巨细地穷举，所以我们通常总会选择那些最关注的关键指标。

首先需要清楚几个基本的概念，绩效体系设计、绩效考核和绩效分配是三种不同性质的绩效工作，如图 6-1 所示。

绩效体系设计是企业战略层面的工作，关注的是如何衡量公司整体的业绩和效果，并且将公司的战略目标分解到各业务和操作层面，是支持公司实现战略协同的一种长周期的顶层设计工作。

绩效考核是企业运营管理层面的工作，是在一个周期中（一般是年度）设计考核方案，对业务部门、岗位设置相应的考核目标和指标，然后组织实施这样的方案，在周期结束时会给出相应的评价结果。

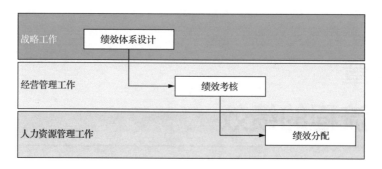

图 6-1　三种不同性质的绩效工作

绩效分配是人力资源管理层面的工作，是绩效考核结果的应用，按照绩效考核结果和事先约定的方案，向团队和员工个人兑现绩效工资和奖金，进行相应的正向和反向激励。

这三种不同层面的工作是相互关联的，从绩效体系设计开始构建框架，通过绩效考核实施管理，最后通过绩效分配实现结果。虽然它们是一脉相承的，但必须说明的是，为绩效考核提供输入最后实现对员工的激励，只是绩效体系设计的功能之一。绩效体系设计更重要的功能是确保公司的整体战略目标、业务策略及具体行动的一致性。这里主要讨论的是绩效体系设计。

6.1.2　平衡记分卡

20 世纪末，卡普兰和诺顿在他们的战略地图和平衡记分卡理论中，对企业战略和绩效分解过程分别进行了阐述。前者是从战略到内部能力的分解过程，后者是从短期指标到长期指标的延伸。战略地图和平衡记分卡是相互匹配的关系。

平衡记分卡的思想是，从前我们评价一个企业的经营业绩和效果主要从财务层面上，即企业获得了多少销售额和利润。实际上，这种从财务层面上对企业的评价是有限的，因为它只关注企业短期的经营业绩，而企业经营是一个长周期的过程。我们在评价过去的同时，也需要评价未来。

要评价未来，就需要从当期的财务指标延伸到企业有哪些客户、实现了什么样的客户价值。客户价值代表着一个企业未来的财务预期。有足够为客户创造价值的能力，就意味着未来企业可以持续地获得收益。

是什么支撑企业客户价值的持续呢？就是企业的运营能力，也就是流程。卓越的流程能够确保企业在未来一段时间里持续为客户提供有价值的产品和服务，也就意味着财务收益能力的持续。

企业的运营水平和能力依靠团队的管理与运作水平，卓越的团队造就了卓越的企业。团队的学习与成长能力为企业发展提供长期的动力。这样的能力不是物化的，而是核心的，最终决定了企业能够走多远。

平衡记分卡将评价一个企业的绩效指标分成四个层面：当前的财务层面、未来的客户层面、向远期扩展的内部流程层面，以及更远期的学习与成长层面，如图 6-2 所示。

平衡记分卡的核心就是平衡一个企业绩效指标的近期目标和远期目标、外部表现和深层次能力。

这其实是很容易理解的。就像很多新兴的互联网公司虽然现在并不赚钱，但是它们的股票价值可能会很高，因为人们看到的是它们的预期，这样的预期就不是从当前财务层面能够评价的。

平衡记分卡的思想和方法已经被很多企业接受并得到了广泛的应用，但是企业在应用时也会遇到很多问题，因为它只是给出了评价一个企业整体绩效思考的视角，至于绩效指标如何分解到具体的业务和活动、具体的部门和岗位，并没有给出有效的方法。

于是，有些企业对平衡记分卡的应用就出现了偏颇，它们用这样的方法将绩效指标分解到一个具体的部门或者团队，为每个部门和团队构建一个更小的平衡记分卡，这样的结果与现实总会发生矛盾。因为每个部门和团队在企业中都是作为一个专业部门或者单元存在的，有各自不同的功能，这样的功能不能用同样的模型套用。比如，人力资源部门无法从财务和客户层面去考虑绩效，即使像生产这样的业务部门，也无法独立体现财务和客户层面的绩效，因为财务和客户层面的绩效是多个部门综合作用的结果。

问题出在哪里？我们需要回到问题的本源，从企业绩效指标的整体结构说起。

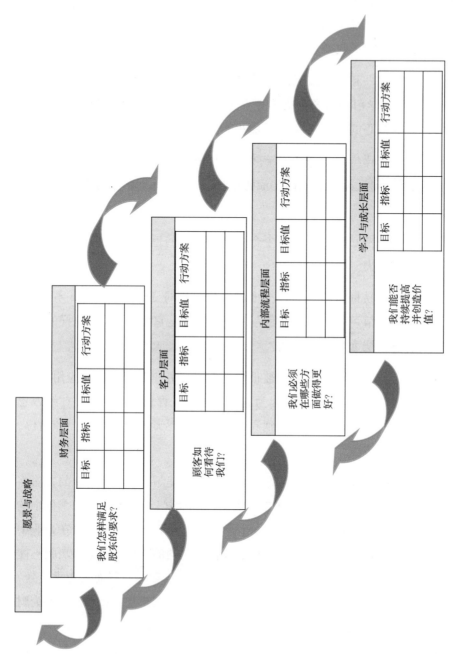

图 6-2　平衡记分卡的四个层面

6.1.3　绩效指标的整体结构

我们构建一个企业绩效指标的整体结构模型，从绩效指标对象、指标属性和指标成因三个维度来考虑，如图 6-3 所示。

指标对象是平衡记分卡四个层面的内容，也就是我们需要对哪些内容进行评价。

指标属性是指标本身的特性，表现为不同的计量单位。时效指标是用时间来衡量的，经济指标是用金钱来衡量的，质量指标是用结果偏差值来衡量的，风险指标是用可能的发生频率和破坏程度来衡量的。

指标成因就是从整体指标到局部指标的结构。这个结构是基于流程的，按照流程框架的顶层、业务域层、逻辑层、流程层、活动层进行逐层解构，如图 6-4 所示。

这个逻辑是从企业绩效到业务绩效，最后到每个活动的绩效。道理很容易理解：企业整体绩效水平，是由各项业务功能的绩效水平构成的；企业各层面业务活动的绩效水平，最终决定了整个企业的绩效水平。它们具有结构性的关系——因果关系或者相关关系。

在这个三维模型中，以基于流程的绩效为核心。平衡记分卡的四个层面，解释了在这样的解构过程中，企业的各项业务功能具有的作用。生产和供应链是在价值链运营层面的，而人力资源管理和信息化则是在构建企业内部的能力，它们都对企业未来的绩效产生影响。指标属性，则给出绩效评价时可以选择的指标类型，比如销售可以选择经济和风险指标，生产可以选择时效和质量指标等。

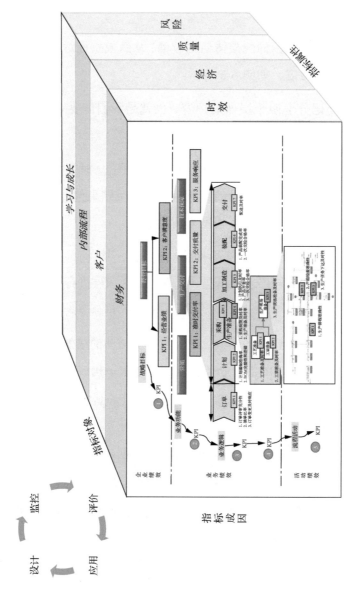

图 6-3 绩效指标整体结构模型

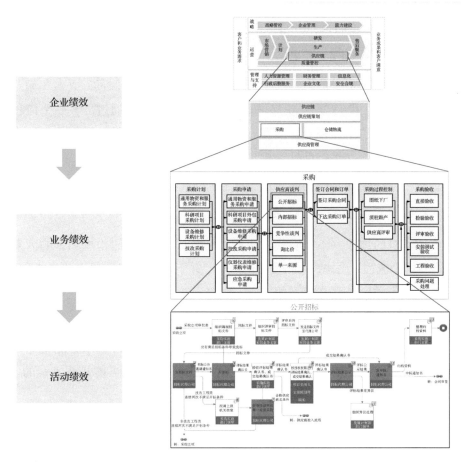

企业绩效

业务绩效

活动绩效

图 6-4　指标基于流程的分解结构

6.1.4　业务绩效和流程绩效

人们经常会讨论流程绩效。实际上，流程绩效需要从两个方面来理解，一方面是基于流程的绩效，另一方面是流程本身的绩效。

基于流程的绩效，就是我们说的通过流程的结构和关系将企业的整体绩效分解到具体业务功能和活动的绩效。这个分解过程是绩效体系设计的过程，得到的结果并不是流程本身的绩效，我更倾向于称之为业务绩效。

流程本身的绩效就是评价一个流程运行的结果。这样的评价是对抽象出来的流程来说的，并不是实际运作的结果——虽然我们的数据可以从实际运行中得到。换句话说，我们是在评价一个流程设计得好不好。就像设计和工艺评审一样，它们并不是实际生产的结果。

可以评价流程本身的绩效的指标不多，基本上就是从时间、成本和偏差程度来考虑的。通常我们会在流程分析和优化时用到它们，通过测算一个流程和另一个流程相应的指标来对比两种方案之间的差异，从而帮助我们选择一个更合适的流程方案。如果借助计算机来完成这样的工作，就是流程仿真。

这是一个流程绩效应用的示例，对两个流程方案进行对比，优化后的方案比优化前的方案节省 33 小时，如图 6-5 所示。

流程本身的绩效并不能够代替业务的绩效，因为业务的构成和影响因素很多，而不只是流程。比如，人和设备的成本，并不是表现在流程中的成本因素，即使什么都不做也是存在成本的。

上面对比的例子，只能说明我们可以用多少时间来完成这个流程的工作，可以成为支持我们优化方案合理性的证据之一而不是全部，也未必能就此算出这个流程的优化方案对企业的价值。因为流程优化的影响可能是系统性的，比如对权责关系的影响是难以用数字衡量的。

6.2　基于流程的绩效分解

在企业绩效结构的三维模型中，核心和最有技术含量的是指标成因，它是基于流程架构构建的逻辑关系。将企业绩效分解到具体的业务活动，也是流程管理的一种很重要的应用。

6.2.1　基于流程分解的过程

下面用一个示例来说明企业绩效是如何按照流程进行解构的。

第一层：一个企业的整体绩效有很多指标，我们将它们简化成两个：经营业绩和客户满意度。从平衡记分卡的视角来看，其中经营业绩是财务层面的指标，客户满意度是客户层面的指标，如图 6-6 所示。

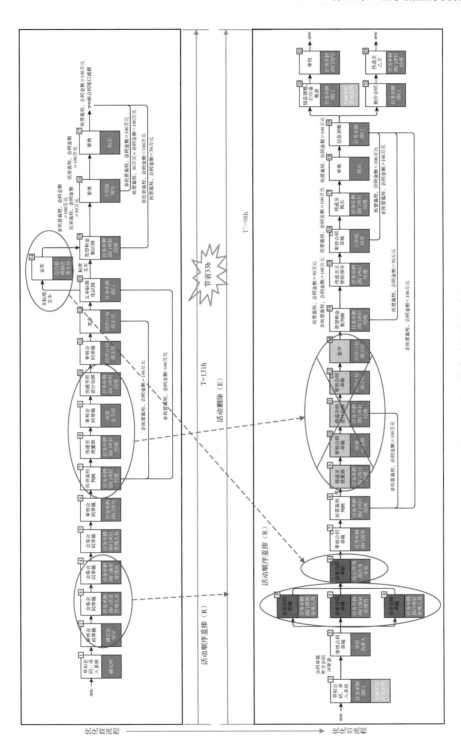

图 6-5 流程方案时间指标对比

图 6-6　绩效指标分解第一层

第二层：客户满意度是怎样体现的？它是由生产交付的水平和为客户服务的技术保障水平构成的。其中，生产交付的水平可以由两个指标来衡量：准时交付率、交付质量，如图 6-7 所示。

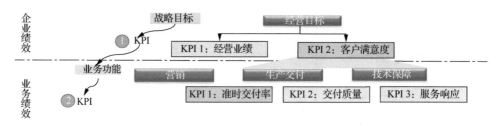

图 6-7　绩效指标分解第二层

第三层：准时交付率是怎样保障的？这个过程就复杂了，从订单、计划、采购、生产准备、加工制造、装配到交付，我们需要将从订单到交付的价值链结构展现出来，然后在其中找到那些能够影响准时交付率的关键节点和指标，如图 6-8 所示。

第四层：我们选其中一个来说明，比如生产准备的及时性会影响开工，继而影响产品的交付。那么生产准备的环节又有哪些业务内容？它包括工艺准备、工装准备和生产现场准备，这些都会对生产准备的结果造成影响，如图 6-9 所示。

第五层：我们再选择其中一个来看，生产现场准备及时率又会受到哪些因素的影响？这时，我们将生产现场准备的工作继续展开就呈现出了一个生产现场准备的流程。对流程中的活动进行分析，看哪些关键节点能够影响生产现场准备及时率。得到的结果是，生产排程准确性、产前检查准确性和生产任务下达及时性，如图 6-10 所示。

经过上面的逐层分解过程，我们可以看到绩效指标从第一层一直分解到了第五层，从企业绩效到业务绩效（是多层的），再到具体的活动绩效，如图 6-11 所示。

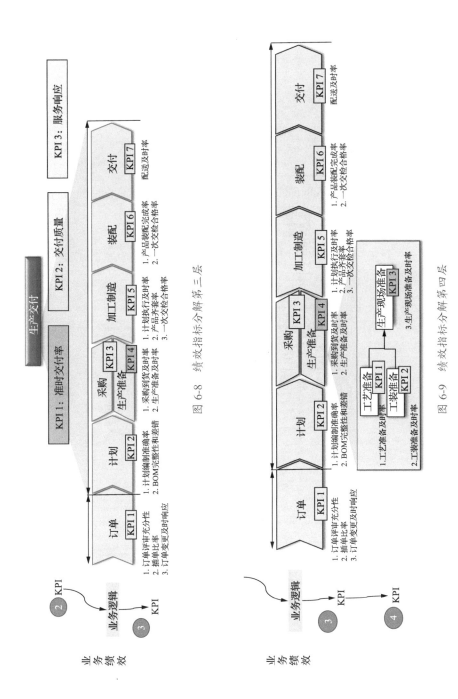

图 6-8 绩效指标分解第三层

图 6-9 绩效指标分解第四层

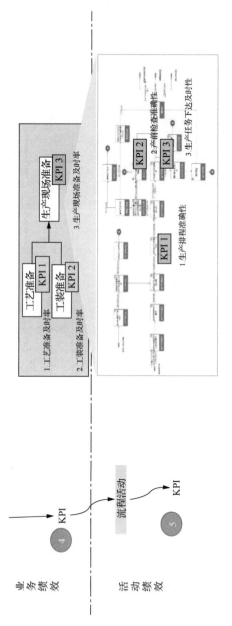

图 6-10　绩效指标分解到流程活动

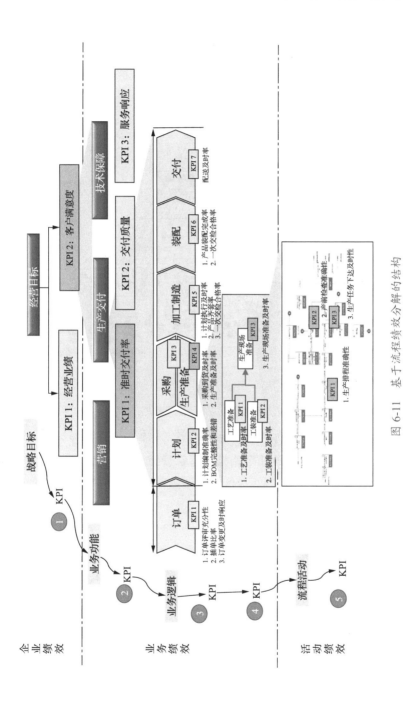

图 6-11　基于流程绩效分解的结构

　　这只是我们在每一层中选择一个指标来看的结果，实际上企业的绩效指标按照层级结构分解是几何级数增加的，所以分解到最后一层流程活动指标时，整个指标体系已经非常庞大了，如图 6-12 所示。

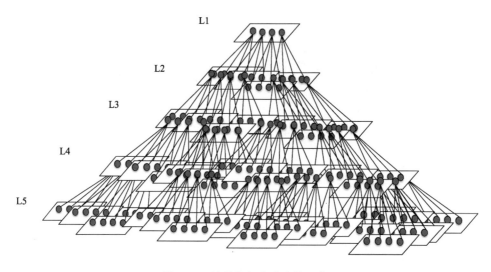

图 6-12　绩效指标体系结构示意

　　虽然这看起来非常复杂，但是我们也没有必要灰心，因为在实际操作中总是从简单到复杂的。在构建指标体系的初始阶段，我们完全可以只选择最关注的、对当前结果影响最大的少数几个指标，随着管理能力和水平的提升再逐步完善整个指标体系。

　　罗马不是一天建成的。

　　前面提到绩效指标有四种属性：时效指标、经济指标、质量指标和风险指标。需要说明的一点是，在这个分解过程中，指标的属性并不是一直都不会改变的。例如，准时交付率是一个时效指标，分解到最下层活动时，生产排程准确性就是一个质量指标。为什么会这样？因为它们之间是因果关系的，并不表示线性关系。也就是说，质量的偏差影响交付的时效，它们之间的数学关系需要通过经验数值计算或者评估来得到。

6.2.2　存货指标的示例

很多企业存在这样的问题：对如何分解企业绩效指标找不到合适的办法。表 6-1 为一个企业绩效指标分解的案例。

表 6-1　经济性绩效指标部门权重[①]

序号	指标	市场营销部	发展计划部	生产部	研发部	资产管理部	物资供应部	仓储中心	财务部
1	营业收入	50	20	20					
2	利润	20	10						
3	经济增加值	10							
4	成本费用占应收比		5						10
5	两金占用-应收款	15	5	15			10		15
6	两金占用-存货	5		20	15		20	50	5
7	带息负债规模								20
8	预算指标执行偏差		50	35	65	50	50	40	40
9	预算调整量		10	10	20	20	20	10	10
11	在建工程总额					30			

企业的存货指标被分给六个部门：市场营销部、生产部、研发部、物资供应部、仓储中心和财务部，其中权重最大的是仓储中心。实际上，仓储中心是非常委屈的，因为它认为自己只负责出入库和物资保管工作，对存货多少没有丝毫控制能力。财务部也很无辜，对存货指标的控制也无能为力。它们被分配了存货指标只是因为既然设置了这样的指标，就要有人负责监控，于是它们就是来"背锅"的。

那么存货指标到底应该怎样分解？我们需要从流程的视角来看存货到底是怎样产生的。我们首先构建一个存货发生的场景，如图 6-13 所示。

---

① 表 6-1 中数字为权重值。

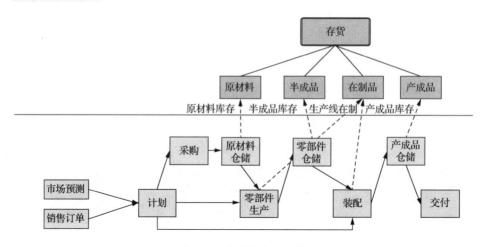

图 6-13　存货发生的场景

存货包括四种类型的物资：原材料、半成品、在制品和产成品。原材料经过采购之后存放在材料库中，半成品经过生产之后存放在半成品库中，在制品存在于零部件和装配车间的生产线上，产成品经过装配之后存放在产成品库中等待交付。它们发生的场景分别是在相应的仓库和生产线上。接下来，我们再分析它们的成因，找到那些影响结果的因素，如图 6-14 所示。

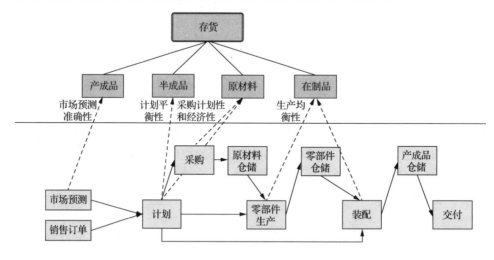

图 6-14　存货的成因

通过分析可以得出这样的结果：市场预测准确性决定了产成品的存量，计划平衡性决定了半成品的存量，采购计划性和经济性决定了原材料的存量，生产均衡性决定了在制品的存量。我们如果能够控制这些成因，就能够控制库存的结果。

所以，我们应该将公司的存货指标分解成上述几个指标：市场预测准确性、计划平衡性、采购计划性和经济性、生产均衡性。在分解之后的几个指标中，并没有一个指标叫存货。由此可以看出，绩效分解不是简单地把指标按照权重推送给部门，而是要通过业务和流程结构来分析指标形成的因果关系。

上述公司的做法显然很难真正让绩效指标发挥应有的作用，在现实中就形成了这样的结果：仓储中心为了控制存货，经常找各种理由拖延物资入库。这种结果就偏离了指标设置的初衷——为了实现战略和经营目标而协调全公司的行动。

6.2.3 部门绩效和岗位绩效

我们知道了企业整体绩效如何分解到业务绩效和活动绩效，接下来的问题是部门绩效和岗位绩效又是如何形成的？

如果我们能够知道一个岗位负责的流程活动，也知道如何评价这些活动，就很容易知道这个岗位的绩效构成，如图 6-15 所示。

在图 6-15 中，我们列举了生产计划主管的工作职责，其中有三项活动的绩效是可以评价的，那么对生产计划主管的岗位绩效就至少有了这三个衡量指标。如果我们能够将所有流程都清楚地表现出来，并且都关联到具体操作的岗位，那么这些岗位绩效就可以非常清楚地得到。当然，并不是一个岗位的所有职责都能够流程化的，不能流程化的部分可以采用非量化的评价方法。

部门绩效和岗位绩效设计的道理是一样的，我们知道了部门职责，也知道了如何评价一个部门负责的业务功能，同样可以得到部门的绩效。部门绩效要比岗位绩效更容易设计，因为毕竟评价业务绩效不像评价流程活动的颗粒度那样精细。这样，我们就清楚了部门绩效、岗位绩效与业务、活动绩效的对应关系，如图 6-16 所示。

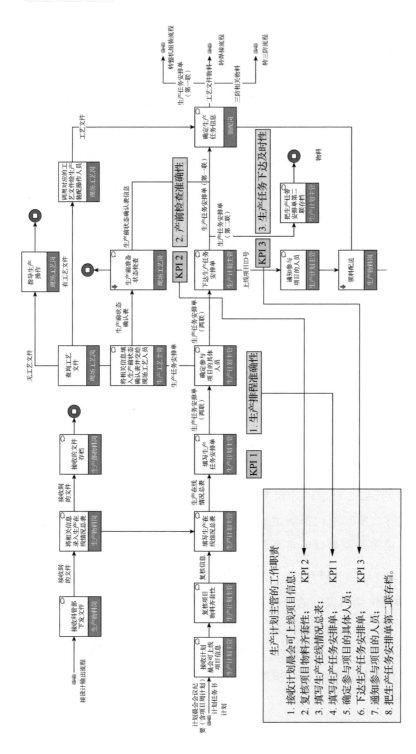

生产计划主管的工作职责

1. 接收计划晨会合司上线项目信息；
2. 复核项目物料齐套性；
3. 填写生产任务安排单；
4. 确定参与项目的具体人员；
5. 下达生产任务安排单；
6. 通知参与项目的人员；
7. 把生产任务安排单第二联存档。

图 6-15 通过流程归集的岗位绩效

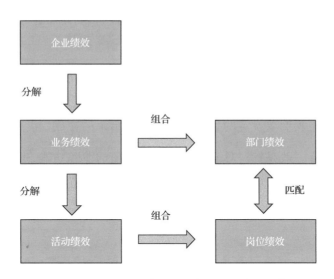

图 6-16　部门、岗位绩效与业务、活动绩效的关系

那么是不是所有的部门绩效和岗位绩效都可以用上面的方式获取呢？答案是否定的。我们刚刚说到并不能用流程表达所有的工作，也不能通过流程活动的绩效来评价所有的职责。上述所说的基于流程的绩效，只限于可以按照流程架构分解的业务功能，并且与公司的整体业绩有强因果关系的那些指标。

还有很多事情是非流程化的，也有很多业务功能的绩效与企业整体绩效虽然相关，但不是因果关系而是相关关系。比如，人力资源管理、财务管理、信息化等支持的业务功能，它们的结果并不直接反映公司的整体经营业绩。在平衡记分卡的四个层面中属于学习成长层面的绩效，是对公司成长提供远期支持的内部能力，而并不体现价值链直接的运营结果。

部门和岗位绩效评价的方式需要基于功能的本质，从业绩、任务和满意度三个方面来考虑，如表 6-2 所示。

表 6-2　绩效评价方式分类

评价方式	内涵	评价方	典型业务
业绩评价	目标的完成程度	指标客观评价	销售、生产
任务评价	专项任务的完成程度	任务方评价	研发、各专项任务
满意度评价	服务满意程度	被服务方评价	行政、后勤

业绩评价是上面讲的可以通过流程框架分解的部分,企业价值链业务绩效主要是按照这样的方式构建的。

任务评价通常是针对一些不属于价值链的专业功能,设定一个周期的目标,然后通过对结果的完成程度进行评价。例如,研发和信息化,到什么时间完成什么结果是我们要设定的目标,根据这个结果的完成程度可以进行评价。

满意度评价一般是针对具有辅助和服务性质的业务功能,通过被服务者和管理层的满意程度进行的评价。客户服务部门的评价是客户给出的,为公司内部提供服务的部门和岗位评价则是公司内部的客户给出的,行政、后勤等就具有这样的特征。

在现实中,一个部门或者一个岗位可能同时具有上述一种以上的评价方式,因为它们可以同时具有业务和服务功能。例如,信息化,一方面有系统开发和实施的业务功能,这是需要按照任务进行评价的,另一方面承担着为公司各部门提供信息化维护的业务功能,这部分是按照满意度来评价的。

绩效体系设计是非常重要的,它决定了人们做事情的方向,决定了企业的所有活动是不是能够与公司的战略目标保证一致。正如路易斯·郭士纳所说,人们只会做你检查的事,而不会做你期望的事。

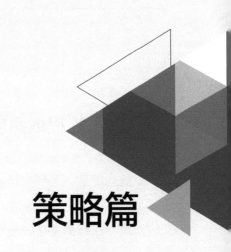

策略篇

第 7 章
构建流程管理体系

7.1　流程成熟度

成熟度是一个研究对象与其完美状态的相对值。也就是说，你要想弄清楚一个成熟度，首先需要知道什么是完美状态，然后确定目前的状态和完美状态的差距。能够衡量这种差距的就是成熟度。

流程规划，是企业面向未来描述的一张期望实现的蓝图。企业现在是什么水平的？距离未来的目标有多大差距？有什么方法能够帮助我们认识这样的差距？这就是我们要讨论的流程成熟度。

7.1.1　流程成熟度等级

美国软件工程研究所（SEI）最早开发了应用于软件实施过程的能力成熟度集成模型（CMMI）。这个模型包括五个等级的成熟度，每个等级都具有不同的能力。

后来，迈克尔·哈默教授在他的理论中采用类似的等级（四级）提出流程成熟度模型 PEMM，在这个模型里，对流程成熟度给出定义和测量方法，提到从五个方面（流程的设计、执行、责任人、基础设施和指标）、十三个因素进行流程成熟度的评估。流程成熟度模型用来描述企业当前的流程管理水平，为未来的实施和发展提供方向与策略的参考。

在此，我们引用五级的成熟度模型，抛弃那些技术化的语言，更多地面向现实来通俗解读企业的流程成熟度等级，如图 7-1 所示。

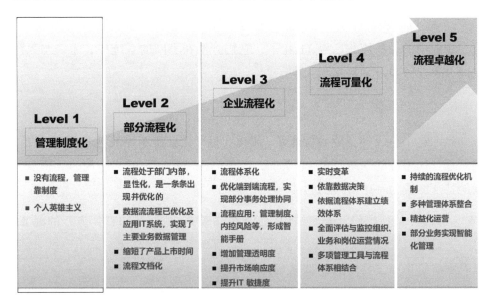

图 7-1　流程成熟度等级

1. 管理制度化

处在这个等级的企业，几乎是没有流程的，主要依靠制度和个人能力来实现管理与运营。初创阶段的企业通常处在这样一个状态，这是无可厚非的，毕竟面向市场的快速反应、灵活应对才是它们的生存之道。

尽管如此，如果用发展的眼光来看恐怕就不行了。企业总是要试图扩大规模，要从规模扩张中获取更多的收益，就必须体现规模化的成本优势。也就是说，销售额的增加要大于成本的增加。这样，扩张才能持续，也才有意义。为此，企业需要复制自己的成熟经验和能力，这种复制过程是需要通过流程和标准实现的，于是企业开始跨入下一个等级。

2. 部分流程化

处在这个等级的企业的特征是流程能够被显性化和管理，但它们是以片段的方式封闭在部门内部的。它们是按条存储的，并且彼此之间并不相互连通。

有很多企业做流程是以部门或者岗位为单位的，有些企业还提出这样的要求，在出台制度时要附带流程，那样的流程更像制度的一种直观和形象化的解释。

企业中的一些流程已经 IT 化了，它们分散在不同的系统中，系统与系统之间并不能够很好地对接和关联。

3. 企业流程化

处在这个等级的企业的特征是，流程在整个企业里被系统化地呈现、设计和管理。这里说的系统不是 IT 系统，而是流程呈现完整的、结构的、相互关联的特征，成为一个有机的整体。

一方面，从顶层设计开始结构化，从企业架构、分层结构直到流程的细节；另一方面，端到端贯通，从线索到现金，从订单到交付，生产、研发、供应链，以及那些管理和支持的流程都相互关联起来。

流程形成一个完整的体系，而且这个体系与制度、绩效、风险内控、IT 等各种管理体系结合起来，形成一个有机的运营管理的整体，企业可以基于流程实现整体协调运转。

4. 流程可量化

处在这个等级的企业的显著特征是，企业借助数据化的手段，实现了对流程运营过程的精确管控，从整体的企业绩效到具体流程活动的绩效，从流程设计、执行、监控、分析、评价到管理和决策。

数据化与 IT 系统的应用是分不开的，毕竟数据的获取和运算不能完全靠人完成。IT 系统是经过整体规划设计的，能够相互关联并为运营管理和决策提供支持。

流程是透明的，数据是精确的，这使得企业运营告别了粗放和笨拙，更像一台精密的、运行良好的机器。

5. 流程卓越化

达到这个等级的企业形成了流程持续运行的机制，能够实现自我运行和完善的良性循环。

企业里的多数流程已经被优化和固化，呈现出相对平稳、协调、精确运行的状态；同时，在持续机制的驱动下，企业具有创造力的团队能够保持创新的活力。

企业是智能的，这种智能体现在不需要更多的外部干预而自我驱动的能力，也体现在面对变化时能够进行调整并协调适应的能力。

虽然很多组织和专家对流程成熟度模型提出了自己的见解，但是对成熟度等级的看法是大同小异的，只是对它们的解读及对流程成熟度评估方法存在着差异。

7.1.2　流程成熟度陷阱

目前，国内 90%以上的企业处在流程成熟度等级的第 1 级和第 2 级，有一些企业正在经历从第 2 级到第 3 级的过程，很少有企业能达到第 4 级。其中比较难以跨过的是从第 2 级到第 3 级，就是通常所说的建设流程管理体系的过程。保罗·哈蒙称之为"流程成熟度陷阱"，如图 7-2 所示。

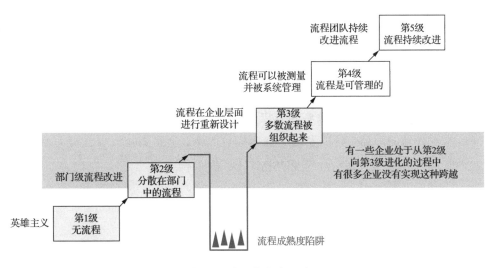

图 7-2　流程成熟度陷阱

为什么会在这里形成一个陷阱？保罗·哈蒙分析了出现这个陷阱的原因。

第一，高层管理者缺少这样的认识，使得流程不能在整个企业范围内得到足够而且广泛的关注；第二，企业习惯于对高能力员工个人能力的依赖，借此已经能比较好地管理和完成大部分工作，于是很难有超越现状的决心；第三，相当多的管理和技术人员更关注工具、方法，而不能理解流程管理的本质是管理。

说到根本，这主要还是一种认识问题，而不是技术问题。

7.1.3 美好的图景

一个企业要真正进化到第 5 级有多难？可以说是，非常难！甚至我们也无法确切地知道第 5 级到底是什么标准。在之前关于流程型组织的讨论中说到了这一点，这几个等级之间的划分标准并不是那么清晰的。相反，我们最容易清晰描述的却是从第 2 级到第 3 级的这个"流程成熟度陷阱"，这是不是"黑色幽默"？

我们期望的结果应该如吉姆·柯林斯在《从优秀到卓越》中写的那样，只要实现一个从优秀到卓越的进化过程，企业就能够持续地自我完善，能够良性运行，能够基业长青。

7.2 流程管理的推进策略

流程管理有两个方面的内容：一方面是与流程管理相关的理念和方法；另一方面是在企业中实施的策略和方法。两者之中任一者的不足都可能形成企业推行流程管理的障碍。将以上两个方面综合起来，企业实施流程管理需要具备五个要素，这五个要素构成了 POMMC 模型。

POMMC 模型的五个要素是规划、组织、机制、方法和文化，如图 7-3 所示。

1. 流程规划

企业推行流程管理，或者我们称之为建设流程管理体系，是一项长期的系统工程。要实现这个过程，规划是必不可少的。有规划才能有目标，才能通过有效地组织资源逐步实现建设目标。流程规划一般是以 3 ~ 5 年为周期的，包括建设目标、实现路径、实施策略和方法、工作计划和里程碑、资源投入等。

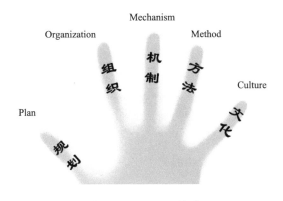

图 7-3　POMMC 模型

2. 流程管理的组织

企业推行流程管理，与其他体系的实施差不多，需要有相应的跨部门的内部组织和团队，按照项目管理的方式实施。一般有领导小组、执行小组和各专业实施团队。在流程管理的组织中，流程经理、流程管理员和流程所有者是流程管理特有的角色，他们的作用是十分重要的。流程经理是企业整体流程管理工作的组织者；流程管理员是流程管理专业人员，负责具体实施和推进工作；流程所有者在具体的业务领域中负责流程管理的实现。

3. 流程管理的机制

机制是组织运行和工作推进的动力与保障。对于企业推行流程管理的专项工作来说，需要有项目管理机制；对于流程管理的工作分工来说，需要有权责机制；对于流程持续的生命周期管理来说，需要有持续运行机制。这些机制在项目推行过程中是最终目标实现的保障，在项目之后的运行过程中是稳定工作成果和企业持续进化的保障。

4. 流程管理的方法

流程管理的方法是流程管理相关的技术范畴。流程管理具有很强的技术性，这是它相对于其他管理维度来说的突出特征。本书的多数章节都在讲它的技术性。

5. 流程管理的企业文化

流程管理是一种变革，管理变革都需要有企业文化的支持。转变人们的思维模式和行为模式需要企业文化的引导。我们将从客户意识、系统思维、权责观念和契约精神这四个主题来阐述对企业文化应该有哪些方向的引导。

POMMC 模型的这五个要素对企业推行流程管理都是不可缺少的。现实中推行流程管理存在的那些问题，都能在这五个要素中找到原因。

7.3　流程规划

流程规划总体上需要立足企业的现实，与企业的战略目标和实现策略相匹配。企业所处的行业、规模和发展阶段各不相同，存在不同的文化特征和现实问题，这使得对流程管理的需求和目标会有差异，而最终投入的资源和实现路径也会不一样。

有些企业的业务模式和业务策略还不够成熟，需要借助流程进行顶层思考和设计；有些企业需要借助流程实现业务操作的标准化，确保从订单到交付过程的稳定性；有些企业期望通过流程解决现实问题，包括提高效率、控制成本、稳定质量；有些企业更关注基于流程的管理应用、组织和职责的协同与匹配、风险内控的有效性、绩效体系设计的科学性、IT 规划和设计的系统化等。

没有什么管理体系和方法是万能的，流程管理也如此，而且管理本身也有成本，过度管理反而可能导致企业成本过高，或者因为资源的有限导致没有精力做更重要的事情。

7.3.1　流程规划的前提

在进行流程规划之前，有三个前提是我们首先要清楚的。

1. 充分认识企业成长阶段的现实需求

管理者对企业需求的把握是非常重要的,需要清楚企业当前和未来一段时间的主要问题是什么、这些问题之间有什么关系、如何系统性地逐步解决这些问题、在这个过程中流程管理有什么作用。

在企业发展的不同阶段,流程管理的需求一般是不同的,如表 7-1 所示。

表 7-1　不同阶段的企业的流程管理的需求

发展阶段	核心目标	管理特征	流程管理需求
初创期	生存	灵活	核心业务流程优化
成长期	发展	良性	流程协同和标准化
成熟期	稳定	持续	流程体系化持续和改进

企业在初创期通常更关注生存问题。在这个阶段,企业的管理人员数量不多,过度管理反而容易导致企业失去小公司灵活性的优势,但这并不妨碍企业实施流程管理,因为流程管理正是帮助企业形成核心竞争力的有效途径。在这样的背景下,流程管理更需要关注价值链核心业务。方法和工具的应用都需要尽可能地化繁为简,以解决业务问题为出发点和最终目标,让管理提升的效果能够比较容易表现出来。

企业进入成长期后,随着业务量和公司人数的增加,分工越来越专业化,开始形成多个职能部门。在这个时期,企业流程管理的目标就从单纯地解决生存问题,延伸到解决发展问题。一方面,企业需要通过流程管理,使少数人的经验能够固化和传承;另一方面,企业需要通过流程管理实现跨职能部门的协同,避免形成部门墙。在解决业务问题的同时,企业的运营模式需要逐步进化和成熟。

对于规模比较大的成熟企业来说,管理有相当的基础,管理的复杂性会相应增加。企业的很多问题通常不容易从一个局部得到解决,做流程管理需要从系统性、体系化的角度出发,不仅需要流程管理的方法,更需要有持续的运行机制,同时也需要有各种管理体系之间的整合和集成应用。流程管理的效果通常也不会在一个较短的时间内体现出来,企业需要有更长期的考虑。

2. 充分认识流程管理的功能

流程管理是一种技术，这种技术是建立在管理理论和策略基础上的。比技术本身更重要的是，首先要理解技术的应用环境和能够实现的功能。

通俗地讲，企业管理者需要理解流程管理是什么、有什么用、怎样用。管理者应该有一个相对完整的思想框架，能够理解各种管理体系、手段的功能和相互关系，这是思想基础的问题。有了科学、合理的思想基础，技术问题一般不容易成为瓶颈，现实中很多实施过程中的问题其实源自认识本身。

比如，有的企业领导人非常性急，提出用 3 个月建成流程型组织的目标。要知道，像丰田和华为这样的公司至今也没有说自己已经建成了流程型组织。

只有有相对清楚的认识，才能对流程管理未来的规划有相对理性的判断，包括建设的阶段性目标、需要投入的资源和最终实现的结果。

3. 充分认识可以调动的资源

企业的资源是有限的，管理的意义就是在资源有限的状态下解决问题。如果资源是无限的，管理本身也就没有多少用处，这也是为什么很多资源垄断型的企业不那么重视管理的原因。

我们经常讲做什么事情，一把手重视就好办。其实说到底就是你可以调动多少资源，企业会为此投入多少资源。毕竟在企业面向未来的规划中，总有很多事情要做，做这些事情都需要分配资源。

规划比较好的企业，会很清楚在未来的一段时间里，管理体系建设的重点是什么，需要匹配什么资源；规划不好的企业，就会呈现做什么事情都是一阵风的状态，今天建一个体系，明天建另一个体系，专业部门也会为了刷自己的存在感而争夺资源。有的企业老板听了一次培训就心潮澎湃地要搞股权制激励，这种冲动很难有持续的热度。

有的企业管理者在面对流程管理时抱着试试看的态度，专业部门需要在一个比较短的时间内做出试点成果以坚定管理者的信心，这看来无可厚非。在这种状态下考虑可以调动的资源就显得尤其重要。我通常会建议先看一看哪个部门或者事业部的管理者对流程管理最有热情，试点就应该从这里开始，如果没有投入其中的热情又怎么可能得到期望的结果？管理总是呈现这样的特征：只有相信才可能有好的结果，越怀疑就越看不到好的结果。

流程规划需要首先对可以调动的资源有充分的认识，这些资源包括上述所说的组织资源，也包括可以利用的团队和技术能力。资源决定了你在未来可以设定的目标和实现的周期。

7.3.2 流程规划的内容

流程规划应该包含以下几个方面的内容：目标、路径、资源、计划和里程碑，如图 7-4 所示。

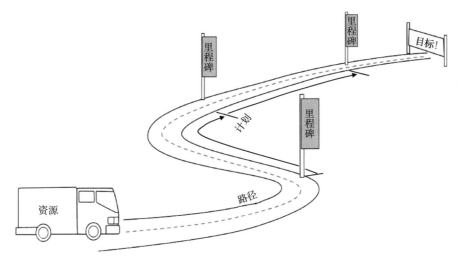

图 7-4 流程规划的内容要素

1. 目标

目标是指未来 3 ~ 5 年要实现的目标。一个整体目标可以分解成几个具体的目标，这些目标可以是定量的，也可以是定性的。不管是定量的还是定性的，目标都应该是可以清晰描述和衡量的，否则我们就不能评价结果是否实现了这样的目标。

2. 路径

我们需要定义实现规划目标的路线图，即先做什么后做什么，沿着什么路线，分几个步骤实现目标。

3. 资源

资源是指为了实现目标，我们需要什么资源。这些资源既包括组织资源，又包括资金和技术资源。

4. 计划和里程碑

我们应该有一个整体的、不需要很详尽的零级计划，即在未来的 3~5 年，每一年都要做哪些工作，分别需要多少时间，在这个过程中有哪些标志性的里程碑节点，各自能够实现什么样的目标和成果。

7.3.3　引入外部资源的必要性

流程管理是一项复杂的系统工程，一个企业通常是需要借助外部智力资源的。企业可以请专业人员来辅导，有相当规模的企业一般会引入外部的咨询团队来协助。至今我没有发现有哪个公司可以完全依靠自己的能力来完成这样的工作。

在流程规划中提出这样的问题，是因为引入外部资源需要从规划阶段开始，必要性来自三个方面。

1. 理念导入

企业的高层和中层管理者需要对流程管理有充分的理解，对流程管理的作用及当前企业的现实需求达成一种共识，这非常重要。这样的认识是推行流程管理必不可少的条件，而通常只有专业的管理咨询顾问才具备这样的说服力。

2. 引入技术和经验

流程管理具有很强的技术性，这是它的典型特征。技术性一方面表现在流程管理本身的策略和方法，另一方面表现在企业推行和实施的过程。通常只有专业的管理咨询团队才有这样的技术能力和成熟经验。

3. 来自外部的动力

所有的管理提升和变革都必然面临着一些阻力，这种阻力来自人们的思维习惯和行为习惯。企业中长期以来形成的带有局部利益色彩的职能制非常容易对流程管理造成阻力，因为流程是要穿透那些部门墙的。要想减少这种变革的阻力，企业就需要转移矛盾，借助第三方的力量是很好的选择。

7.3.4 流程规划的蓝图

图 7-5 是一张企业流程规划简要的蓝图，分三个阶段。

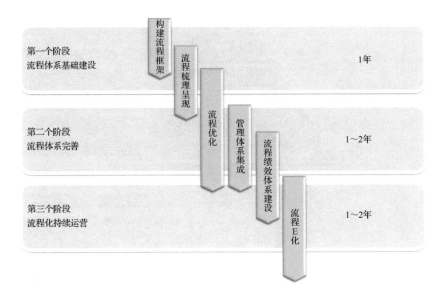

图 7-5 企业流程规划阶段示例

第一个阶段是流程体系基础建设阶段，主要工作是构建流程框架和流程梳理呈现。第二个阶段是流程体系完善阶段，主要工作是流程优化，同时要基于流程实现质量、制度和风险内控体系的集成。第三个阶段是流程化持续运营阶段，主要工作是流程绩效体系建设和流程 E 化（基于流程的 IT 系统建设）。

上述案例是一家 4000 人左右的生产型企业 3～5 年的流程规划。企业的规模不同，这个过程也会有所不同，规模越大事情会越复杂，需要的周期就越长。

曾经一个超大型的企业集团，单流程规划的工作就用了一年时间。

规划是必要而且重要的。明确的规划意味着我们把要做的事情想清楚了，也意味着我们对未来充满信心并具有掌控能力。

7.4 流程管理的组织和角色

企业实施流程管理的内部组织与推行其他管理体系的组织差不多，一般是领导小组、执行组和各专业实施团队。流程管理的组织和角色如图 7-6 所示。

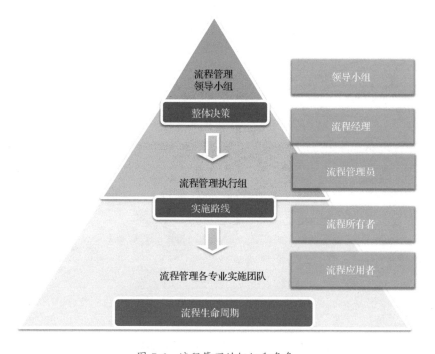

图 7-6 流程管理的组织和角色

7.4.1 流程管理的组织

1. 领导小组

领导小组也可以是流程管理委员会，负责顶层决策。其成员包括企业相关高层管理者、部门经理及有关专家。

领导小组的主要工作职责如下：

① 负责流程管理整体规划的决策；

② 负责流程管理实施过程中重大事项的决策；

③ 听取流程管理工作的总结和成果汇报；

④ 对流程管理工作的结果进行检查、评价和激励。

2. 执行组

执行组负责组织实施，其成员由流程相关专业人员组成，包括流程经理和公司级的流程管理员，也可以包括核心的业务部门人员。

执行小组的主要工作职责如下：

① 负责流程规划和计划的制定；

② 负责流程体系建设工作的组织和推动；

③ 负责流程运营和生命周期管理。

3. 各专业实施团队

各专业实施团队也可以被称为流程应用社区，负责具体操作。其成员是各业务部门和所属单位的流程所有者、流程应用者，也可能有部门级流程管理员。

7.4.2 流程管理的角色

1. 流程经理

流程经理是流程管理专业的领头人，流程经理的主要工作职责如下：

① 负责流程管理具体计划的制订和组织实施；

② 向领导小组汇报工作；

③ 整体协调和组织流程管理实施资源，控制过程和验收结果；

④ 制定流程管理标准和认定成果；

⑤ 推广、宣传流程管理和培养流程管理人才。

2. 流程管理员

流程管理员是流程管理的专业人员，规模比较大的企业可以设置两个层级：一个层级是流程管理专业部门的专职管理员，是整个公司的流程管理员；各业务部门可以设兼职流程管理员。

流程管理员的主要工作职责如下：

① 推进流程梳理和优化的专项工作；

② 推广、宣传流程管理理念，辅导流程方法的应用；

③ 在员工中宣贯已发布的流程；

④ 收集员工的流程改进建议和意见反馈。

3. 流程所有者

流程所有者也被称为流程的 Owner，其主要工作职责如下：

① 负责其主管业务的流程生命周期管理，包括流程的设计、发布、监控和优化；

② 制定和更新流程相关的制度和工作标准；

③ 确保流程有效运行，对流程运行过程进行检查和控制；

④ 处理流程的例外事件，使流程不断完善；

⑤ 支持流程的各种管理应用。

4. 流程应用者

流程应用者是流程梳理、优化和实施的参与者，其主要工作职责如下：

① 参与具体流程的梳理、讨论、优化和实施；

② 提出流程改进意见和建议。

流程所有者和流程管理员的区别在于：流程所有者从业务的角度对流程

的内容负责；流程管理员从流程管理专业的角度对流程的工作推进、工作标准和方法负责，而通常不对业务内容负责。

7.4.3　流程管理专业人员的能力

流程管理专业人员是流程经理和流程管理员，是企业流程管理的核心，应该具备的知识和能力包括以下四个方面：

① 流程管理专业知识和能力。流程管理专业知识和能力包括理论知识、实施策略、技术方法、工具应用等。比如，掌握与流程相关的概念、定义和标准；熟练使用流程管理工具，能够辅导员工梳理和优化流程等。

② 组织和沟通能力。流程管理专业人员不是要自己做所有的事情，更重要的是要发动各个专业人员完成工作，组织和沟通能力是必不可少的。

③ 各管理体系相关的基本认识。比如，质量管理、风险内控管理、组织管理、绩效管理等，流程管理专业人员虽然不需要在这些方面很专业，但是由于需要与相关专业人员沟通和协同工作，就需要能够理解这些专业的思想和方法。

④ 业务知识和能力。我们把业务知识和能力排在第四位。实际上期望流程管理专业人员通晓所有业务当然是不现实的，但是流程管理专业人员还是需要懂得一般业务逻辑的基本常识，对所处行业的核心业务流程能够有基本的判断，否则当流程管理专业人员辅导各专业人员梳理和优化流程时就很难有效沟通。

流程管理专业人员的角色，总结起来应该有三个，如图 7-7 所示。

图 7-7　流程管理专业人员的角色

一是传播者，传播流程管理理念、思想和方法，教会别人做事情，而不是沦为画图工；

二是组织者，能够组织各个专业的团队共同完成工作，而不是靠自己个人完成工作；

三是翻译者，帮助业务人员把他们的工作经验用流程的标准语言表达出来，而不是按照自己以为的方式对流程进行杜撰。

从市场上来看，目前流程管理专业人才是比较稀缺的，有以下两个方面的原因。

一方面，很多企业都逐渐意识到流程管理的重要性，并且致力于实施流程管理。各个行业都在大力推进流程管理，对流程管理的需求近年来非常旺盛。另一方面，流程管理专业人员的能力和经验需要比较全面，而这样的人才很难速成，所以在短期内会呈现一个供不应求的状态。

企业内部流程管理人才是稀缺的，外部管理咨询人才的缺口更明显。

7.4.4 流程管理咨询顾问的能力

管理咨询顾问，首先需要有职业顾问的专业能力。这样的能力包括以下四个方面：概念思维能力、文字和语言表达能力、管理专业能力、解决系统问题的能力。

由于流程管理专业的特性，流程管理咨询顾问需要对企业运作具有更深入的理解和认知。因为不管是流程梳理还是流程优化，都需要以企业的现实业务为工作对象。这些业务既包括通用的业务功能（比如战略、人力资源管理、财务管理、信息化等），也包括企业具有行业特征的价值链业务功能。

企业的价值链在不同的行业中是个性化的，从生产制造到金融、能源、房地产、电商、电信运营商、物流、服务、政府机构等，具有很大的差异，而对这些业务特征的理解是咨询顾问与企业团队对话的基础。如果不能够理解这些特征，流程梳理和流程优化这样的工作就会面临障碍，如果涉及业务模式分析和优化的问题就更加复杂。

所以，对于流程管理咨询顾问来说，知识需要系统性的，经验自不必说，需要十年磨一剑的修行。

7.5　管理者的功能和流程责任矩阵

在企业实施流程管理的进程中，高层管理者的功能是至关重要的。尤其是最高管理者，他们的视野和认识程度决定了一个企业管理水平的天花板。

7.5.1　管理者的核心功能

彼得·圣吉在《第五项修炼》中说，领导者应该在企业里担当三个角色，这三个角色分别是设计师、仆人和老师。作为设计师，领导者需要设计企业的目的（即企业向何处去）、企业运营的流程（即企业如何运转）、企业学习的流程（即通过组织学习提高企业的能力）。领导者作为导师，需要教企业的团队朝着企业的目标去努力。作为仆人，领导者要为组织目标服务，为追随者服务。

史蒂芬·柯维在《高效能人士的七个习惯》中描述了管理者的功能。他把领导者和管理者分成两个人群，另外还有一个人群是员工。他做了这样的比喻：一群工人在树林里清除灌木，这些工人是解决实际问题的人。管理者在他们的背后制定政策，引进技术，制订工作计划并且对工作进程进行控制，还要制定一些补贴和激励的策略，以便让团队努力工作。领导者则爬到高高的树上极目远眺，指挥方向，决定去砍哪一片树木。

约翰·P.科特在《变革的力量》中写到，领导者的工作是确定公司发展的方向，整合相关者，激励和鼓舞员工。管理者的功能是计划、预算、组织和协调人员，控制企业运营的过程，同时在运营过程中解决问题。员工的功能就是具体做事情。

以上三位大师的观点，指向一个共同的结论：在企业中，管理者的主要功能是设计师。他们需要设计企业目标、管理系统、运营流程、激励机制，组织团队和资源完成工作，这样的工作比成为流程中的环节重要得多。他们的工作说到根本，就是如何让企业有效运行，如何让团队协同工作。

7.5.2 流程责任矩阵

流程责任矩阵是管理者基于流程的职责分工,这是管理者作为设计师功能的集中体现。

在流程责任矩阵中,我们将流程框架按照层级和业务结构进行管理者责任界定。高层管理者负责顶层业务功能,中层管理者负责这些业务功能中的业务域,基层管理者负责更小的业务单元。这种职责分工与流程框架是相互匹配的,如图 7-8 所示。

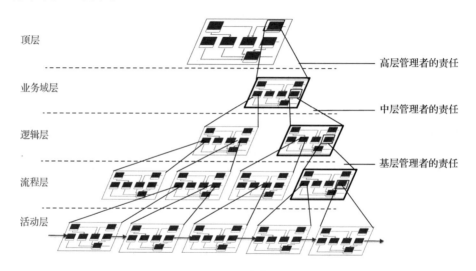

图 7-8 流程所有者的层级

流程责任矩阵改变了什么?职能型分工是基于人的分工,高层管理者管理几个部门经理,部门经理管理一个部门的团队。流程型分工是基于业务功能和流程的分工,各级部门经理按照分工管理一部分业务功能。表 7-2 所示为高层流程责任矩阵的示例。

流程型分工和职能型分工看起来似乎没有多大差别,因为很多时候部门的边界就是业务的边界,实则问题的焦点在于具体的流程活动中部门之间协同的方式。

表 7-2　高层流程责任矩阵

L0 层顶层框架	董事长	总经理	副总经理（营销）	副总经理（研发）	副总经理（生产）	副总经理（供应链）	副总经理（质量）	副总经理（财务）	副总经理（建设）
1.0 战略规划	√								
2.0 投资与管控		√							
3.0 企业管理		√							
4.0 审计与法务	√								
5.0 营销			√						
6.0 研发与工程设计				√					
7.0 生产制造					√				
8.0 物资供应						√			
9.0 客户服务							√		
10.0 质量保障							√		
11.0 行政与后勤管理								√	
12.0 人力资源管理		√							
13.0 财务管理								√	
14.0 信息化									√
15.0 建设与资产管理									√
16.0 安全保障									√

　　企业中有很多流程是穿越职能部门边界的。当一个部门的人在不属于本部门的流程中有活动时，他并不对另外的部门负责，这种工作的交互就成了部门和部门之间的关系。部门和部门之间工作的交互如果按照职能的逻辑，那么凡事都要在部门中上上下下地走一遍流程，我们在职能型组织的特征中对这个过程有过描述。于是，这种跨职能部门的流程就会人为延长，部门之间边界不清和相互推诿的现象就由此产生。

　　流程型分工避免了上述问题发生。管理者负责管理一项业务功能，他对这项业务的流程负有责任，不管是谁在这项业务的流程中有活动都是他管理的范畴。如果我们能够把企业的所有业务都按照这样的逻辑进行分工，就可以事无巨细地分清管理者的责任。

我们可以用一个比喻来说明这个逻辑。就像我们上学时的值日生，他负责一定区域的卫生，不管是谁在这里经过，留下什么垃圾都由他负责清理，如图 7-9 所示。

如果我们将一个企业的业务和流程看作一个学校公共的卫生区，把打扫卫生区的责任都分配给值日生——管理者，就可以做到职责的全部覆盖并且没有重叠，部门职责边界不清的问题就可以解决了。

这种基于流程的分工与项目管理是比较类似的，所以有人称之为"项目化管理"。项目管理中的项目经理就像这样的流程责任者，不同的是项目经理不仅管理流程，还要管理更多的工作内容，同时项目经理的职责是以项目结束为终点的。

我们称流程型分工的管理者为流程的 Owner——流程所有者。流程所有者对他所管辖的业务流程负责，具体内容在前面已经进行了描述。

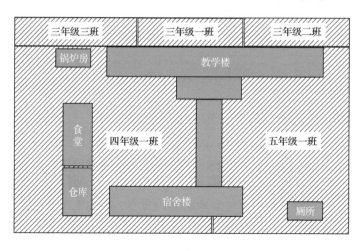

图 7-9　学校卫生责任区

7.5.3　需要说明的问题

关于流程所有者的职责，有以下几个问题需要说明。

1. 流程所有者对流程负责，不表示他们在流程活动中拥有最高的权限

例如，人力资源管理中的"部门经理任免"流程的所有者是人力资源部部

长，是说人力资源部部长负责部门经理任免这个流程的建设，而实际上部门经理任免的决策者是总经理，在这里总经理的决策是部门经理任免流程的一个环节。也就是说，流程的所有者和流程活动中的角色是不同的。

2. 流程所有者对流程负责，不表示他拥有对流程的决定权

流程不是由哪一个层级的管理者决定的，而要通过一个机制决定，这个机制就是流程生命周期管理的流程。流程要经过设计、讨论、验证、审批、发布这样的程序实现，并不是流程所有者可以有决定权。

3. 流程所有者的层级可以依企业的规模确定

大型企业一般需要有三个层级的流程所有者，而那些规模不大、业务不复杂的企业可以设置两层流程所有者。这与管理幅度有关，核心是需要确保末层的流程所有者有时间和精力维护好这些流程。

4. 企业权责关系从职能型向流程型转变，可以是一个渐进的过程

流程所有者和业务管理者应该是吻合的，这符合管理者的核心功能是设计师的基本思想。但在企业构建流程管理体系的初始阶段，原有的分工模式可能存在一些问题，为了减小工作推进的阻力，流程所有者和业务管理者在一段时间内可以是分离的。比如，部分业务功能被不同的部门分割，如果流程所有者和业务管理者吻合，就会涉及组织和分工的调整。这样，我们可以指定一个管理者作为流程所有者，他只负责对流程和标准进行管理，而不对业务管理的职责分工进行调整。这是暂时的过渡状态，毕竟管理者应该是设计师，否则就不是一个真正的管理者。

7.5.4　RACI 矩阵

在人力资源和项目管理领域中，有一个著名的 RACI 责任分配矩阵（简称 RACI 矩阵）常用于对组织机构和项目中的角色进行责任区分与定义。在 RACI 矩阵中，分别定义了以下四个角色。

R（Responsible）：执行人。

A（Accountable）：负责人。

C（Consulted）：被咨询人。

I（Informed）：被告知人。

表 7-3 是 RACI 矩阵应用的示例。

表 7-3　RACI 矩阵

			董事长	总经理	财务总监	规划发展部部长	财务部部长	人力资源部部长
1	战略规划							
		1.1	制定公司发展规划	A	C	C	R	I	I
		1.2	制定公司专项规划	I	A	C	R	R	R
		1.3	新产业开发与立项	A	C	C	R	I	I
		1.4	审核分子公司战略发展规划		A		R		
2	经营计划							
		2.1	编制和下达年度经营计划	C	A	C	R	I	I
		2.2	调整年度经营计划	C	A	C	R	I	I
		2.3	经济运行统计分析	I	I	I	R	I	I
3	全面预算							
		3.1	编制年度全面预算	I	A	C	R	C	I
		3.2	全面预算控制和调整	I	A	C	R	C	I
		3.3	全面预算统计与考核		A		R	I	I
4	组织绩效							
		4.1	绩效体系设计		A	C	R	C	C
		4.2	制定和下达年度绩效考核方案		A	C	R	C	C
		4.3	考核指标统计		I	I	A	R	I
		4.4	考核结果应用		I	I	A	C	R

我们可以用这样的矩阵来描述在业务功能中组织机构和岗位应该承担的不同类型的职责。当我们需要一个整体视角时，这样的工具是非常有用的。它可以让我们非常直观地看到，在战略管控中，董事长、总经理及各个部门

的权限和责任。但是，这样的矩阵通常是不精细的，它的颗粒度取决于纵向业务功能呈现的颗粒度。

如果我们将业务功能细化到具体的流程和活动，就会得到表 7-4 所示的结果。

表 7-4　流程和活动 RACI 矩阵

		董事长	总经理	财务总监	规划发展部部长	财务部部长	研发部部长	生产部部长	人力资源部部长
流程	制定公司发展规划								
活动	1　下达制定公司发展规划指令	A/R	I		I				
	2　组织讨论制定发展规划的整体框架		A	C	C	C	C	C	C
	3　收集规划相关资料				R				
	4　编制发展规划初稿				R				
	5　组织讨论发展规划初稿		A/R	C	C	C	C	C	C
	6　汇报发展规划初稿	A	R						
	7　修订发展规划初稿			C	C	R	C	C	C	C
	8　组织讨论发展规划修订稿		A/R	C	C	C	C	C	C
	9　汇报发展规划修订稿	A	R						
	10　组织审议发展规划	A	R	C					
	11　修订和下发公司发展规划	I	I	I	R	I	I	I	I

如果企业中的所有活动都用这样的方式表达，就太复杂了，我们可以将其简化成表 7-5 所示的结果。

这样呈现出来的实际上正是基于流程归集岗位职责的结果（具体方法在 8.4 节详细介绍）。由此可以得出这样一个结论，RACI 矩阵和基于流程的岗位职责梳理是殊途同归的，只是后者是 RACI 矩阵精细化之后的结果。

表 7-5　流程和活动的职责

			董事长	总经理	规划发展部部长	说明
1	制定公司发展规划					
活动	1	下达制定公司发展规划指令	√			给总经理和规划发展部
	2	组织讨论制定发展规划的整体框架		√		
	3	收集规划相关资料			√	
	4	编制发展规划初稿			√	
	5	组织讨论发展规划初稿		√		中高层管理者参加
	6	汇报发展规划初稿		√		向董事长汇报
	7	修订发展规划初稿			√	
	8	组织讨论发展规划修订稿		√		中高层管理者参加
	9	汇报发展规划修订稿		√		向董事长汇报
	10	组织审议发展规划	√			董事会成员参加
	11	修订和下发公司发展规划			√	

所以，可以说，从流程的视角出发，可以将企业所有岗位的责任都清晰地呈现出来，也只有借助流程，才能真正将细化到具体活动的责任界定清楚。

7.6　流程管理制度和建模规范

没有规矩不成方圆。企业在应用方法和工具实施流程管理之前，先要确认相应的规则。这些规则包括以下三个方面的内容：流程管理的制度、流程管理的流程和流程建模规范。

7.6.1　流程管理的制度

流程管理的制度是指企业在流程管理中的工作机制和要求，这是必不可少的。与其他业务的制度一样，流程管理的制度一般要包含以下内容：

① 应用范围。

② 术语定义。

③ 管理目标和原则。

④ 组织和角色职责。

⑤ 权限和工作机制。

⑥ 管理要求。

⑦ 检查和奖惩措施。

7.6.2　流程管理的流程

流程管理的流程就是在流程的生命周期过程中,流程管理的专业工作如何操作。既然我们需要在企业中规范各种业务的流程,那么流程管理作为一项业务本身就首先要规范自己的流程。

流程管理的流程至少应该包括以下几个部分:

① 流程优化的流程。

② 流程文件审批发布的流程。

③ 流程审计的流程。

流程管理的制度和流程管理的流程容易理解,不需要赘述,下面着重介绍一下流程建模规范,这是流程管理专业特有的内容。

7.6.3　流程建模规范

流程描述需要有它的语言,流程建模规范就是建立流程描述的语言规范,包括流程图形符号定义和语法规则。流程建模规范一般要包含以下内容:概念、层级结构定义、业务结构标准、图形符号定义、绘图规范。

① 概念:流程建模规范首先要给出基本的概念,如流程、流程管理、流程所有者的概念等。

② 层级结构定义:流程建模规范要给出流程的层级结构规则,每一层都

需要有定义和颗粒度标准。

③ 业务结构标准：企业中的流程是可以通过优化改变的，上层的业务框架一般是不会发生变化的，除非有重大的业务模式变革，因此这些框架中的业务结构也可以在流程建模规范中给出明确的定义。比如，顶层框架中有 12 个业务功能，人力资源管理有 6 个业务模块等。

④ 图形符号定义：图形符号定义是指用什么图形符号表达流程中的各种要素。

⑤ 绘图规范：绘图规范是指绘制流程图的方法和规则，对什么情况用什么语法来表达。

在初始阶段，我们一般用 VISIO 这样的工具，用到的流程图形符号比较简单，如图 7-10 所示。

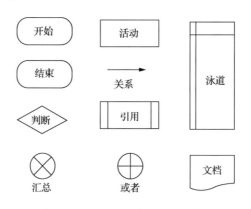

图 7-10 VISIO 的典型的图形符号

在初始阶段绘制的流程图通常用作对某些业务的操作性说明，表达的信息并不需要非常复杂和精确，如图 7-11 所示。

在流程管理进入建设管理体系的阶段后，就需要用更精细的语言表达，这时对流程描述语言的规范化要求提高了。国际组织 BPMI（Business Process Management Initiative，流程管理促进会）开发了一套流程建模符号语言——BPMN 2.0。这个语言给出了完整的参考图形符号，包括活动、事件、网关和数据等。我们可以参看其中描述事件的符号，如图 7-12 所示。

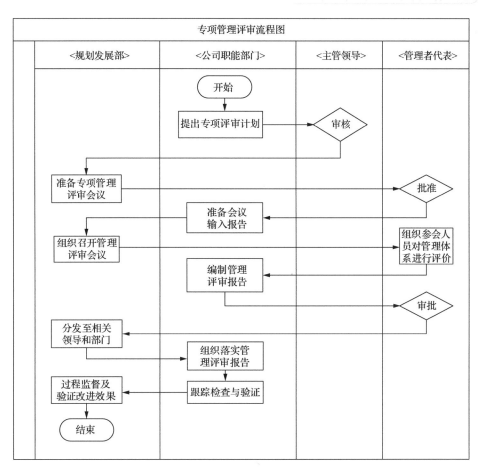

图 7-11　用典型语言表述的 VISIO 流程图

▾ BPMN Events

图 7-12　BPMN 2.0 语言描述事件的符号

很显然，BPMN 2.0 的标准语言有些复杂，是专业机构、企业和 IT 厂商共同参与制定的，设计的目的是让流程管理和 IT 之间能够建立沟通的桥梁。对于还没有实现流程完全显性化的企业来说，如果让管理人员和业务人员用这样复杂的标准语言梳理和呈现流程，那么实在是一场灾难。

我们通常会在这种标准语言规范的基础上，选择其中的一部分图形符号用于梳理和呈现流程。等到企业的流程管理非常成熟之后，我们再用更细化的语言表达那些更复杂的逻辑，进行更深入的应用，主要是支持软件开发和系统集成。我们将前者叫流程梳理，将后者叫流程建模。表 7-6 所示为某企业在流程建模规范中定义的图形符号。

表 7-6　企业的简明流程图形符号表

序号	图标	名称	定义
1	▭	活动	流程基本构成要素，表示动作
2	⟶	流程线	流程基本构成要素，表示动作的逻辑和关系
3	角色	角色	流程基本构成要素，表示流程活动的执行人
4	输入（输出）	输入输出	流程基本构成要素，表示流程活动输入的资源和输出的结果
5	○	开始	表示一个流程的起点
6	⬤	结束	表示一个流程的终点
7	⧉	流程链接	表示流程与其他流程的接口
8	💬	注释	表示流程的操作说明，包括注意事项、环境和条件、需要匹配的资源等
9	⫻	附件	表示流程活动需要的表单、样例、模板、标准、制度等文档
10	↓	下一层级	表示流程框架进入下一层级
11	▭	增值链	表示价值链的方向，只用于框架的顶层，与业务模块是同样的功能
12	▨	区域	表示业务范围的边界，不代表业务模块和活动
13	◇	排它网关	表示路径的互斥关系
14	◈	并行网关	表示路径的并行关系
15	◎	包容网关	表示路径的包容关系

企业在梳理和呈现流程时需要基于流程建模规范，持续运行需要流程管理的制度，具体操作需要流程管理的流程，这些内容构成了流程管理的规则。

第8章
流程文化

8.1　企业文化

文化这个题目很大，似乎无所不在。

梁晓声先生曾经用这样四句话来描述文化：根植于内心的修养，无须提醒的自觉，以约束为前提的自由，为别人着想的善良。文化在文学家的笔触中表述得非常精妙。

8.1.1　什么是企业文化

企业文化就是企业中的群体思维模式和行为模式，通俗一点儿解释，就是当面对出现的事物或者问题时，一个群体通常会怎么想，又会怎么做。

一句比较流行的话：三流企业做产品，二流企业做品牌，一流企业做文化。可口可乐公司总裁曾经说："假如可口可乐的全部工厂一夜之间烧光，第二天可口可乐依靠它的商标也会重整旗鼓"。我们可以把这句话理解为品牌的力量，其实在背后的就是企业文化。可口可乐一直以来是美国文化的传统印记，图8-1是可口可乐20世纪40年代的广告。

文化是一种无形的东西，是一个企业的"性格"，每个企业都有自己独特的"性格"。性格可以培养，培养性格的过程是有规律可循的，不过这种规律的结果不可预测，这颇有点儿混沌理论的味道。这一点就像教育，我们知道对人的教育是有规律的，但结果却存在不确定性。

图 8-1　可口可乐的广告

教育的规律性在于，我们知道用一种方式可以培养一种性格；教育结果的不确定性是由于影响因素复杂，我们不知道某一件事情或者某一句话对某个人会产生什么样的影响，而这些事情每天都在发生，但是教育的不确定性并不妨碍我们用一种教育模式去培养人，否则就不存在教育学，就不存在学校了。

企业文化也如此，与行业、社会、创始人的个性都有很大的关系，这里有企业先天的基因，也有后天持续的影响因素。同时，企业文化也是可以培养的，可以通过管理层有意识的引导和每天做出的决策，通过企业的制度和流程，通过对每一件事情的应对和处理。结果不可预测也正是管理作为一门艺术的魅力。

8.1.2　企业文化的构成

企业文化由表及里有三层结构，如图 8-2 所示。

企业文化的外在表现是视觉、诉求和行动。就像我们认识一个人一样，可以理解为观其貌、听其声、视其行。视觉是看起来的样子，如办公条件、生产环境、员工衣着、设备工装等。一个整洁有序的企业和一个杂乱不堪的企业的性格是不一样的，这是很多企业做 5S（现场管理法）管理的原因。诉求是企业向外界传递的声音，包括它的产品特征、对外的公告和广告语等。行动是它的所作所为，即它怎样对待它的客户、供应商、同行和利益相关者。

图 8-2 企业文化的结构

企业文化的中间层是制度、流程和标准。我们可以将之统称为规则，规则是企业群体思维和行为方式的载体。一个规则健全而精细的企业是严谨的，就像一台运行良好的机器一样。当然，这里说的规则是能够有效执行的，如果是一纸空文，那么与不存在就没有多少区别。

企业文化的核心层是使命、愿景和价值观。使命是因何而来，愿景是向何处去，价值观是如何作为。这是一个企业的内心和情怀，就像一个人的处世哲学。一个企业的思维和行为方式都来源于此，这是企业坚守的信念。

企业文化的三层是由表及里、协调一致的，共同构成了一个企业的性格。

8.1.3 那些文化的问题

文化是可以雕琢却不能口是心非的。多数企业对自己的文化都有总结和表述，但有时候这种表述和行为却不尽相同。比如，一个倡导诚信的企业经常拖欠供应商的货款；一个强调制度至上的企业管理者却成为首先的破坏者；一个标榜以人为本的企业并没有善待自己的员工等。就像人们说的，有时候反复表白的正是自己欠缺的。

有的企业用某些行动破坏了自己文化的根基。一个以真材实料为立身之本的食品企业，因为更换了低价格原材料而让消费者广为诟病；一个以优质服务见长的企业形成规模之后开始店大欺客；一个倡导合作共赢的企业，因为有利可图而与供应商展开了竞争等。可口可乐也犯过这样的错误：因为面对百事可乐的竞争而修改了配方，结果遭到粉丝们强烈的抗议，于是赶紧把配方改回来才得以避免灭顶之灾。

企业文化是企业在长期运营过程中逐步形成的，不是一蹴而就的。有的企业请"外脑"（管理咨询顾问）来做文化，其实能够做的是对文化内涵的提炼和总结，真正的文化不是在短时间内能够做出来的。

8.1.4　管理需要文化配合

文化是企业管理中不可或缺的部分，不管我们引入什么样的管理方法和工具，都需要有相匹配的文化。如果企业文化中没有这样的基因，就需要用相应的策略来制造这样的氛围和条件。

历史上，商鞅南门立木的故事家喻户晓。商鞅在变法之初，用这样的方式向民众传递言出必行的理念，以确定法律的尊严，否则即使变了法，也无人相信，何以推行？此外，还有孙武练兵的故事，孙武斩吴王两个爱妃以立威，然后可以将后宫嫔妃训练成一支军队。

不但管理方法需要文化来匹配，而且塑造一种文化也需要相应的方法来实现。从这个角度来说，文化不能只靠喊出来或者贴在墙上，必须有相应的实现策略和行动，这就是知行合一。

流程管理也如此，建设流程型组织需要技术手段，也需要在企业中培养流程文化。关于流程文化，我们总结了四点：客户意识、系统思维、权责观念、契约精神。

8.2　流程文化之客户意识

客户意识就是以客户为中心的意识。虽然多数企业都会倡导以客户为中心，这在营销和服务部门是容易理解的，因为它们是与客户直接接触的，但在企业内部各部门的实际运作中如何实现这一点，很多人一头雾水。

我们在之前关于职能型组织的特征中曾经说过，职能型组织存在部门墙，员工的工作由领导分配，员工工作的结果由领导评价，这样就形成了一个以领导为核心的模式。在这样的模式下，以客户为中心就成了空洞的口号。

8.2.1　以价值链为核心

流程型组织不会如此。首先，流程是贯通的，从需求到结果满足的流程都是端到端贯通的。因为流程是清楚的，工作内容和权责是确定的，工作标准也是清晰的，员工的任务就是按部就班地做好自己该做的事情，而不需要很多管理者干预。

这样，在企业中就形成了一个完整的工作链条，每一个后端的环节都是前一个环节的客户：工艺部门是设计部门的客户，生产部门是工艺部门和采购部门的客户，交付部门是生产部门的客户。这样，价值流从企业内部一直延伸到外部客户，最终向客户交付产品和服务，如图 8-3 所示。

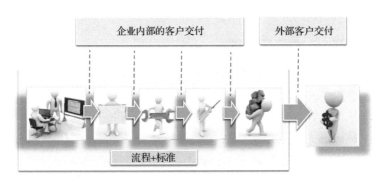

图 8-3　企业的价值流

这个链条就是企业的价值链，是企业创造价值的过程。典型的生产型企业的价值链可以由三条线构成，即研发、OTD（从订单到交付）、供应链，如图 8-4 所示。

价值链是企业运营管理的核心，战略需要通过价值链实现，其他各种职能之所以存在，就是为了能够确保价值链更好的运行，或提供资源，或提供支持，否则就没有它们存在的必要。因此，各种职能也要形成这样的链条，它们是以价值链为客户的。

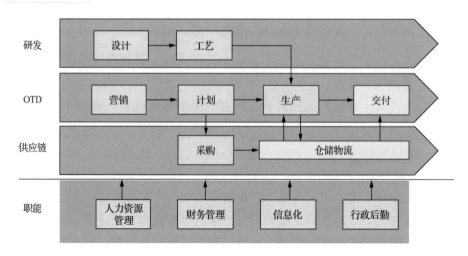

图 8-4　企业的价值链结构

　　不管是不是推行流程管理，只要企业对外提供产品和服务，就都有这样的价值链。不同的是，流程管理强调基于流程的关系，就是环环交付的客户关系。前面的环节将后面的环节当成客户，就需要为客户提供标准化的交付结果，并且为达成这样的结果从客户角度思考问题，这就叫以客户为中心。

8.2.2　流程和标准必须清楚

　　我们通常不太容易理解为什么在很多先进的企业中（比如丰田）没有庞大的质检部。因为在这样的企业里，流程和交付标准都是清楚的，前面的工作环节确保了按照标准完成了才会交付给后面的环节。我们都知道检验不是增值的活动，是在精益管理中要尽可能消除的。我们想要真的消除却很难，为什么？

　　因为我们缺少相对精确的工作标准，这种工作标准不仅体现在工作的结果上，还体现在工作的流程和方法上。只有很好地控制过程才能保证结果稳定，很多给国外做订单加工的企业对这一点深有体会。它们对过程的控制是非常严格的，通常会要求加工厂的整个生产过程完全按照它们的标准操作，对过程的信任是对结果信任的前提。

　　国内某外贸工厂发生过这样的事：工厂为外方做大型机械设备零部件代工（OEM），生产过程有严格的操作流程和标准，外方有客户代表驻厂巡查。其中有一个焊接工艺环节要求一次完成，零部件如果不合格就要报废，不允许补焊。有一次，客户代表发现在生产现场有工人违反操作规程进行补焊。

在我们眼中这似乎不是很大的事，产品最终能够通过检验就行了。然而，客户代表不这样认为，将这件事作为事故很快反馈给国外的总部，继而反馈给国际组织，接下来使用这个工厂出口设备的多个客户找上门来，已经销售出去的几百台正在工作的设备面临召回，工厂不仅经济损失惨重，还面临着可能被取消生产资质的处罚。

8.2.3 培养自觉的客户意识

企业内部需要培养客户意识，意识是工作标准之外心理层面的，是一种自觉。不管什么样的标准都需要有人执行，如果不能够自觉执行就要靠人检查，再加上如果标准不清楚就需要有人判定，无法消除的检验环节就由此而来。

我们经常会举运动员和裁判员的例子。即使足球场上有明确的规则，现场也需要有裁判员，不应该有这样的情况——有人既当运动员又当裁判员。

实际上这样的类比对企业运营是不是恰当是值得商榷的。企业里人的活动是流程化的，动作和标准是相对精确固化的，而足球场上运动员的行为更像一种艺术创作，这是两种截然不同的活动。运动员做的艺术性的活动在企业中类似于研发，研发是需要裁判员的，所以研发的阶段性评审是必不可少的环节。

企业运营管理的方向就是要尽可能减少不确定性的活动，让企业可以协调地自我运行而不需要那么多裁判员，这才符合企业的商业利益。企业运行如果是精确的，就需要流程的各个环节都相互匹配，其中员工有客户意识就显得非常重要。

有这样一个值得借鉴的案例：某企业出现了一次质量事故，工人在装零件时，把某个零件装错了位置。事故的原因是工人看工艺图纸时看错了，两个装配的位置很像。工艺图纸是没有错的，而且工艺员已经做了标识，只是不太容易区分。

对于这样的事情，我们通常会怎样处理呢？对工人批评教育并且罚款。该企业的处理结果却让人惊讶，工艺员向工人道歉：对不起，我的图纸让你看错了，这说明图纸中这个位置的标识不够清楚，才导致了这个错误，如图8-5所示。

工人把零件装错了位置，出现质量问题

调查发现，是因为工人看错了工艺图纸

工艺图纸并没有错，只是图上的两个位置非常像，容易看错

工艺员向工人道歉：对不起，我画的工艺图纸让你看错了！

图 8-5　客户意识的范例

这是典型的客户思维，工艺员以工人为客户，从客户的需求出发，为客户着想。其实是谁的问题并不重要，重要的是怎样让问题不再发生。如果我们只是简单地处罚了员工，那么问题其实还是可能再次发生的。如果每个环节都能够从客户的需求出发，为客户交付他们需要的结果，这就形成了一个完整的客户价值传递的链条，也就能够真正实现我们期望的以客户为中心的目标。

意识是一种思维导向。我们需要精确的流程和标准，同时也需要这种思维导向，这是流程和标准能够有效执行并且持续进化的动力。

8.3　流程文化之系统思维

推行流程管理需要有系统思维，把企业看作一个系统。系统是整体的、结构化的、有联系的。我们就从这三个方面来认识流程管理的系统思维。

8.3.1　流程的整体性

企业中的流程是一个完整的整体，就像人的循环系统，所有血管都相互连通形成一个整体，而不是以片段方式存在的。虽然我们会将流程描述成片段，但实际上只是在描述时由于篇幅的限制无法完整地呈现而已。

我们做流程管理时，不管是流程梳理还是流程优化，都需要将流程放在整个系统中考虑。在对流程梳理结果进行验证和对流程进行分析与优化时，我们会构建一张场景图，也就是把流程的完整面貌呈现出来，这样从系统层面出发才能真正解决企业的问题，如图 8-6 所示。

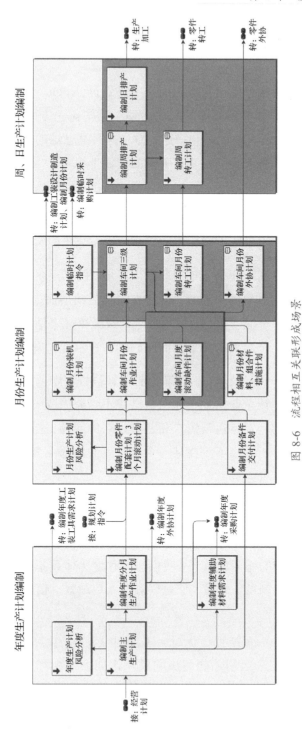

图 8-6 流程相互关联形成场景

8.3.2　流程的结构化

企业流程是结构化的，我们在前文中讲到过 APQC 框架结构，一层一层地从业务框架逐步分解到具体的流程活动。结构化一方面是因为流程的复杂性，通过结构才能清楚地认识和描述；另一方面是思维的结构化，因为企业的问题是结构化的，所以我们需要从不同的层面上思考。

企业中的有些问题是细枝末节的，我们需要看流程的细节；有些问题是策略性的，我们需要上升到运营模式和业务策略才能解决问题；有些问题在表面上看是操作层面的，而本质上却还是在顶层——为此我们需要切换这样的视角。

我在做管理咨询顾问十几年的职业生涯中，做了很多流程优化的案例，但到目前为止没有一个案例问题的本源是在流程活动层面上的。我们通常会说流程优化就是在某一个流程上，增加几个活动或减少几个活动或重排活动，这都是最后呈现的结果看起来的样子，而问题的本质都在运营模式和业务策略上。

当然，这有一个前提条件，如果企业找管理咨询顾问解决问题，那么一定是因为有一些问题让企业感觉到痛而自己找不到原因或者解决不了。真正能够让企业感觉到痛的一定是运营模式和业务策略的问题，这种问题就需要在更宏观的系统层面上分析，而不是在某一个流程里的局部上分析。

8.3.3　流程的关联性

流程是企业管理的一个维度，这个维度需要与企业管理的其他维度共同作用，才能体现管理的作用和效果，我们通常称之为体系集成。这些维度包括企业的组织、资源、制度、风险、质量管理体系、绩效、信息化等，它们都发生着各种关系。

我们在流程分析和流程优化时，不能只从流程的视角出发，需要将这些维度和方法综合起来运用才能解决问题。比如，组织和流程需要相互匹配、以合理的绩效作为驱动等，这样才能让流程优化的目标得以实现。从这个角度来说，流程与其他的管理维度和方法是有联系的。图 8-7 是一家企业的管理提升规划蓝图。

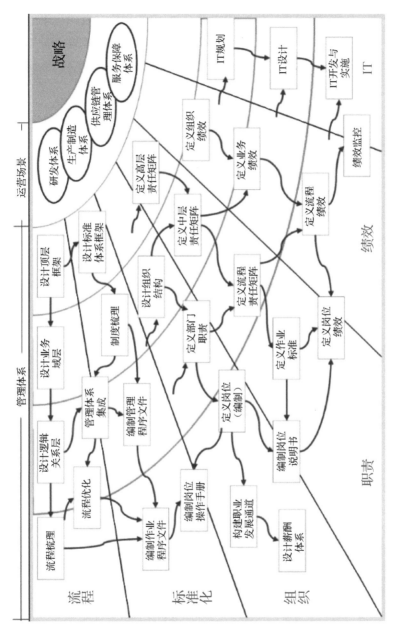

图 8-7　管理提升规划蓝图

流程的系统思维从以上三个方面表现出来,这种系统思维对于流程管理来说是非常重要的。与系统思维相对的思维方式叫直线思维,直线思维是就事论事,出现一个问题就解决一个问题,谁出问题就惩罚谁。系统思维是出现一个问题之后,从整体、结构和联系的视角出发,分析这个问题背后的系统原因来解决,目标是要让类似的问题不再重复出现。

8.3.4　系统思维的案例

1. 案例一

一家企业出现了不合格品,调查原因后发现工人是按照工艺图纸来装配的,工艺图纸本身错了。工人很委屈地说:"图纸来得晚,这是成熟产品,本来我是按照经验装对了的,后来图纸到了之后发现不对又改回来,结果才错了。"不合格品产生的过程如图 8-8 所示。

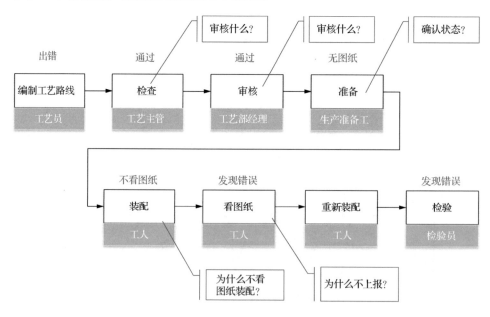

图 8-8　不合格品产生的过程

这件事情从表面上来看是工艺员的责任,因为工艺图纸发生错误才导致问题的发生,而实际上对流程进行追溯,发现问题的原因来自管理的系统性。

首先，工艺图纸是经过工艺主管和工艺部经理两级审核的，为什么审核环节会失效？经过调查，工艺主管说这是成熟产品，后面还有部门经理把关，所以不会仔细看；工艺部经理说自己很忙，工艺主管审核过了他是相信的，所以审核基本上就是例行公事。

其次，工艺图纸未到为什么就可以启动生产？调查发现，在生产现场是有生产准备工的，生产准备工说当时物料和设备都准备好了，就差图纸没有到。生产准备没有明确的结果确认环节，对于这种成熟产品，工人一般都可以先做。

再次，工人在第一次装配后，看到下发的工艺图纸发现有问题，心中虽有疑惑但是肯定要遵从图纸。工人自行进行返工，这在操作规程上是不应该允许的，但现实情况是没有严格的控制措施，一般就是工人自己多费点时间现场改正。

对于这样一个简单的质量事故，如果不去调查就很难发现这样一连串的问题。企业的问题常常如此，看起来应该是完整的流程，多个环节的失效才导致问题的发生。要解决这样的问题就不是处罚某个人，而是要从管理的系统性出发。

需要考虑这些问题：确认工艺图纸是否需要工艺主管和工艺部经理两级审核？如果需要，那么他们各自的工作责任是什么？如果审核不出图纸问题，那么绩效应该如何考虑？在生产前的准备环节应该如何确认状态？如何保证没有图纸不能开工？如何强化工人遵守规则的意识？如何训练工人养成在现场操作时发现问题立刻上报的习惯？如果工人发现问题不上报，那么会得到什么处罚？

2. 案例二

一家公司生产的齿轮在客户使用过程中发生断裂，造成严重的事故。事故的原因是，齿轮在生产过程中要经过高温烧制增加强度，当时炉温不够，在生产现场工人就采取延长烧制时间的办法来弥补，结果产品的强度还是没有达到要求。因为赶工，公司就向客户交付了产品。不合格品产生的多层次原因如图8-9所示。

沿着不合格品发生的路径，我们发现了一连串的问题。直接原因是为了保证按期交付，产品最终检验没有通过就违规放行；深层原因是在生产现场没有经过技术系统确认就擅自修改工艺；更深层次的原因是设备没有及时维护和点检导致生产时炉温不够。问题来自三个不同的层面，穿越检验、生产和设备维护的流程，这也是典型的系统性问题，需要系统性的方案来解决。

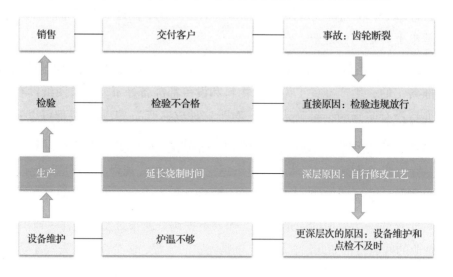

图 8-9　不合格品产生的多层次原因

企业的问题就像冰山，我们能够看到的总是冰山的一角。从现象到近因，再到根因，这一角就是给我们向深层次挖掘和解决系统问题的机会，如图 8-10 所示。

图 8-10　问题总是冰山一角

要让这个系统良性运转，不仅需要从流程出发，还需要考虑一系列的配套措施，才能确保类似的问题不再出现。系统性查找、分析和解决问题，就是系统性思维。

8.4 流程文化之权责观念

在职能型组织中，工作任务是领导分配的，交付标准是领导决定的，当然责任也是领导承担的。这样，员工并不对自己最后的工作结果承担责任，凡事都罩着一把领导责任的伞。

我们讲过猴子理论，每个人身上都背着自己的猴子。你不要让别人的猴子跳到你的肩上，也别让你的猴子跳到别人的肩上。

8.4.1 坐自己的椅子

工作内容、责任和权力之间的关系用一把椅子来说明，如图 8-11 所示。

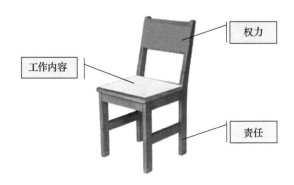

图 8-11 一把岗位的椅子

椅子的表面是你主要的接触界面，是工作内容；椅子的腿是责任，责任支撑着你的工作内容；椅子的靠背是权力，没有权力你就失去了依靠，不能长时间坐。

这三个部分就构成一把完整的椅子，缺一不可。这把椅子叫工作岗位，岗位一旦确定下来，那么工作内容、责任、权力也就确定下来。

企业里的每个人都有一把这样的椅子，你不要去坐别人的椅子，也不要让别人坐你的椅子。要把这把椅子说清楚，其实有时候并不是容易的事，恐怕我们非要借助流程不可。

8.4.2 流程使职责清晰

举个例子来说明，我们要定义员工入职时招聘专员的工作职责。招聘专员负责什么？我们能想到的当然是与员工招聘相关的工作，也只能如此。现在我们换一个视角，以流程活动为基础来说明就大不一样。

图 8-12 所示为一个员工入职的流程，每个活动都有操作的角色。

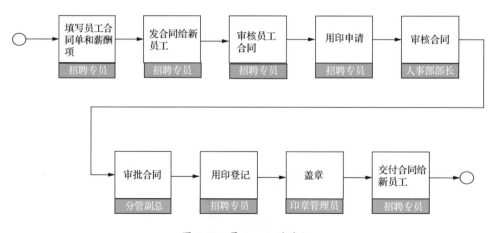

图 8-12　员工入职的流程

从流程图中可以看到招聘专员在其中的职责：发合同、初审合同、用印申请等。那么其他人呢？人事部部长负责审核合同，分管副总负责最终的审批。我们可以得到以下结果：每个人在一个流程中的职责都可以非常清楚地表现出来，如图 8-13 所示。

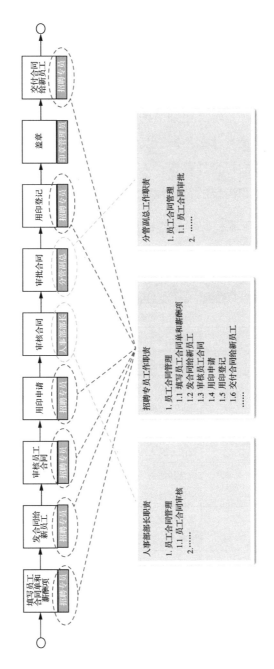

图 8-13 基于流程表现的职责

如果企业中的流程都能够这样将活动清楚地描述出来，就意味着每个人的工作职责都可以完整展现。这样，在定义岗位职责时，就不再需要他们自己总结，而是通过流程整理呈现出来。今天我们借助 BPM 软件做到这一点是再简单不过的事情了。

我们还可以再进一步定义更细节的部分：招聘专员、人事部部长和分管副总对合同的审核或审批有什么不同，也就是说他们各自要承担什么责任。比如，招聘专员对合同文本的符合性负责；人事部部长对薪酬标准、合同期限负责；分管副总对人员能力和岗位的符合性负责。

表 8-1 是我们基于流程归集整理的岗位职责。

表 8-1　规划发展部部长岗位职责（部分）

序号	流程活动	责任与权限	所在流程
1	审核规划初稿	确认公司规划具备评审条件	公司规划制定
2	审核规划评审稿	确认公司规划按照评审意见完成修改	公司规划制定
3	审核规划决策稿	确认按照董事会决策意见完成公司规划修改	公司规划制定
4	审核规划中期评估报告（初稿）	确认按照时间节点完成公司规划中期评估报告初稿并具备送初审条件	公司规划中期评估
5	审核规划中期评估报告（评审稿）	按照初审意见对公司规划中期评估报告进行修改并确认具备送总经办评审条件	公司规划中期评估
6	审核规划中期评估报告（修订稿）	确认按照总经办评审意见完成对公司规划中期评估报告的修改	公司规划中期评估
7	审核经营计划（草案）	按照年度总经理工作报告进行年度综合计划编制并具备送总经办评审条件	年度综合计划编制与下达
8	审核经营计划（修订稿）	按照总经办评审意见完成年度综合计划修改	年度综合计划调整
9	审核预算编制方案	确认预算编制计划安排的合理性	全面预算编制
10	审核业务预算	按照年度经营计划评估业务预算的合理性	全面预算编制
11	审核专项预算	按照年度专项计划和财务预算评估全面预算的合理性	全面预算编制
13	审核并下达年度全面预算指标	确认按照预算委员会评审意见完成年度全面预算修订	全面预算编制

形成这样清楚明确的岗位职责，对人力资源管理有重要的现实意义，无论是构建岗位能力模型、人才选拔和培养，还是匹配个人绩效，都是不可或缺的。如果岗位的工作内容和职责都不清楚，那么我们能够相信在此基础上的人力资源管理是清楚的吗？

8.4.3　牵头要从流程开始

在企业中总要讨论职责，常有这样安排工作的情况：这件事由生产部牵头，由采购部、财务部配合。这种安排总是让人很难办，因为其实很多工作本就是你中有我、我中有你的，尤其是跨部门的流程，如果不从具体的流程活动出发，到了具体的工作环节还是容易有扯不清的"官司"。

下面是一个企业的案例。财务部门申请了一笔政策扶持资金用于企业技术改造，公司领导让财务部门牵头，让工艺部门、IT 部门、采购部门、实施单位配合完成整个技术改造工程。结果六个月过去了，项目全无进展，领导大为恼火，财务部门说根本牵不动那几个部门，而那几个部门还在为谁该负责什么争论不休。

为此，我给该企业画了一张技术改造项目操作流程图（如图 8-14 所示），并告知解决问题的策略。

① 成立一个跨部门的项目组。

② 项目负责人应该是公司的高层管理人员。

③ 找到承担具体工作的人，而不是部门。

④ 确定时间节点和要求。

事情就这样迎刃而解了。其实该企业只是缺少一张图而已，通过这张图就可以把要做的工作看清楚。很多时候职责不清楚最大的问题就是，没有从具体的活动层面去讨论权责关系。

解决企业中职责的问题，总需要一把流程的钥匙。

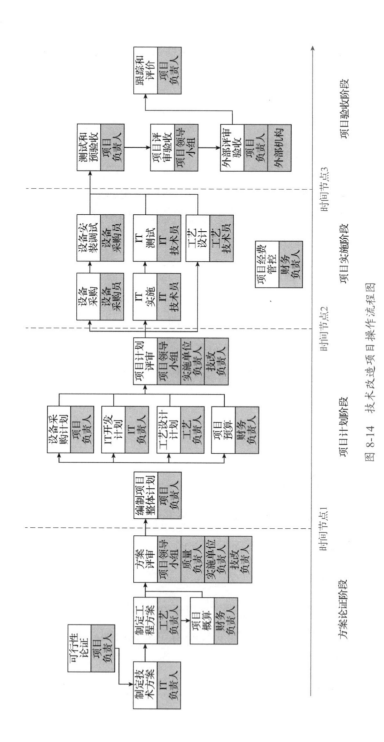

图 8-14 技术改造项目操作流程图

8.5　流程文化之契约精神

流程和制度一样是企业的一种规则,流程是强调过程的,制度是强调结果的。虽然它们有差异,但是在管理规范化的企业中,都需要一种共同的文化基因:契约精神。

从经济学的视角来看,制度是一种为了降低交易成本而定立的契约。既然是契约就是交易各方都需要遵守的,需要得到企业中所有成员的尊重。

在企业中最容易破坏规则的就是管理者,因为管理者有行政权力。管理者首先要遵守这样的契约,然后才能上行下效,否则容易形成"破窗效应",员工会认为规则是可以打破的。

有些管理者认为过度强调规则会让企业运行起来很死板,降低对环境变化的应变能力。实际上这是两回事,企业运行起来死板不是因为流程,而是因为设计了死板的流程。企业需要有面向不同场景的流程,这样才会提高快速反应的能力。

8.5.1　契约精神的故事

在美国的哈德逊河畔,距离美国第 18 届总统格兰特陵墓不到 100 米的地方,有一个孩子的坟墓,坟墓旁边立着一块碑,上面记载着这样一个故事:

1797 年 7 月 15 日,一个年仅 5 岁的孩子不幸坠崖身亡,他的父母很伤心,在悬崖边给这个孩子修了一座坟墓。后来,因为家道中落,这块土地被孩子的父母转让了。在转让时,他们对下一个接手的人提了一个特殊的要求,要把孩子的坟墓作为土地的一部分永久保存下来。买主同意了,并把它写进了契约。

这片土地辗转了多个买家,但是孩子的坟墓还在那里。100 年过去了,到了 1897 年,这块土地被选为格兰特总统的陵墓,而孩子的坟墓依然被完好地保存下来。

又过了 100 年,到了 1997 年,格兰特总统的陵墓建成 100 周年了。纽约市市长在来到这里缅怀格兰特总统的同时，重新修整了孩子的坟墓，立碑并亲自撰写了这个墓地的故事，让它世世代代地流传下去。

这是一个 200 年契约的故事。

在现代商品经济社会中，重视契约是社会运行的基础。历史上权威社会的周期太长，古老文化中有这样一种基因：人们总是期望自己能站在规则之上，这好像是一种成功的标志。我订立规则希望管你，你订立规则希望管我，有一天能够站在所有规则之上也就成了最高层的管理者。这会让企业形成一个权力角逐的战场，使得企业的运营成本很高。

企业需要用组织的力量来维护规则的权威性，这样才能让企业呈现一种"自我"运行的状态，员工都能够按部就班地工作，管理者把精力更多地集中于管理系统设计和重要事情的决策中，这是成本更低的方式。

8.5.2　不要让规则成为摆设

大家都知道华表是什么，但它的本来面目却很少有人知晓。相传华表最初是尧时立于交通要道的木牌，供人书写谏言、针砭时弊，是古代的"意见箱"，后来经过演化越挂越高，刻满祥云、龙纹，失去了从前的功能，演化成了一种象征官家开张圣听的图腾，如图 8-15 所示。

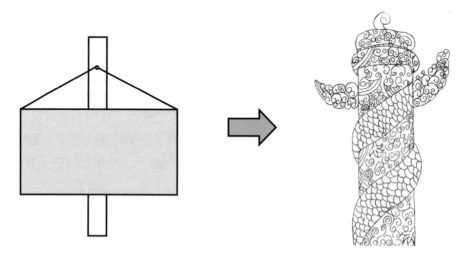

图 8-15　华表的演化

我们不能把制度和流程变成一种束之高阁的图腾。它们应该始终是接地气的，是能够被实实在在使用的管理工具。

很多人会问这样的问题：如何能够让流程落地？我的回答是首先就不要让它"飞起来"。不被执行的制度不能称为制度，不被执行的流程也没有存在的意义。

英国有一句谚语，培养一个绅士要三代人的时间。培养优秀的企业文化也同样需要相当长的时间，是从一点一滴做起的，而毁掉它却容易得多。

第 9 章
流程管理的应用

9.1　基于流程的组织架构设计

组织是企业运营的载体，是企业资源最基本的组织方式，也代表着企业的运营模式和权责关系结构。组织架构设计是组织管理的核心内容。

9.1.1　组织和流程的关系

流程是企业运营活动最佳实践的结果，相对于组织来说是具有独立性的，不应该依附于组织而存在。换句话说，一件事怎么做最好就该怎么做，不应该因为不同的人做而有差异。组织应该与流程相匹配，能够把事情做好是组织存在的意义。如果让流程适应组织，就是本末倒置。当然，组织也会对流程造成影响，这种影响主要来源于组织具有的资源和权责分配功能，它可以促进或者阻碍业务更好的运行。

流程的问题不能通过组织解决。比如，一家企业的工艺部门和质量部门的人总对质量问题的判定和归属争吵。于是，高层做出决策，将工艺部门和质量部门合并，这样一来再也没有了争吵。高层的耳根清净了，但是问题解决了吗？实际上质量问题并没有因此而解决。因为问题的根源在于质量问题处理的流程和标准不清楚，而机构合并没有解决这个问题，只是解决了争吵的人。相反，原来的问题却被掩盖起来，质量部门不再找工艺部门的"麻烦"，时间久了质量问题反而越来越严重。

类似的例子很多，业务问题需要通过业务模式、策略和流程解决，试图通过改变组织结构解决问题通常是不现实的。组织结构的优化和调整能够解决组织对流程的阻碍，而不能解决流程本身需要优化的问题。

9.1.2　组织架构设计的思路

传统的组织架构设计是经验主义的。企业战略提出了新的要求，或者目前的组织机构运行中发现了一些问题，需要调整组织架构。如何调整？

企业通常会沿着这样一个思路思考：战略是什么？需要设置哪些部门来实现？需要多少人？怎么分工？这些人都做什么？如图9-1所示。

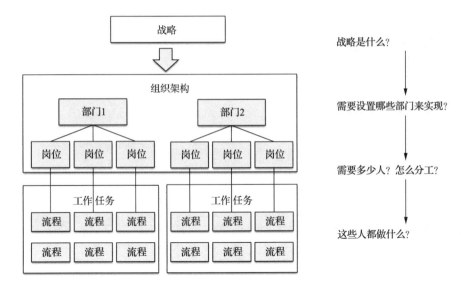

图 9-1　传统组织架构设计的思路

从战略到组织架构设计，虽然企业一般也会通过业务分析提取组织架构设计的需求，但是这种分析多半是问题导向的，是片面而不完整的。在组织架构设计之后，企业再考虑岗位设置和岗位编制。流程是在组织和岗位之下的，部门和岗位分工确定了之后再各自梳理与自己相关的流程。在这种逻辑中，部门职责和岗位职责都是业务部门自己编写的，流程也被部门和岗位分割，这是传统组织架构设计的典型做法。

这样的组织架构设计存在以下几个问题:

① 组织架构的设计方案缺少业务支撑的依据,表现为经验主义拍脑袋的结果,经常为了解决一个问题而制造另外的问题,企业为此可能会不停地调试。

② 没有从业务结构和流程出发,会导致部门分工的边界不清楚,然后通过讨价还价的方式达成一致,容易造成实际分工的扭曲。

③ 从部门职责到岗位职责,再到岗位设置和岗位编制的配置,缺少流程的支撑,难以形成一套完整的、相互匹配的标准,结果是组织和人力资源管理的粗放。

现在我们要做的是基于流程的组织架构设计,这种方法和传统方法最显著的区别就是,首先构建企业的业务框架和流程,然后从业务和流程出发思考组织架构、岗位编制和人员,如图 9-2 所示。

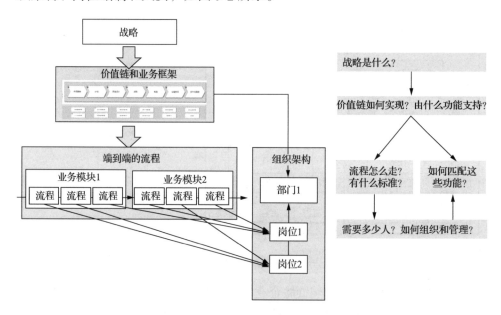

图 9-2 基于流程的组织架构设计思路

这样做的好处如下:

① 可以从整体视角考虑组织架构和流程的匹配关系,确保组织架构的设计是适应并且有利于企业整体价值链运作的。

②　组织架构的设计和调整是为了解决企业运营中的问题，而这些问题并不能单纯地从组织层面解决，最终需要通过业务模式、业务策略、流程的设计和调整实现。

③　流程为组织架构设计提供充分的依据，并且组织调整的结果（部门职责、岗位职责和工作接口关系等）可以通过流程实现落地。

9.1.3　组织架构设计的方法

1. 构建业务框架

首先，要构建企业的业务框架，包括顶层、业务域层和逻辑层，我们对这部分内容已经非常熟悉了，如图 9-3 所示。

需要说明的是，在这个构建业务框架的过程中，我们通常会勾画企业价值链的基本轮廓，还要针对企业现有的问题进行业务模式和业务策略分析，因为我们需要在调整组织结构的同时解决这些问题。

2. 组织和业务框架匹配分析

其次，我们要做的就是，在业务框架上勾画组织机构的分工和边界，分析现有组织机构与业务框架的关系，如图 9-4 所示。

图 9-4 是我们按照部门分工，在业务框架上把组织机构标示出来看到的结果：有些部分看起来功能是完整的，而有些部分的业务功能被不同的部门分割，形成了"马赛克"，它们就存在于职责界面不清的几个部门和业务功能之间。

案例中的这家企业，存在几个职责界面不清楚的情况。例如，在战略层面上，多个部门的分工不清楚、市场营销部和服务部门的界面不清楚、生产管理部和供应链管理部的分工交错、安全与合规管理相关部门的界面不清楚等。

3. 制定优化方案

再次，我们需要通过讨论来设计组织机构的优化方案。设计这样的方案需要有以下几个思考的前提：

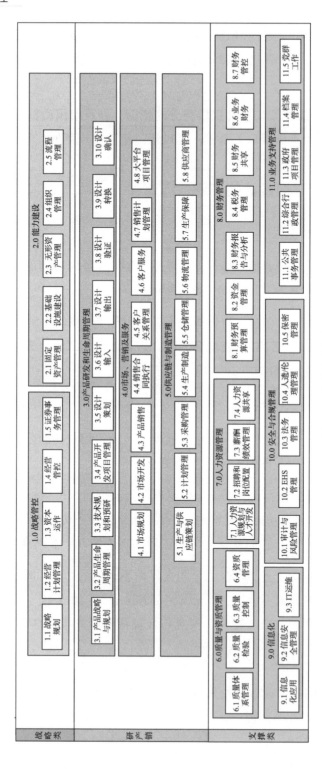

图 9-3　构建业务框架

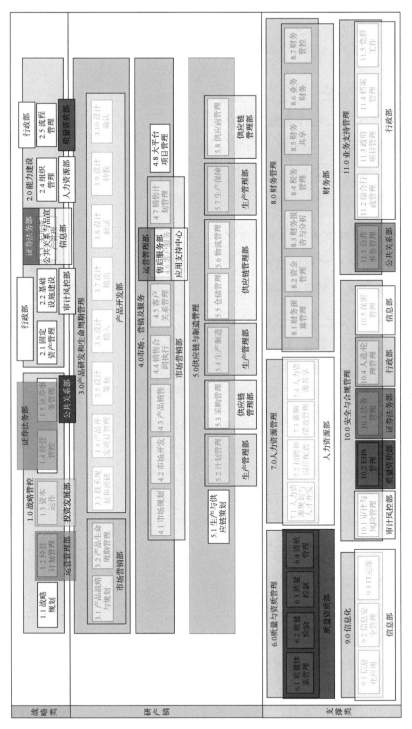

图 9-4 组织机构与业务框架的匹配关系

① 面向企业未来发展的需要，至少要考虑 2~3 年，因为组织机构的调整不能是经常性的，需要具有前瞻性。

② 能够解决现实问题，这通常是组织机构调整的初衷。

③ 基于企业的现实。每个企业都有自己发展的历程和阶段特征，组织架构设计有规律而没有标准，适合自己的才是好的。

④ 保持业务经营的稳定性。如果不是在一个需要剧烈变革的窗口期，就要避免在业务层面伤筋动骨。

在业务框架上，构建未来组织架构与业务框架的匹配方案，如图 9-5 所示。

通过组织架构与业务框架的匹配，与图 9-4 相比，"马赛克"现象明显消除了，这符合业务相关性和专业性的需要，避免了职能部门之间的功能交错。

同时，针对现实问题给出优化方案。比如，将产品规划从营销系统中分离出来，回归到产品研发的前端，这样能够确保产品"规划—开发—生命周期管理"这一链条的完整性。这样做的原因在于，企业是技术引领型的，产品开发的输入主要来自战略和新技术应用，而并不直接来自市场需求。

需要强调说明的是：第一，组织架构的调整有助于解决业务问题，避免因为组织架构造成功能扭曲，但不表示组织架构调整之后业务问题就会迎刃而解，要解决业务问题，还是需要从业务模式和业务策略层面思考。第二，组织架构设计可以在不同的企业间有借鉴意义，但并不表示它们就可以被复制，就像上述例子说到将产品规划从营销系统中分离出来，这样的情况可能在某些产品开发由市场引导的企业中就不适用。

4. 编制部门职责说明书

我们在组织架构调整之后，都需要编制部门职责说明书。有些企业总倾向于把职责说明书写得很详细，认为越详细就越容易分清楚职责。其实这完全没有必要，因为不管写得多么详细，都没有办法详细到具体活动的职责。部门职责说明书只要将业务分工说清楚就行，至于细化到具体活动中的职责，那是需要通过岗位职责和流程来解决的。

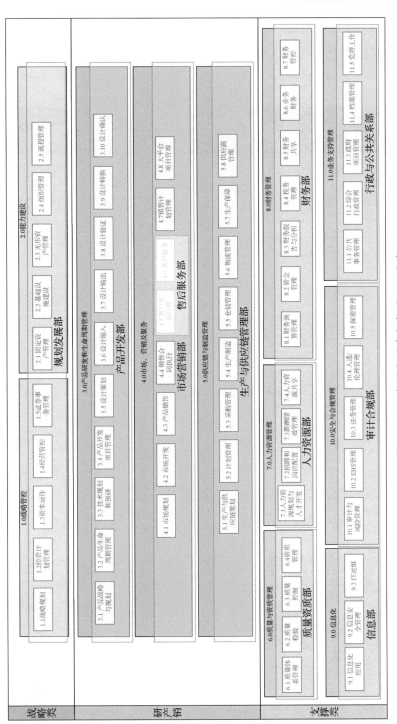

图 9-5 组织架构与业务框架的匹配方案

如果把业务框架作为基础，那么问题就简单得多。表 9-1 所示为企业流程清单中的战略管控部分。

表 9-1　流程清单（战略管控部分）

L1 顶层		L2 业务域层		L3 逻辑层	
序号	业务模块	序号	业务域	序号	业务单元
1	战略规划	1.1	制定战略规划	1.1.1	编制公司战略发展规划
				1.1.2	组织编制公司专项发展规划
				1.1.3	审核分子公司战略发展规划
		1.2	技改规划与立项	1.2.1	编制五年技改规划
				1.2.2	国拨技改项目立项与验收
				1.2.3	自筹技改项目立项与验收
		1.3	编制经营计划	1.3.1	编制/下达年度经营计划
				1.3.2	下一年度经营计划预测
				1.3.3	调整年度经营计划
		1.4	编制全面预算	1.4.1	全面预算制定
				1.4.2	全面预算检查与分析
				1.4.3	全面预算调整
				1.4.4	全面预算考核
2	经济运行分析	2.1	经济运行分析与报告	2.1.1	经济运行统计分析与报告
				2.1.2	经济运行专项统计与报告
				2.1.3	经济运行改善专项工作
				2.1.4	节能降耗专项工作
		2.2	组织绩效考核	2.2.1	制定/下达年度考核方案
				2.2.2	考核指标统计
				2.2.3	考核结果应用
3	资本运营	3.1	资本运作	3.1.1	对外投资运作
				3.1.2	对外投资清理
				3.1.3	对外合资合作
		3.2	法人治理	3.2.1	产权管理
				3.2.2	股东事务管理
				3.2.3	上市公司信息披露
				3.2.4	股票市值管理

（续表）

L1 顶层		L2 业务域层		L3 逻辑层	
序号	业务模块	序号	业务域	序号	业务单元
4	企业管理	4.1	组织管理	4.1.1	组织机构调整
				4.1.2	部门职责定义
		4.2	流程管理	4.2.1	流程标准制定
				4.2.2	流程生命周期管理
				4.2.3	流程管理平台内容管理
		4.3	制度管理	4.3.1	制度标准管理
				4.3.2	制度生命周期管理
				4.3.3	制度管理平台内容管理
		4.4	管理推进	4.4.1	管理策略/方法导入和推进

　　流程清单实际上是业务框架表格化的表现形式。在流程清单中，我们可以看到业务框架的三层结构。我们可以根据部门分工，直接按照流程清单的结构编制部门职责，如图 9-6 所示。

一、战略发展部

（一）部门定位

　　面向公司中长远发展，对公司战略、投资、运营管控进行全面规划与落地执行的部门。

（二）部门职责概要

1. 战略规划

（1）制定战略规划

（2）技改规划与立项

（3）编制经营计划

（4）编制全面预算

2. 经济运行分析

（1）经济运行分析与报告

（2）组织绩效考核

3. 资本运营

（1）资本运作

（2）法人治理

4. 企业管理

（1）组织管理

（2）流程管理

（3）制度管理

（4）管理推进

图 9-6　战略发展部部门职责

　　如果想要适当细化，那么可以把每一条展开到下一层级，还可以加必要的解释。

这样做的好处如下：

① 部门职责与业务框架产生了关联，可以随着业务框架的调整同步调整，保证它的适用性。

② 继承了业务框架"穷尽不相容"的特性，部门职责不会存在交叉和模糊不清的情况。

③ 部门职责有统一的结构和颗粒度，是被集中管理起来的，而不是部门之间讨价还价的结果。

④ 部门职责的主体不再需要部门编写，它们能够做的就是在此基础上给出细节的说明和解释。

5. 岗位名称定义

我们将编写岗位名称定义（包括名称和编码）、岗位职责、岗位说明书这样的工作统称为岗位标准化。在此只讨论岗位名称定义的问题，因为它与业务框架高度相关。

我们可以建立岗位名称和岗位角色与业务框架的对应关系，如表9-2所示。

需要注意的是，我们通常会采用大岗位、小角色的方式定义岗位。例如，在表9-2中，我们定义一个岗位是发展规划岗，可以按照功能分为四个岗位角色：战略规划、经营计划、全面预算、技改规划。岗位是一个具有类似功能的群体的统称，角色是他们在具体工作中更详细的分工。理论上，我们也可以将上述四种角色定义为四个岗位，但如果这样做，这四个岗位的任职资格、能力模型、岗级、专业要求等很多要素都是一样的，却要编写四份岗位说明书。显然这并没有必要，而且岗位分得越细就越不利于充分利用人力资源。所以，我们就定义它们是1个岗位，如果这个岗位有3个人，那么人力资源部门只管到这3个人都是发展规划岗，他们是一个团队，至于这3个人怎么分工是他们部门内部的事情。

这样，我们就确定了组织机构，定义了部门职责和岗位，接下来需要做的是确定岗位编制和调配人员。这部分内容对技术性的要求不高，更多的是出于企业自身经验的判断，在此不做赘述。

表 9-2　战略发展部岗位名称定义

部门名称	二级机构	岗位名称	岗位角色
战略发展部	部长办公室	部长	—
		副部长	—
	战略规划处	处长	—
		发展规划岗	战略规划
			经营计划
			全面预算
			技改规划
	资本运营处	处长	—
		资本运营管理岗	资本运作
			分子公司管控
			法人治理
	企业管理处	处长	—
		管理建设岗	组织/流程管理
			制度管理
			管理推进
	经济运行处	处长	—
		经营分析岗	经济运行分析
			组织绩效管理

好的组织架构有利于企业成长，企业的组织架构可以随着不同的发展阶段做出相应调整。

9.2　基于流程的IT规划和设计

IT 在企业中的作用无须多言，即使规模不大的企业，也会有财务系统、进销存系统和小型 MES（Manufacturing Execution System，制造执行系统）等。大企业更如此，IT 系统的发展也是纷繁复杂的，其不仅覆盖营销、生产、研发、供应链、服务等核心业务领域，还包括人力资源、资产、财务、办公等管理支持的功能。

9.2.1 信息化的典型问题

在这个信息化建设铺天盖地的大潮中，业务部门和 IT 部门之间的矛盾是一个持久的话题。这其中有一些典型的问题，比如这样的场景：

① 系统上线不易，经过策划、开发、实施，很费劲，结果却总不让人满意。

② 系统上线运行的感觉还不错，可是过了两年就变得怨声载道。

③ 业务部门常抱怨 IT 部门是瓶颈，需要的功能一到 IT 部门就打折扣，IT 部门的能力不足却总找各种借口。

④ IT 部门总是很委屈，业务部门需要的功能总是不能一次性说清楚，今天提一个明天提一个，系统不是这样做出来的。

⑤ 系统建设总是以补丁摞补丁的方式，最后发现这些系统都成为孤岛而不能相互连通，如图 9-7 所示。

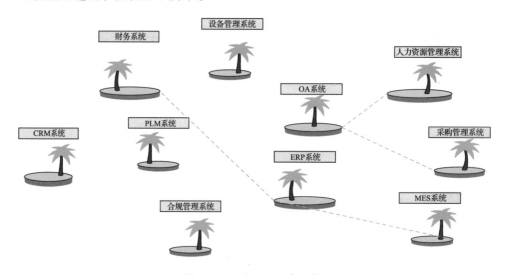

图 9-7　IT 系统的孤岛现象

这些都是很具有代表性的现实。不过，值得庆幸的是，现在越来越多的企业开始明白了一个基本的道理：IT 系统的结果是开始于设计的，IT 本身从来就不是障碍。尽管如此，怎么能够做好这个设计工作，依然是让很多企业一筹莫展的问题。下面就从 IT 规划说起。

9.2.2　IT 规划始于业务架构

企业做 IT 规划时，首先要从业务架构出发——近些年企业越来越多的经验和教训充分说明了这一点。调查数据表明，国内企业成功上线 ERP 系统的比例大概是 46%，这还不包括上线之后存在很多问题的情况。

企业 IT 规划的路径：从业务架构到应用架构，再到技术架构和数据架构。应用架构、技术架构、数据架构统称为 IT 架构，如图 9-8 所示。

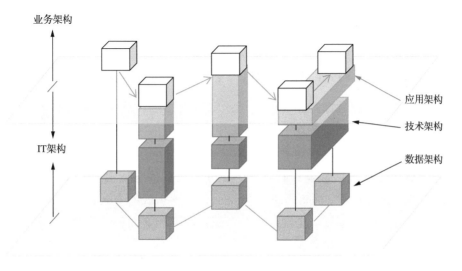

图 9-8　业务架构和 IT 架构

1. 业务架构

业务架构是描述一个企业的业务结构和关系的活动，描述的内容包括企业由哪些业务功能模块、业务域、业务单元构成，企业的价值链结构和业务模式是怎样的，有哪些业务场景，以及这些业务场景的结构和逻辑关系。这个过程不需要呈现细节的操作流程，呈现操作流程是 IT 系统设计和实施层面的工作。

业务架构是需要管理和业务人员完成的工作，不是技术工作。或者说业务架构的技术，不是 IT 技术，而是管理技术。业务架构通常并不如想象中的容易，不仅需要基于对业务本身系统性的理解，还需要结构化概念思维和模型化表达，这其中还涉及业务之间的关系、管理之间的关系，以及业务和管理之间的关系。

业务架构是需要团队完成的，需要能够把握顶层整体架构的架构师、业务团队，是多层面、多维度、多业务系统共同工作的结果。

基于业务架构可以进行 IT 需求分析，如图 9-9 所示。

2. 应用架构

应用架构就是在业务架构基础上考虑如何用 IT 系统实现其中的那些功能，包括企业 IT 系统建设的整体蓝图、架构的原则和标准、这些 IT 系统之间的关系，以及 IT 系统与人工之间如何协作。

应用架构是业务架构和技术架构之间的桥梁，既要考虑业务的需要，也要考虑 IT 系统的功能特征。其中，如何规划 IT 系统的功能边界是一个典型问题。

有时候，企业会面临这样的选择：要实现某一个业务模块的 IT 化，是开发一个新的系统，还是在现有 IT 系统中进行功能的扩展？这样的问题就是应用架构要回答的。如果在现有 IT 系统基础上进行功能的扩展，那么这样做的结果是不是能够满足未来我们对这个业务模块的信息化需求？如果只是实现了其中的一部分功能，而更多的功能是通过这种扩展的方式无法实现的，那么还需要再开发一个系统。这就意味着未来我们可能要面临一个窘境：扩展功能受限，而重新开发会担负更高的成本。

从经济意义上来说，规划的价值就在于用尽可能小的成本确保预期目标的实现。

应用架构不是一项单纯的业务工作，也不是单纯的 IT 工作。业务人员理解需求，IT 人员知晓技术路线，这个过程是需要对话的。应用架构框架是业务人员和 IT 人员共同工作的结果，如图 9-10 所示。

3. 技术架构和数据架构

技术架构和数据架构就是在应用架构之后实现这些功能的技术策略，包括基础设施和系统设计，选择什么语言、什么框架、什么数据库，如何部署、如何交互数据等。技术架构和数据架构是纯技术性质的规划工作，是由 IT 架构师完成的。技术架构和数据架构之后才开始 IT 系统开发、实施的具体工作。

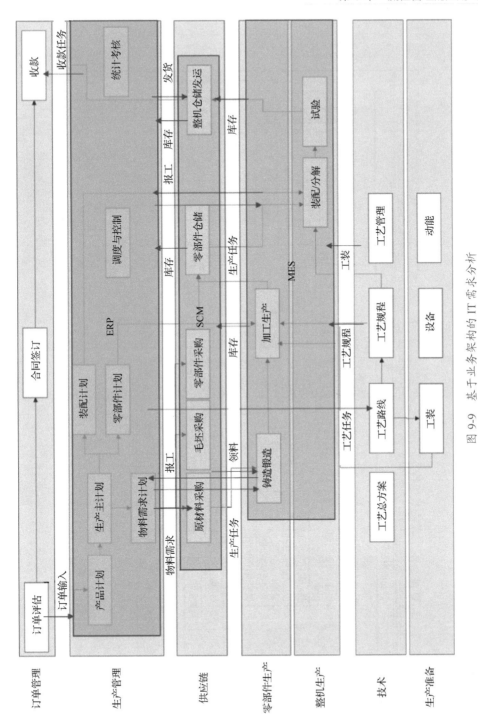

图 9-9　基于业务架构的 IT 需求分析

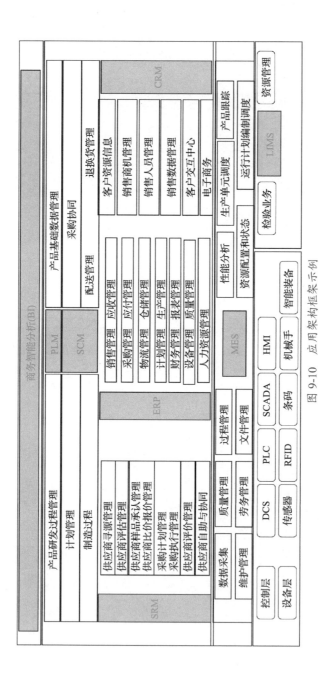

图 9-10 应用架构框架示例

应用架构、技术架构和数据架构可以是构建企业 IT 规划的整体蓝图，也可以应用于对单个 IT 系统的规划和设计。

9.2.3　软件需求规格说明书

现在我们把视角从整体的 IT 规划拉近到单个 IT 系统的开发。业务人员和 IT 人员之间总有矛盾，主要原因在于业务人员和 IT 人员之间没有一个很好的彼此沟通的语言，都是在自己的语境和逻辑中自说自话。去哪里找这样的语言？答案还是流程。

这里要提到"软件需求规格说明书"，这是 IT 系统在开发之前需要确认的需求说明文档，类似于业务人员和 IT 人员为 IT 系统开发约定的一个"合同"。这个"合同"需要描述 IT 系统的功能、性能、数据的需求，也要描述开发的目标、过程和标准。

软件需求规格说明书一方面是业务人员和 IT 人员对话的语言，另一方面也是 IT 人员进行系统开发、测试及最后验收的依据，它对 IT 系统开发的重要性是不言而喻的。

软件需求规格说明书有不同的格式，ISO 也给出了参考目录，但要说明的内容是大体相同的。它的主要内容如下：

① 引言：主要包括目的、对象、背景、术语定义和参考资料。

② 任务概述：主要包括目标、运行环境、条件和限制。

③ 功能需求：主要包括功能描述、流程图、岗位角色、数据字典、系统接口。

④ 性能需求：主要包括数据精确度、时间特性和适应性。

⑤ 运行需求：主要包括用户界面、硬件接口和故障处理。

⑥ 其他需求：如可用性、安全保密、可维护性和可移植性等。

在以上列举的内容中，业务部门和 IT 部门之间主要讨论的就是功能需求，而问题通常也出现在这里。

很多时候，业务部门向 IT 部门提出的功能需求是不够完整、不够详细的。业务部门通常并不清楚这样的需求应该包括哪些要素和用什么方式表达，可能只有粗略的流程图，甚至只有功能的列表。

企业 IT 系统的应用有不同的量级，如果需求不够详尽，开发一个简单的系统可能问题还不大，要是系统相对比较复杂那就是灾难了。需求越粗，IT 部门发挥的空间就越大，结果的偏差就越大。

软件需求规格说明书中的功能需求应该表述的内容如图 9-11 所示。

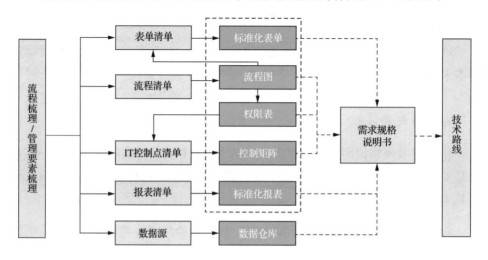

图 9-11　软件需求规格说明书的内容输入

它的内容应该包括以下几项：

① 流程图：IT 系统要运行哪些流程？这些为 IT 系统设计的流程图不能只表述简单的业务逻辑，而应该是非常详细的，要比我们通常用来描述业务的流程图还要精细。比如，我们描述业务时可能并不需要精确地表达一些审批环节的退回路径，而在面对 IT 系统时就必须精确地告诉它每一个动作要怎么做。从这一点上来说，IT 系统完全没有人类聪明。

② 权限表：IT 系统中有哪些用户？这些用户拥有怎样的权限？这比较容易理解，必须赋予使用者某些活动的权限，他们才能操作这些系统的流程。

③ 控制矩阵：IT 系统中应该有组织赋予的岗位和角色关系，就是谁对谁

负责，谁是谁的上级，这样的矩阵可以建立相应的控制关系。举例来说，如果一个员工请假，IT 系统就需要识别他是哪个级别的、属于哪个部门、要向谁请假。

④ 表单：表单是 IT 系统中流转的信息，就像在现实中流程总要用到表单一样，信息通过它们实现传递、转化和累积，它们是流程路径的缩影。

⑤ 数据仓库：输入的和流转的信息都可以在 IT 系统中储存起来，我们需要告诉 IT 系统记录和存储哪些信息，信息存储是需要有格式和结构的。结构化的数据能够被很好地应用，就像我们建一个仓库总要清楚地分区、建目录一样。

⑥ 报表：业务都是需要管理的，IT 系统必须为管理提供支持和服务，这就需要进行数据的统计和报告。我们必须告诉 IT 系统需要什么样的报表，给它输入相应的算法和公式，它才会提供给我们需要的结果。报表的设计常常被忽视，因为它们看起来似乎没有业务本身那么重要，实际上这个部分可以为管理提供直接的支持，很能体现管理的智慧。

以上内容是功能需求的核心要素，如果我们能清楚地表述它们，那么后面的技术通常没有什么障碍。这些要素的获取是沿着"业务—功能—技术—数据"这条线来思考的，核心就是流程，因为流程总要承载这些要素。如果我们能够把流程梳理清楚，并且匹配这些要素，一切就豁然开朗了。

企业并不总是要自己开发 IT 系统，很多时候要对成型的 IT 系统实施和应用。要实施这样的 IT 系统，就要对比现有的业务逻辑和成型的 IT 系统之间匹配的关系，即哪些部分是要配置的、哪些部分是要应用的。

9.2.4　信息化的实质是业务变革

开发或者应用 IT 系统，不管这个系统是大的还是小的，都可以视作一种业务变革，差别只是变革的规模不同而已。

像上线 ERP 系统这样的大型 IT 系统对于一个企业来说，是一次非常大的变革。有一定规模的企业至少要准备一年以上的时间，否则仓促上线很难成功，总要从业务模式设计和流程梳理开始，最终实现与 IT 系统的匹配和平稳运行。

人们说，信息化能够让企业管理和业务运营水平上一个台阶，其实我们应该这样理解，是我们的管理和业务运营水平通过设计与变革上了一个台阶，IT系统只是最后帮助我们将结果固化下来而已。

还有一些比较小的 IT 系统，涉及的业务相对简单，比如 OA 系统。它们的应用与人工操作总会形成差异，对于这样的 IT 系统应用我们也是要经过设计的。有时候就是因为 IT 系统简单，我们忽视了设计，最后不是带来了效率的提升，而是得到了相反的结果。

比如，有些企业的会签活动，原本应该是一个小组通过沟通的方式完成的工作，需要充分交流讨论和评审。这样的活动放在 IT 系统中就失去了信息充分交流的作用，通过 IT 系统完全达不到会签应该有的效果。于是，在现实操作中人们就首先选择线下交流，然后在 IT 系统中各自会签，这样的设计实在是鸡肋，不如从前直接在线下完成来得实在而且有效率，这样的变革还不如不做。

9.2.5　基于流程图思考需求的示例

下面是一个企业的案例，该企业准备开发采购 IT 系统，首先要做的就是构建完整的采购业务框架，如图 9-12 所示。

在这样的业务框架中，我们要考虑哪些功能需要在 IT 系统中实现，同时与其他系统有什么接口，以及其他管理功能之间的输入输出关系。系统需要实现的业务功能包括采购计划、采购申请、签订合同和订单、采购验收、采购问题处理。我们需要考虑与 PMC 系统、仓储系统、财务系统的接口，需要为预算管理、供应商管理功能提供输入。这是在业务框架基础上的初步思考。

接下来，我们描述每一个业务功能的流程图，这样的流程图是全要素的，包括活动、逻辑关系、输入输出的信息、活动的角色、应用的表单等。

以这样的流程图为基础可以设计哪些流程活动需要在 IT 系统中运行，将这些活动连接起来，就知道了需要哪些信息和它们传递的路径，以及哪些岗位和角色会参与其中。这样，我们就可以按图索骥，把整个系统需要运行的流程活动及它们的要素都详尽地表现出来，如图 9-13 所示。

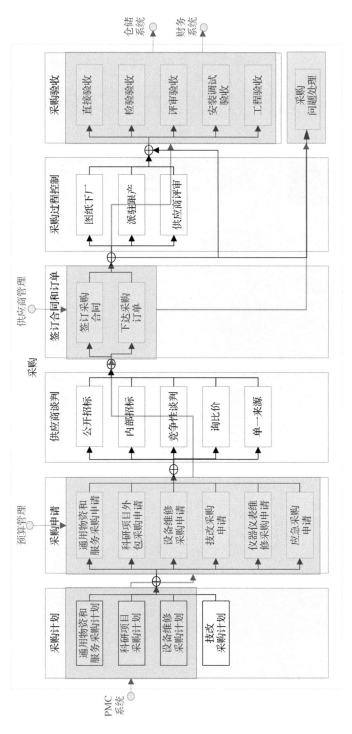

图 9-12 采购业务框架上的需求分析

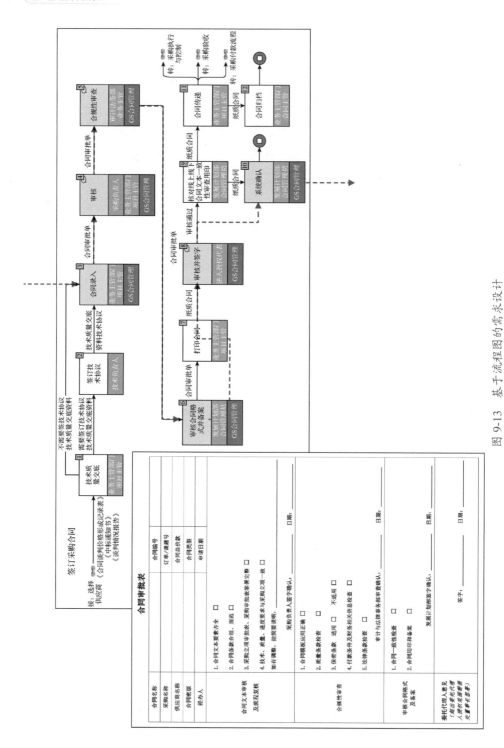

图 9-13　基于流程图的需求设计

当然，在这个过程中，我们可以考虑对业务模式和现有流程进行变革，考虑各种管理方法的应用和管理需求的满足，除非你觉得现实已经足够完美。通过这样的方式进行 IT 需求的设计，相信你的系统不会有令人头痛的瓶颈，也许 IT 团队会给你热情的拥抱。

业务设计越详尽，IT 实现越简单。

9.3　基于流程的制度重构和体系集成

企业总是有很多体系，我们可以将它们大致分为通用体系、专业体系和业务体系，如图 9-14 所示。

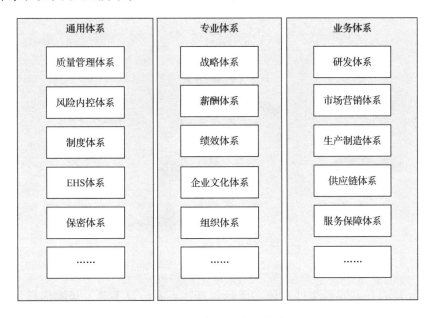

图 9-14　企业体系的类型

通用体系覆盖全公司的业务范围，有质量管理体系、风险内控体系、制度体系等；专业体系主要覆盖公司的局部管理和业务范围，有战略体系、薪酬体系、绩效体系等；业务体系是以公司的价值链运营为核心的，有研发体系、市场营销体系、生产制造体系、供应链体系等。

当前，我们要讨论的体系集成聚焦于以下几个通用体系：质量管理体系、风险内控体系、制度体系，讨论它们如何基于流程实现集成。

9.3.1 管理的孤岛

很多企业的这些管理体系是各自独立存在的，我们称之为"管理的孤岛"，如图 9-15 所示。

这些孤岛有以下特点：

① 它们为各自不同的目标而搭建，搭建质量管理体系为了实现质量目标，搭建风险内控体系为了实现风险控制目标，搭建制度体系和流程体系都是为了实现规范化和标准化目标。

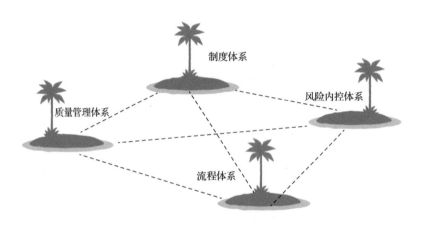

图 9-15　体系形成管理的孤岛

② 它们有不同的文件载体，质量管理体系有质量手册，风险内控体系有风险内控手册，制度体系有制度汇编，流程体系有流程文件。

③ 它们由不同的部门管辖：质量管理体系归质量部门管理；风险内控体系归审计部门或者财务部门管理；制度体系归综合办公室管理；流程体系归企业管理部门管理。

④ 它们有不同的语言和生命周期，各自说各自的话，老死不相往来，内

容自然就难免有冲突、重叠，也有谁都不管的缺失。

管理的孤岛是如何形成的？职能型组织的典型特征就是，职能部门之间相互划分势力范围，形成各自的部门墙，这些墙里的东西自然就只有职能部门自己关心。

体系文件的形成一般是这样的：如质量管理体系文件，因为公司有质量管理体系认证的要求，所以就必须编制质量管理体系文件。于是，质量部门发布通知，要求各业务部门按照标准模板编制体系文件。各业务部门就按照自己的理解编一套出来，交给质量部门。质量部门能判断的就是文件是不是符合体系格式的要求，至于内容是否合理和适用只有业务部门自己才知道。于是，体系文件的编制就成了"良心活"，负责任的业务部门就相对认真些。各种体系文件的产生都有类似的背景和过程。

另外，制度的编撰更充满随意性，因为制度本身就是缺少标准的，它的标准只能体现在形式上，在内容上没有办法控制，这是由制度本身的特征决定的——制度和流程的本质差异在之前讨论过。

这样的结果就是，制度没有边界、颗粒度和内容控制，想编到哪里就编到哪里，想写多少篇幅也没有限制。不完善没有关系，我们可以用补丁摞补丁的方式逐步完善。于是，企业的制度有几百份，有时候同样类型的工作由多个制度约束，它们有时候出自不同的部门。久而久之，我们就会发现制度很多，但用时却依然漏洞百出。

9.3.2　消除管理孤岛的桥梁

如何消除这些孤岛？我们期望能够让所有的管理体系整合在一起，成为一个管理对象，毕竟不管它们是如何而来的，都只有一个去向：规范企业的业务活动。我们需要依靠一座桥梁，那就是流程。

为什么是流程而不是别的什么？这是因为：

① 虽然我们可以列举很多企业管理的对象，比如人、机器、物资、资金等，但企业管理最终的对象都是活动，各种要素需要通过活动产生最终的产品和服务。

② 有目的、有规则的活动组合就是流程，那些纷繁复杂的管理体系最终都需要通过流程实现"落地"。

③ 流程是企业中的能动因素，是运营的核心要素。可以说，管好了流程就管好了运营。

④ 流程本身具有连贯性和可追溯性的特征，是一种可以"更精确"的规则。

其实，在质量管理体系和风险内控体系中，流程的作用也体现得很充分，它们的体系文件也是基于流程构建的。只不过因为它们被置于职能的竖井之后，流程就被分割成了片段，呈现的结果是散落的流程而不是完整的。风险内控手册中的流程和质量手册中的流程通常是不一样的，它们关注的业务内容不同，责任主体和形成路径不同，这就造成了即使业务相同，也存在不同版本的流程的情况。

这就像我们经常见到的现象：交通部门负责修路；供水部门负责修供水管道；燃气部门负责修燃气管道；电力部门负责电力设施。所以，我们的马路也是系统集成的结果，如图 9-16 所示。

图 9-16　系统集成的马路

在不同的部门里，它们看到的不是同一张地图，它们自己的地图只标着与它们有关的要素。我们要做的是将它们集成起来变成一张共用的地图，这张地图是以现实为基础的，所有的要素都可以在上面呈现出来，就像电子地图那样，有什么应用都可以在上面加载。谁要修路或者修改什么要素，我们都看得见，并且可以评估对我们的影响，避免成为"拉链马路"。这样的地图就成了一个系统，道路、交通信号、水电气供应、绿化都以一张共同的地图为基础，实现一个集成的结果。

9.3.3 体系集成文件

最终，我们应该形成这样的一个结果：所有的管理体系、制度和流程都集成在一套文件中。这套文件的特征如下：

① 它是完整的，能够覆盖所有的业务功能，没有遗漏，也没有重叠。

② 它是结构化的，从宏观到细节，能满足各个层次、多个业务部门的管理和操作需要。

③ 它是唯一的，由所有相关的业务部门共同维护，它们可以从中提取需要的内容和信息，但不是制造出另外一份不同的文件。

我们要实现的结果是这样一个形态，文件分为两层：一层称为管理文件，另一层称为作业文件（当然，我们可以给它们赋予不同的名字，这不重要），如图 9-17 所示。

如果我们把作业文件看作专业法律，那么管理文件就像宪法。

管理文件是给管理人员看的，承载的是一项业务的基本管理规则，并不细化到操作细节，是一种顶层设计文件。它最主要的作用是告诉人们，在什么情况下走什么流程。它的主体是业务框架，基于业务框架给出管理原则、策略、职责分工和流程场景。

作业文件是给操作人员看的，它告诉操作人员每件事情具体如何完成、在操作时应该遵守什么规则。它的主体是流程，再加上与流程相关的要素和说明。它就像一个操作说明书，看着它很多不熟悉的人也能完成这样的工作（高技术性的工作除外）。

我们将构建这样一套文件的过程叫制度重构和体系集成，该过程更像升级而不是重建。因为我们做的工作是基于流程结构将现有制度与各种管理体系的内容、要求和措施进行了重新组织。各种管理体系的成果和历史经验都是其中的素材。当然，我们也一定会发现很多需要填补的空白，这项工作最重要的价值就是让我们看清了到底有多少重叠、模糊和空白。

还有一点经验需要说明，如果我们提重建，那么多半会受到体系管理部门抵制，而如果我们说升级，它们就会开心得多。

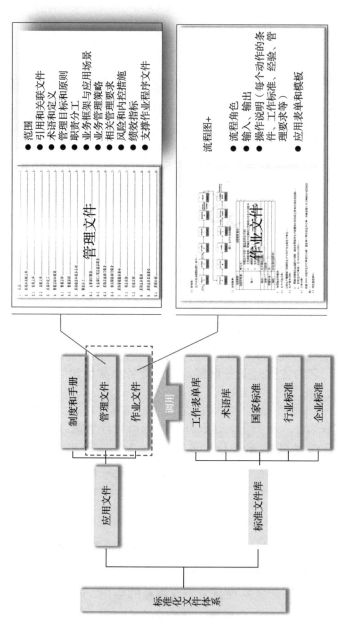

图 9-17　集成文件的结构

9.3.4　体系集成的方法

1. 从业务框架开始

实现管理体系集成的前提是构建了流程架构，已经有了一张完整、清晰、连贯的流程地图，就像电子地图那样可以逐层展开。

下面以一个企业的采购业务为例来展开说明这两层文件是如何构建和编制的。首先，我们来看采购的业务框架，如图 9-18 所示。

采购业务包括采购计划、采购申请、供应商谈判、签订合同和订单、采购过程控制、采购验收和采购问题处理。其中，每一个业务模块中还包括下一级业务单元。比如，供应商谈判包括公开招标、内部招标、竞争性谈判、询比价和单一来源。

构建这样一个业务框架有时候并不是很容易的，需要进行业务策略分析，才能把一项业务各种可能的场景完整地呈现出来。12.5 节会详细介绍业务策略分析的技术方法。

管理文件是对这个采购业务框架进行的整体描述。每一个最小的业务单元都是一个具体的流程，它们未来都会形成一个作业文件，这个作业文件的内容就是流程图和具体的操作说明。

2. 管理文件的结构

管理文件的参考目录如下：

① 范围（应用的组织范围和业务范围）。

② 引用和关联文件（相关法律法规和关联文件）。

③ 术语和定义（业务相关术语应该从企业的术语库中抽取）。

④ 管理目标和原则（业务管理目标和基本原则）。

⑤ 职责分工（业务相关部门的职责概述）。

⑥ 业务框架（表述业务基本逻辑的完整的业务框架图）。

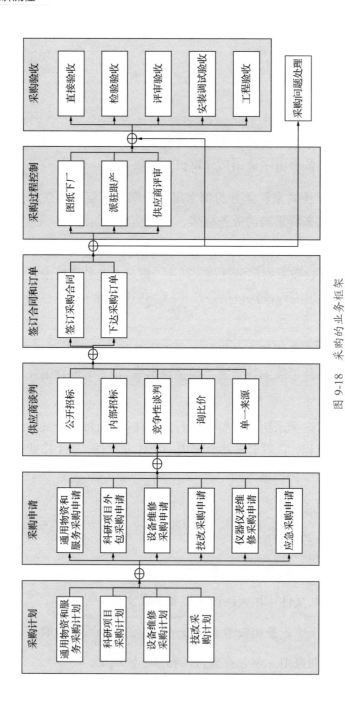

图 9-18 采购的业务框架

⑦ 业务管理策略（按照业务框架展开，覆盖完整业务的管理规则）。

⑧ 其他管理要求（需要补充的相关管理要求）。

⑨ 风险和关键控制点（业务可能的风险和关键控制点）。

⑩ 违规和处罚（禁止条款和违规处罚规定）。

⑪ 绩效指标（业务绩效评价的关键指标）。

⑫ 支撑作业文件（在业务框架之下以流程和说明为主体的作业程序文件列表）。

其中，"业务管理策略"的部分是管理文件对业务策略描述的主体部分，需要按照上述业务框架的内容逐层展开。描述的内容包括业务管理模式、管理权限、业务类型、业务周期等。图 9-19 所示为将采购业务管理策略中"采购计划"部分展开的示例。

---

7 采购业务管理策略

7.1 采购计划

各专业采购计划由主管部门负责，在上一年度对下一年度工作任务中的采购事项进行预先安排。采购计划在上一年度经过全公司预算平衡和评审之后形成，并在年度开始前发布。专业采购计划在执行过程中如果发生变化，超出计划和预算，需要启动预算审批程序处理。

7.1.1 通用物资和服务采购计划

对于各专业部门的通用物资采购需求，各专业部门需要在上一年度末填报采购计划，由采购专业部门进行汇总并进行全公司预算评审。其中，生产类原材料、辅材及其他通用物资需要基于年度产品计划，借助 MPR 系统运算进行预估，实际执行以 ERP 系统运算为准；部门办公的通用物资由各专业部门根据年度工作任务需要进行评估；个人的办公用品按照每人年度标准预留采购和领用。

对于服务类采购计划，各部门需要单独编制计划和预算，在年度开始前进行申报和评审。

7.1.2 科研项目采购计划

科研项目采购计划基于科研（预研、型号、课题）项目计划，由项目团队或专业部门在上一年度对下一年度项目中的采购任务进行归集，给出内容、时间和费用的整体安排。项目采购计划在执行过程中发生变化的，可以调整计划，按照项目整体预算控制。

7.1.3 设备维修采购计划

设备主管部门在每一年度末，需要对下一年度设备维修进行计划。设备大修计划需要与生产计划协同，中小修按照标准预留年度预算。形成固定资产的大修计划需要与技改采购计划匹配。

图 9-19　采购业务管理策略

3. 体系集成表

在此引入一个工具：体系集成表。体系集成表是将业务框架、流程属性、现行制度和体系要求进行集成的管理工具，如表 9-3 所示。

表中的流程属性如下：流程的时间、条件和适用对象；流程的输入、输出、起点、终点；部门职责与权限。流程属性用来确定流程的场景和边界，便于将业务规则和流程的对应关系表达清楚。在文件编制完成后，要确保管理文件和作业文件及流程图之间是相互吻合的。

表中的现行制度和体系要求，是对当前业务功能已有规则（包括制度和体系文件的相关内容）的收集整理，目的是在继承已有经验的基础上进行升级，避免重复工作。管理基础越好的企业，现有经验的可继承性就越好。

表中的业务管理策略是在前述素材的基础上，综合流程、制度和管理体系的要求，将它们集成起来编制的完整的业务管理规则。

业务管理策略的部分是管理文件的核心内容，应该说明业务类型、发生场景、角色功能、依据和结果，以及相关的各种管理要求。同时，也要避免对实际操作过程进行详细描述，因为这些细节的部分应该在作业文件中进行说明。

4. 作业文件的结构

作业文件的参考目录如下：

① 范围（流程应用的组织范围和业务范围）。

② 流程属性（流程的起点、终点、输入和输出）。

③ 角色和职责（流程活动对应的角色/岗位列表）。

④ 流程图（展现到具体活动的流程图）。

表9-3 采购业务体系集成表

业务框架		流程属性		部门职责与权限	现行规章制度	制度和计划体系要求				业务管理策略
L3	L4	时间、条件与适用对象	输入、输出、起点、终点			质量体系要求	风险体系要求	ESH体系要求	其他要求	
采购计划	通用物资和服务采购计划	时间：上一年度末。条件：生产物料需求、办公采购需求。适用对象：生产用物料、办公用物资	输入：编制计划确认的通用。输出：经过确认的通用物资采购计划。起点：编制编制年度采购计划通知。终点：通用物资和服务采购计划提交	采购需求部门提出计划。采购部门汇总并审核生产物料计划。行政部审核办公用物资计划。	《办公用品采购管理规定》	《生产物资采购控制程序》	无	若涉及有毒有害物资，则需要经过专业人员审核	无	对于各专业部门通用物资采购需求，需要在上一年度末填报采购计划，由采购专业部门进行汇总并进行全公司预算评审。若涉及及有毒有害物资，则需要经过专业人员审核。其中，生产类原材料、辅材及其他通用物资需要基于年度产品计划、借助ERP系统运算进行预测。实际执行ERP系统运算作为输入，部门办公用物资由各专业部门根据年度工作任务年度进行评估。个人的办公用品按照每人年度标准预留采购和领用。对专业服务类采购计划，各部门汇总单独编制并单独报批审。对全年度预算，在年度开始前进行审报和审核。
	科研项目采购计划	时间：上一年度末。条件：研发项目需要。适用对象：研发项目用物料和服务	输入：编制计划通知。输出：编制的科研采购计划。起点：接到编制年度采购项目采购计划通知。终点：科研项目采购计划提交	研发项目组提出采购部门汇总并审核	《研发采购管理规范》	无	无	无	无	科研项目采购计划基于科研（预研、型号、课题）项目计划，由项目团队或专业部门进行归集。给出下一年度项目中的整体采购任务安排。时间和费用的整体安排。由采购专业部门进行汇总并经过公司预算评审。项目采购计划在执行过程中发生变化的，可以调整计划，按照项目整体预算控制。
	设备维修采购计划	时间：上一年度末。条件：设备大修需要、设备小修预留。适用对象：需要维修的设备	输入：编制计划通知、设备维修计划。输出：设备维修采购计划。起点：接到编制年度采购计划通知。终点：设备维修计划提交	设备维修部门提出计划。采购部门汇总并审核计划	《技改管理办法》《设备中小修管理规定》	《基建工程立项与实施控制程序》	无	无	无	设备主管部门在每一年度末，需要对下一年度设备维修进行计划。设备大修计划需要生产计划协同，中小修计划。设备大修按照预留年度维修预算，形成固定资产的大修计划。按照标准预留年度维修预算。划需要与按效采购计划匹配。

⑤ 流程说明（用列表形式展现流程步骤的详细操作说明）。

⑥ 表单和模板（业务操作所需要的表单和模板）。

其中，"角色和职责"部分是基于流程图抽取的相关活动和角色/岗位的对应关系列表，有助于在流程中分清责任，如表 9-4 所示。

表 9-4　流程的角色和职责

角色名称	岗位名称	角色职责
采购执行部门采购员	各部门经办员	负责与供应商协商合同内容，并提交合同审批申请
采购执行部门二级负责人	各部门二级经理	负责在授权范围内审核合同内容
公司法务	法务专员	负责审核合同的合法性和合规性
采购执行部门一级负责人	各部门一级经理	负责在授权范围内审核合同内容（合同金额≥10万元）
财务总监	财务总监	负责在授权范围内审核/审批合同中的财务信息
采购执行部门分管领导	分管副总经理	负责审核/审批合同内容（合同金额≥50万元）
CFO	首席财务官	负责审核合同与经营计划和预算的匹配程度（合同金额≥50万元）
章证管理岗	总经办印章管理员	负责对完成审批的合同加盖公章

流程图的示例如图 9-20 所示。

流程说明的示例如表 9-5 所示。

对于流程表达语言和流程说明格式是仁者见仁、智者见智的，并没有统一规则，如上面的示例用的是全息流程图的方式。流程表达应该以能够指导标准化操作为目标，尽可能减少繁文缛节。现在很多 BPM 平台已经具备了能够自动生成作业文件的功能，当然前提是流程图和相关要素要在系统中完整描述。

体系集成文件编制最后应该形成这样的结果：一份管理文件描述一个完整业务域的整体业务结构和规则，多份作业文件详述每一个流程如何操作。这样就实现了业务规则全覆盖、不重叠的目标，同时也能够将各种管理体系和规则融入其中，让一套文件有多种应用。管理文件和作业文件的对应关系如图 9-21 所示。

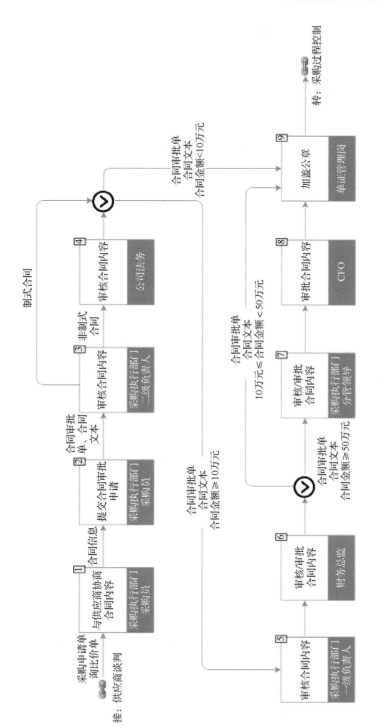

图 9-20 采购合同签订的流程图

表 9-5　采购合同签订的流程说明

活动编号	执行角色	活动名称	活动说明
01	采购执行部门采购员	与供应商协商合同内容	1. 依据供应商谈判环节确定的技术及商务条件，与供应商确定合同内容，拟定合同文本，并确认合同附件。 2. 其中的需求文档，如技术文档、图纸或者用户需求说明（URS），应作为合同的一部分，发送给供应商，并盖章
02	采购执行部门采购员	提交合同审批申请	1. 提交合同审批申请。 2. 附拟盖章合同及立项审批表、采购需求审批表、招投标附件、供应商谈判结果、中标通知书；对于应急采购，附应急采购审批表
03	采购执行部门二级负责人	审核合同内容	在授权范围内审核合同内容： 1. 确认该项采购经费在年度预算范围内。 2. 确认供应商的标准名称和相关信息在合同立项、询比价、合同签订、合同验收、合同付款环节一致等
04	公司法务	审核合同内容	负责审核合同内容： 1. 关注交易实际与合同内容是否匹配。 2. 关注供应商背景，如成立时间、涉诉（信誉）等。 3. 关注商业条款，如是否明确、具体、合理。 4. 关注法律条款（即非正常情况的制约措施）。 5. 关注终止条款的设计。 6. 关注通用法律条款：适用法律、争议解决、关联方转让、语言
05	采购执行部门一级负责人	审核合同内容	在授权范围内审核合同内容（合同金额≥10万元）： 1. 确认该项采购经费在年度预算范围内。 2. 确认供应商的标准名称和相关信息在合同立项、询比价、合同签订、合同验收、合同付款环节一致等
06	财务总监	审核/审批合同内容	在授权范围内审核/审批合同中的财务信息
07	采购执行部门分管领导	审核/审批合同内容	审核/审批合同内容（合同金额≥50万元）： 1. 确认较大金额采购合同的整体合理性。 2. 对采购行为的合规性进行检查
08	CFO	审批合同内容	在公司战略层级审批合同内容，评估较大金额（合同金额≥50万元）采购合同对公司经营计划和预算的影响程度
09	章证管理岗	加盖公章	在完成审批的合同上加盖公章

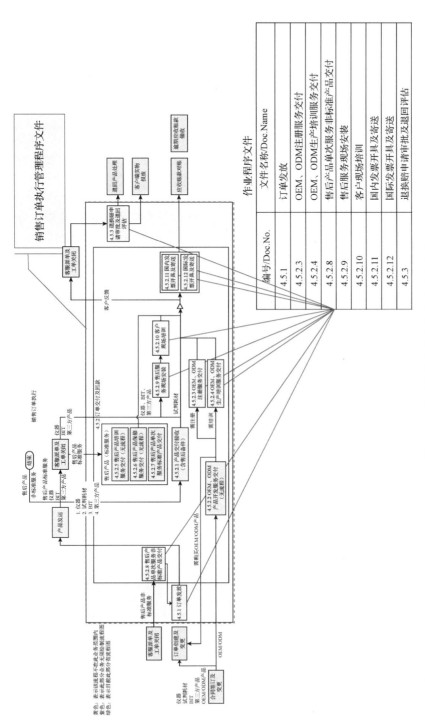

图9-21　管理文件和作业文件的对应关系

作业程序文件

编号/Doc.No.	文件名称/Doc.Name
4.5.1	订单发放
4.5.2.3	OEM、ODM注册服务交付
4.5.2.4	OEM、ODM生产培训服务交付
4.5.2.8	售后产品单次服务非标准产品交付
4.5.2.9	售后服务现场安装
4.5.2.10	客户现场培训
4.5.2.11	国内发票开具及寄送
4.5.2.12	国际发票开具及寄送
4.5.3	退换赔申请审批及退回评估

9.3.5 体系集成的意义和价值

体系集成的意义和价值，可以总结为以下几点：

① 业务的整体设计。我们从业务结构出发来制定业务的管理策略，这体现了对业务模式和规则的顶层设计，为管理层提供了思考业务整体的视角。

② 管理孤岛的消除。将所有管理和操作规则整合到一套文件中，避免和消除了管理体系众多并且相互孤立、管理和现实两层皮的现象。

③ 业务规则完整。基于业务框架和流程清单，对业务规则进行补充、完善和修正，确保了业务规则的完整性。

④ 制度和体系管理的升级。在原有制度和体系规则基础上进行升级而不是重做，未来在一套文件的基础上进行持续维护和更新，保证了规则持续的可利用性和有效性，降低了管理成本。

⑤ 合法合规运营。很多企业面对外部法律法规监管和体系审查，需要将外部的强制要求在内部运营中落地，通过体系集成可以向监管和审查方展现体系执行的有效性，也有助于企业合法、合规运营。

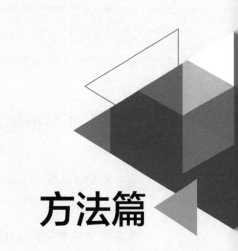

方法篇

第 10 章
企业业务框架结构

10.1　业务框架的整体结构

业务框架，是基于业务功能和流程构建的业务架构模型。我们通常也会将其称为流程框架。用通俗的话来说，业务框架就是企业在做什么事。

业务框架需要遵循 MECE 原则（金字塔原理）：穷尽不相容，即企业中的所有活动都应该能够在这样的业务框架中找到归属；同时，企业中的活动都应该只属于一个业务功能之下，而不会出现既属于这里又属于那里的情况。

10.1.1　通用的框架结构

APQC（美国生产力与质量中心）给出了业务框架的参考模型，有分行业的，也有通用的。通用的框架模型如图 10-1 所示。

在这个框架结构中，构建愿景和战略这样的活动归属于操作流程，实在不太符合人们通常的认知；开发和管理业务能力这样的说法也有点不符合人们的习惯。

我们一般都会采用三分法，而将 APQC 的模型称为二分法。三分法是将企业中整体的、长期的业务功能归集为战略，形成战略、运营、管理和支持三个大的部分，如图 10-2 所示。

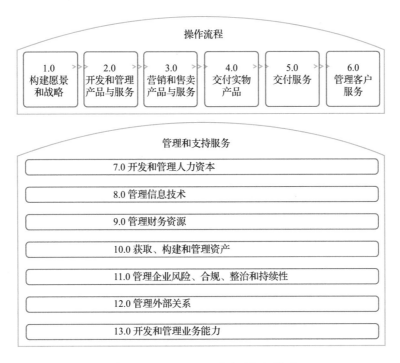

图 10-1　APQC 给出的通用框架模型

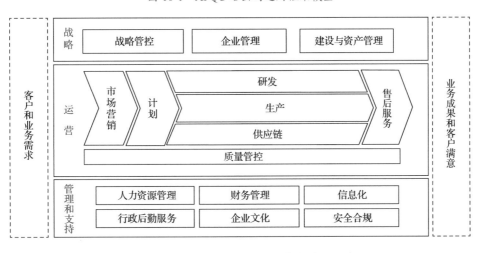

图 10-2　三分法业务框架参考模型

战略部分是构建企业长周期的整体能力，包括战略管控、企业管理、建设与资产管理。

运营部分是企业价值链的构成，包括市场营销、计划、研发、生产、供应链、售后服务和质量管控。

管理和支持部分是与价值链不直接相关的辅助和管理功能，包括人力资源管理、财务管理、信息化、行政后勤服务、企业文化、安全合规。

企业在实际操作中可以根据自己的认知和现实情况进行局部调整，比如可以将质量管控归入管理和支持，将安全合规归入战略，将企业管理归入管理和支持，将企业文化中的公共关系作为一个单独的业务功能，这些未尝不可。

10.1.2　运营层面的结构差异

在企业的整体业务框架结构中，差异最大的是运营层面，也就是价值链部分的结构。在此之前，我们已经讨论过银行、电信运营商、医院等行业，它们的框架结构的差异是很大的。即使同样是生产制造行业，也会因为运营模式的不同而存在差异。

我们将生产型企业的批量生产、定制开发、批量和定制生产混合模式进行对比，如图 10-3 所示。

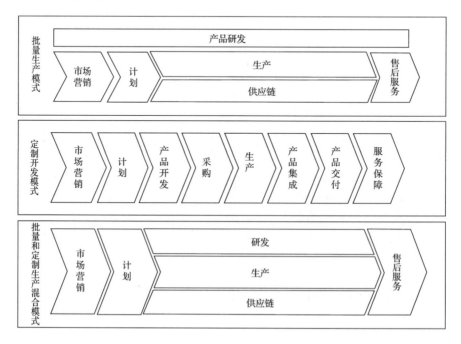

图 10-3　生产制造不同模式框架运营层面对比

在批量生产模式中，产品研发是一条独立的主线；在定制开发模式中，整条价值链呈现一条线的形态；在批量和定制生产混合模式中，价值链在市场营销、计划和售后服务之间，呈现三条平行线的形态。

企业价值链的形态是多种多样的，企业可以参考同行业的框架和经验，在实际操作中需要根据现实情况客观描述和呈现。

10.2　战略部分的业务框架

在企业业务框架中，战略部分是企业长周期的、整体管控的和构建基本能力相关的业务功能，由三个大的模块构成：战略管控、企业管理、建设与资产管理。

10.2.1　战略管控

战略管控包括战略规划、经营管控、资本运营、公司治理，如图 10-4 所示。

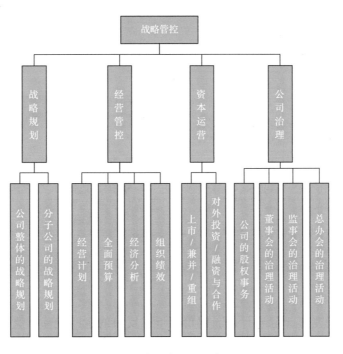

图 10-4　战略管控的业务结构

1. 战略规划

战略规划是企业 3～5 年的长期规划，包括公司整体的战略规划和分子公司的战略规则，不包括各专业领域的规划，人力资源规划、IT 规划等属于各自的专业领域的规则。

2. 经营管控

经营管控的内容包括经营计划、全面预算、经济分析和组织绩效。它是以年度为周期的，业务逻辑如图 10-5 所示。

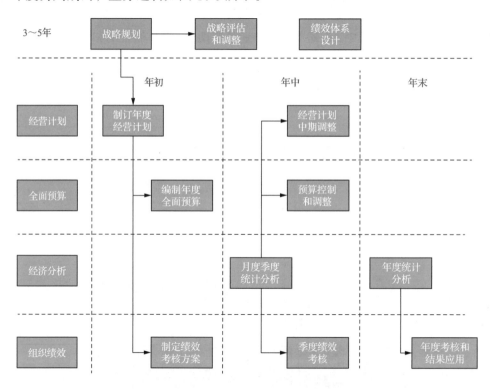

图 10-5　经营管控的业务逻辑

经营计划以战略规划为输入。企业在年初制订本年度的经营计划，在年中进行评估和调整。

全面预算是基于经营计划，以价值形式反映的生产经营和财务活动计划。全面预算并不等同于财务预算，包括经营预算和财务预算。

经济分析是在经营一个阶段之后，对经营结果的统计和分析，一般是以季度为周期的。

组织绩效不同于人力资源管理的个人绩效，是企业经营的业绩和效果，包括绩效体系的整体设计及年度考核方案的制定和实施。

从经营计划、全面预算、经济分析到绩效考核，构成了经营管控的完整链条。

3. 资本运营

资本运营是企业上市、重组、兼并等，通过资本实现的对外投资、融资与合作。

4. 公司治理

公司治理是公司的股权事务，以及董事会、监事会、总办会等决策类的治理活动。

10.2.2　企业管理

企业管理的内容是灵活的，与企业引入的管理方法有关，一般包括组织管理、流程管理、制度管理、管理创新等，如图 10-6 所示。

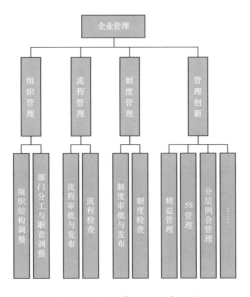

图 10-6　企业管理的业务结构

10.2.3　建设与资产管理

建设与资产管理是企业与资产有关的、构筑自身能力的业务功能，包括资产投资规划、基础设施建设和资产管理，如图 10-7 所示。

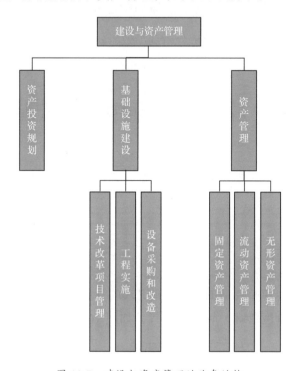

图 10-7　建设与资产管理的业务结构

1. 资产投资规划

资产投资规划是在一个周期中（一年或者几年）企业内部资产投资的整体规划。资产投资规划是与战略直接相关的，是指企业要实现战略和经营目标，需要在能力建设方面进行哪些投资。

2. 基础设施建设

基础设施建设是基于资产投资规划进行的建设活动，包括技术改革项目管理、工程实施、设备采购和改造。

3. 资产管理

资产管理包括固定资产管理、流动资产管理和无形资产管理。很多人对资产管理存在误解，认为它属于财务的工作。实际上资产的获取、分配、清查、转移、盘活、退出、报废属于实物和权属管理的范畴，而不属于财务管理的范畴。当然，我们可以让财务部门的人管理，这是部门设置问题，而不是业务本质问题。

建设与资产管理的这些活动通常是公司级的，需要多个专业部门协同工作，从周期和影响范围来看，可以归入战略层面的工作。也有些特殊行业的企业把技术改革作为一种经常性的工作，可以将其归入管理和支持范畴。

10.3　市场营销和售后服务的业务框架

市场营销和售后服务是企业价值链的两端，是客户接触界面。有些企业的市场营销和售后服务是在一起的，而有些企业的市场营销和售后服务是分离的。不同行业的差异比较大，企业的商业模式主要表现在这里。

10.3.1　市场营销和售后服务的业务结构

市场营销和售后服务包括市场开发、销售、订单管理、交付与回款、售后服务和客户关系管理，如图 10-8 所示。

市场营销和售后服务的业务逻辑如图 10-9 所示。

1. 市场开发

市场开发是拓展市场、挖掘潜在客户的过程，是销售的前端工作。市场开发将战略定位的目标客户转变成潜在客户，再通过销售将潜在客户转变成客户，如图 10-10 所示。

市场开发和销售合称为市场营销。市场开发包括市场调查、市场开发策略制定、广告与产品推介、渠道建设。其中，市场开发策略制定包括市场定价、广告传播、制定销售策略等很多策划类的工作。

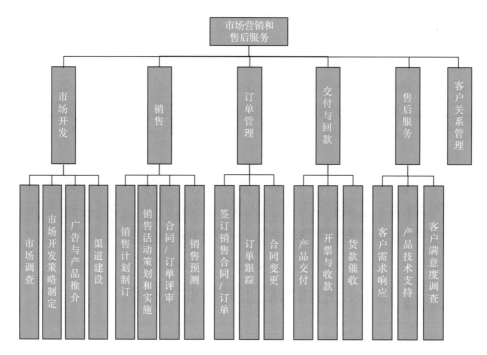

图 10-8　市场营销和售后服务的业务结构

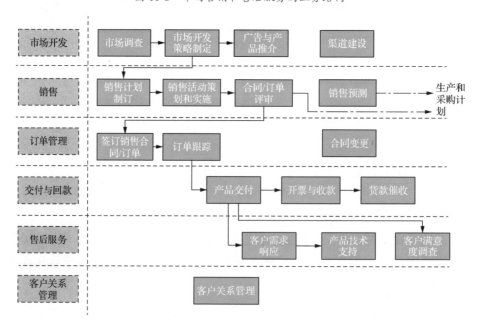

图 10-9　市场营销和售后服务的业务逻辑

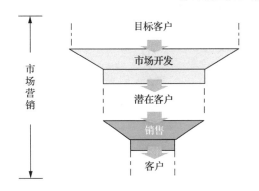

图 10-10　市场营销的客户转化

2. 销售

销售是实现客户交易的过程，包括销售计划制订、销售活动策划和实施、合同/订单评审、销售预测。其中，合同/订单评审和销售预测给出未来一段时间需要交付的产品计划，是生产和采购计划的输入。

3. 订单管理

订单管理是签订合同和履行订单的商务过程，包括签订销售合同/订单、订单跟踪、合同变更。

4. 交付与回款

交付与回款包括产品交付、开票与收款、货款催收。

5. 售后服务

售后服务是实现产品交付之后为客户提供的服务,也是促进后续持续销售的手段，包括客户需求响应、产品技术支持、客户满意度调查。定制化生产的企业一般会有专门的客户经理,而批量化生产的企业会设置客户热线提供售后服务。

6. 客户关系管理

客户关系管理通常是客户数据和信息维护、客户评级、客户沟通和回访等工作，是需要销售和售后服务团队共同完成的。

10.3.2　从线索到现金

我们称从线索到现金为 LTC（leads to cash），是将客户需求转换成企业现金收入的完整链条，从销售线索开始，到签订合同、产品交付，最后完成货款回收。

LTC 是对定制化生产的企业来说的，不适用于批量化生产的企业。批量化生产的企业通常需要投入更多的市场开发工作，基于销售预测给企业内部下生产和采购订单，生产产品形成库存，销售产成品取得收入。批量化生产企业的订单完成逻辑如图 10-11 所示。

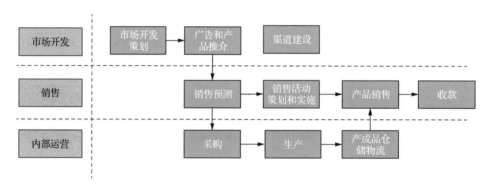

图 10-11　批量化生产企业的订单完成逻辑

定制化生产的企业则不同，单个产品（或者大批量定制）的价格比较高，潜在客户的数量一般有限，没有大规模的市场活动。定制化生产的企业通过收集线索获取商业机会，业务框架中会有线索管理的内容。定制化生产的企业确认线索之后进行内部立项，制定解决方案，经过客户谈判或者招投标，签订商务合同，然后履行合同和交付。交付的可能是定制化生产的产品，可能是经过定制开发的产品，也可能是集成了产品和服务的完整解决方案。定制化生产企业的订单完成逻辑关系如图 10-12 所示。

LTC 管理的重点在于整个链条前后协调。签订合同之前是销售团队主导完成的，签订合同之后是项目团队主导完成的。从售前到交付转换的过程中，客户需求和解决方案需要有效传递。从前端线索确认到制定解决方案的过程，需要销售、项目管理、技术、生产、采购等多个专业部门参与，确保前后解决方案的一致性。签订合同也需要确保交付周期和成本的合理性。

在很多企业中，批量化生产和定制化生产是同时存在的，还有定制开发的业务。这些企业就需要分清楚不同的业务场景，从销售端开始就要做好整体协调，确保订单按照计划实现交付。

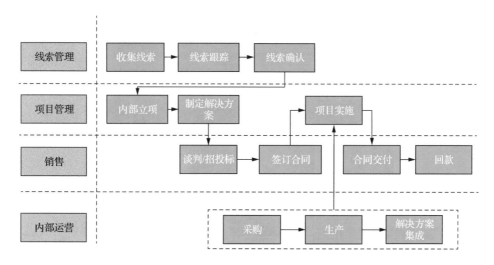

图 10-12　定制化生产企业的订单完成逻辑

10.4　生产的业务框架

生产是生产型企业特有的业务功能，也是最复杂的部分。它的复杂不仅在于业务具体内容的复杂，还在于整体协调和管控的复杂。下面来讨论典型的生产型企业的生产的业务结构。

生产的业务结构包括生产策划、生产计划与管控、生产执行、生产准备与保障，如图 10-13 所示。

1. 生产策划

生产策划包括生产模式策划和生产绩效管理。生产模式策划是对生产投入的要素、过程和运行方式的系统性设计，如离散型、连续型、成组化生产。生产绩效管理是对生产全过程的效率、质量、成本、交期、安全方面的评估和考核。生产策划是少数管理者的工作。

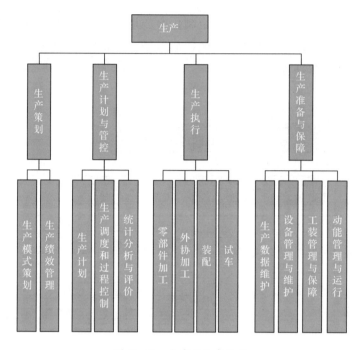

图 10-13　生产的业务结构

2. 生产计划与管控

生产计划与管控包括生产计划、生产调度和过程控制、统计分析与评价。

（1）生产计划。生产计划是生产型企业运营的主线，直接影响企业运营的效率和效果，同时企业的很多问题也都会在生产计划中得到反映。

企业的生产计划有多个层级：主需求计划、主生产计划、物料需求计划和作业计划，其业务逻辑如图 10-14 所示。

主需求计划是一个综合计划，与企业年度经营计划相匹配，是在一个时间周期内生产和交付的总产品数量的计划。这个数量是由销售预测、销售订单、试制/备件计划经过能力预估得到的，是主生产计划的订单输入。在订单输入不复杂的情况下，企业可以不需要主需求计划，从销售订单或者销售预测直接到主生产计划。

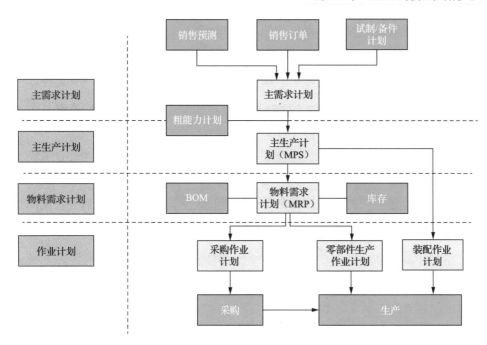

图 10-14　生产计划的业务逻辑

主生产计划（MPS）是确定每一个具体的最终产品在一个具体时间段内生产数量的计划，是主需求计划经过初步平衡之后的结果，为后续制订物料需求计划提供依据，起到了从综合计划向具体计划过渡的承上启下的作用。

物料需求计划是对主生产计划按照产品结构进行分解，综合了物料清单（BOM）、库存、生产周期、采购周期等数据，生成各种物料精确的需求量和需求时间。

作业计划包括采购作业计划、零部件生产作业计划、装配作业计划等，是具体的实施操作计划。作业计划也分很多层级，可以分为车间、工段、班组、人和设备作业计划，按照时间可以分为月、旬、周、日、小时作业计划。

现实中的生产计划是非常复杂的，这也是生产型企业运营和管理的难点。生产计划管理需要大量的数据运算，通常需要依靠 ERP（企业资源计划）系统和 MES（制造执行系统）实现。问题主要源自数据的准确性，这些数据包括物料数据、工程数据、计划数据、库存数据。

（2）生产调度和过程控制。在生产计划的实际执行过程中需要调度，因为在生产现场总会发生很多计划外的情况，如计划外插单、不良品率上升、采购未及时到货等，这些问题需要调度来协调处理。生产过程控制包括生产过程的监控、检查、问题处理等，通常会通过生产协调会和计划调整的方式实现。

（3）统计分析与评价。对生产计划的执行情况，需要定期进行统计，通过这些数据的统计分析给出评价，评价结果作为生产绩效管理的输入。

3. 生产执行

生产执行是生产的具体操作部分，不同的企业差异很大。生产型企业的生产执行一般包括零部件加工、外协加工、装配、试车。

零部件加工是把整个产品分成多个零部件，零部件通过车间的各种工序完成加工的过程。车间的零部件加工也有很多具体内容，包括排产、调度、过程控制、问题处理、转工、检验等。

外协加工是企业自身没有能力或用外部的能力更经济，采用委托外部资源协助加工的过程。外协加工和外包是有区别的：外包是让整个产品（或完整零部件）通过外部资源来完成，属于采购行为；外协是让某一部分工序通过外部资源来协助完成，属于生产行为。外协也有计划、过程控制、验收等工作。

装配和试车，是在零部件加工完成之后，按照计划进行配套集件，然后组装成完整产品的过程。装配之后通常要进行试车。

4. 生产准备与保障

生产准备与保障是为生产提供直接支持的部分，包括生产数据维护、设备管理与维护、工装管理与保障、动能管理与运行，如图 10-15 所示。

生产数据维护包括物料编码、物料清单（BOM）、期量标准等各种生产相关数据的维护。对于应用信息系统管理生产的企业来说，生产数据维护是非常重要的生产准备活动。

设备管理与维护包括设备的一级保养、二级保养、三级保养，以及设备检修、设备维修等内容。

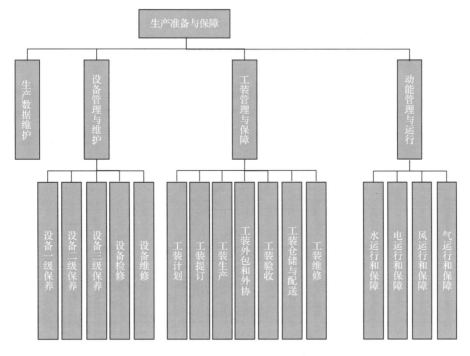

图 10-15 生产准备与保障的业务结构

工装管理与保障包括工装计划、工装提订、工装生产、工装外包和外协，以及这些完成之后进行的工装验收、工装仓储与配送、工装维修等。

动能管理与运行包括企业中的水、电、风、气的运行和保障。

以上是生产的整体业务结构，这只是一个基本的框架，具体内容要看企业的实际情况。

10.5 供应链的业务框架

供应链可以是一个比较大的概念，包括从在上游供应商处获取原材料到企业内部制造产品，再到向客户提供产品和服务的完整链条，也可以是一个相对小的概念，特指企业内部采购、供应商管理和仓储物流，不包含生产。此处讨论的供应链业务范围是后者。

供应链的业务结构包括供应链策划、供应商管理、采购和仓储物流，如图 10-16 所示。

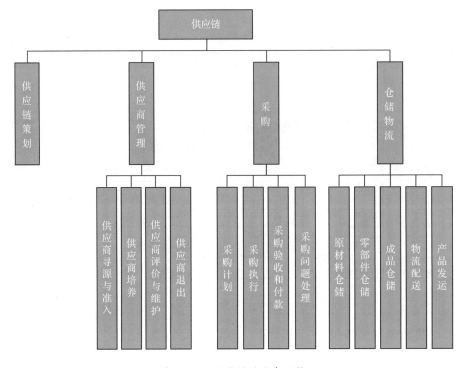

图 10-16 供应链的业务结构

1. 供应链策划

供应链策划与生产策划类似，也是一种策划性质的工作，是企业管理层考虑的事。

APQC 框架为此提供了很好的参考，它在很多业务中都表述了策划类的工作。这些工作应该是客观存在的，虽然我们不太可能为它们设计相应的流程，但是作为业务功能的存在是必要的，甚至有时候是非常重要而容易被忽视的。

供应链需要整体策划。企业要考虑运营过程中哪些半成品和成品要自己生产，哪些是需要通过供应链完成的。现在社会分工越来越精细，企业与外部合作的方式越来越灵活，供应链的整体策划就越来越重要。

对供应链中的各项业务需要制定相应的策略。比如，采购策略是集中采购还是分散采购。有一些企业通过采购中心完成整个企业所有的采购，包括原材料、零部件、机器设备、外包外协服务，甚至 IT 的软硬件；也有一些企业采用的是分散采购，采购部门只负责采购与生产直接相关的原材料和零部件。另外，还有一些采购策略，比如如何确定物料的安全库存、如何确定采购方式和标准（招标、竞争性谈判、询比价和单一来源）等。供应商管理策略包括企业的供应商分类和分级标准及考核措施；仓储物流策略包括库房设置和布局、物流配送方式、外部委托物流等。

供应链的业务逻辑如图 10-17 所示。

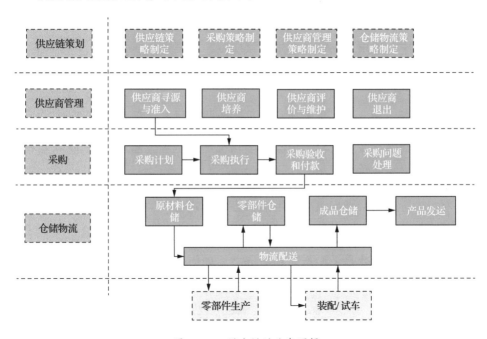

图 10-17　供应链的业务逻辑

2. 供应商管理

供应商管理的内容包括供应商寻源与准入、供应商培养、供应商评价与维护、供应商退出。

（1）供应商寻源与准入。企业如果有新的采购需求，那么在没有供应商的情况下，需要寻找供应商。供应商的选择和准入应该有一套管理程序与标准，如供应商应该具有怎样的资质和条件。

（2）供应商培养。从前供应商和企业是竞争关系的，企业总是想用一个很低的价格买到供应商的产品；现在越来越多的企业采用与供应商合作发展的模式，这样对供应商的培养就非常重要。有些企业会把自己的 ERP 系统或者生产系统终端与供应商对接，以便为供应商提供准确的信息；有些企业会辅导供应商，对供应商的工艺流程提出要求，甚至辅导供应商完成整体生产运作。

（3）供应商评价与维护。企业需要建立供应商档案，对供应商信息进行维护和管理。在供应商交货之后，企业需要对供应商履行合同的情况给出评价。对于原材料供应商，企业还需要定期进行评价，根据评价的结果对供应商进行分级。企业要根据供应商的表现，制定策略给予其相应的激励或者处罚。

（4）供应商退出。不满足要求的供应商，需要退出。

3. 采购

采购包括采购计划、采购执行、采购验收和付款、采购问题处理。

采购计划是企业每年都需要采购的物资和服务有哪些、采购的时间和到货周期、各项采购预算是多少。

采购执行是根据采购策略制定的内容、方式进行采购操作，是采购申请、供应商谈判、签订合同、执行合同的过程。

采购验收和付款是采购产品和服务之后如何验收和付款。验收有不同的方式：有些产品需要检验，有些产品可能需要外部的力量协助做检测，有些产品需要看外观、功能，有些产品需要安装调试（设备类），有些产品需要评审（服务类）等。采购的付款方式也有所不同，有些是一次性付款的，有些是分期付款的，还有些需要有维保。

采购问题处理一般包括对采购到货不及时、原材料质量问题，以及合同相关事项不能达到或者纠纷的处理。

4. 仓储物流

仓储物流包括原材料仓储、零部件仓储、成品仓储、物流配送和产品发运。

每一种仓储都有一些相应的类似工作，如出库、入库、盘点、库存管理，以及仓储物资摆放、移动、调拨、借用等。仓储业务是企业价值链中很重要的一部分内容，尤其是库存。生产型企业的库存一定要非常清楚和准确，库存数据也是 ERP 系统的核心数据之一，只有库存清楚才能保证计划准确、有效。

物流配送是企业内部物流配送，有生产现场领料，也有主动配送的方式。产品发运是成品仓接到营销部门给出的发运指令，组织产成品出库发送给营销端或者客户的工作，产品发运的物流一般采用的是委托的方式。

10.6 研发的业务框架

研发是企业价值链非常重要的组成部分，特别是在倡导技术领先的企业中作用尤其重要。企业可以将生产外包，却几乎不会将研发外包，很多企业会将研发能力作为其核心竞争力。

10.6.1 研发的业务结构

研发的整体业务结构包括产品和技术规划、研发项目管理、产品开发、技术研究与管理，如图 10-18 所示。

这样的业务结构不太具有说服力，因为研发的主体是一种系统工程，应该是多专业参与并且有周期性特征的矩阵式结构，我们换一种表达方式可以把研发的业务结构看得更清楚，如图 10-19 所示。

1. 产品和技术规划

产品和技术规划包括产品规划和技术规划。

产品规划是通过制定产品战略，确定公司未来的产品发展目标和路径，通常会形成产品型谱和产品开发计划。产品型谱（也称族谱或谱系）是产品标准化发展的高级形式，是产品通用性和系列化两种标准形式的结合与发展，相当于给产品规划一个"家谱"，如图 10-20 所示。

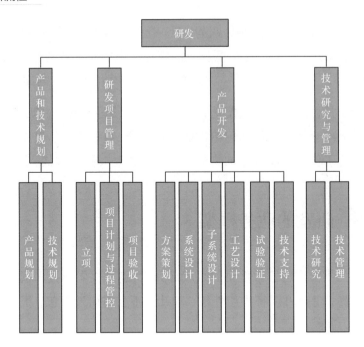

图 10-18　研发的业务结构

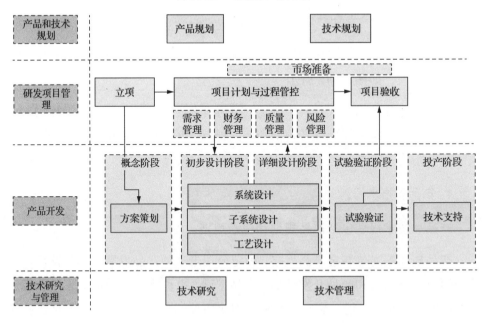

图 10-19　研发的业务逻辑

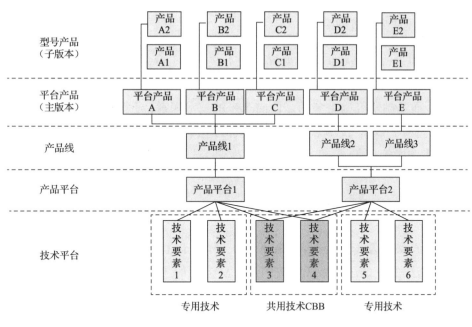

图 10-20　产品型谱

使用产品型谱可以列出产品平台、产品线、平台产品、型号产品这种关系结构，然后逐步迭代发展新的产品成员。

技术规划是公司技术层面的发展规划，与产品规划类似的是要形成公司的技术树和未来开发计划。

2. 研发项目管理

研发项目管理从大周期上可以分为立项、项目计划与过程管控、项目验收。实际上研发项目管理的过程是复杂的，不是单一维度的。研发项目管理从专业方面可以分成项目团队管理、项目计划管理、项目需求管理、项目财务管理、项目质量管理和项目风险管理。

3. 产品开发

产品开发是研发项目实施过程中的技术性工作，包括方案策划、系统设计、子系统设计、工艺设计、试验验证和技术支持。

4. 技术研究与管理

技术研究与管理包括技术研究和技术管理两个部分。技术研究是产品开发前端的预研，一般包括基础研究和技术开发。其中，技术开发是为新产品开发新技术，而基础研究则更多的是面向未来的技术探索，还没有成熟到可以应用到当前产品的程度。技术管理包括技术标准化、技术成果管理、技术成熟度管理、技术档案管理等。

10.6.2 集成产品开发

集成产品开发（Integrated Product Development，IPD）是一套产品开发的模式和方法。IPD 的思想来源于美国 PRTM 公司的"产品及生命周期优化法"（Product and Cycle-time Excellence，PACE）。最先将集成产品开发付诸实践的是 IBM 公司，在 IBM 应用取得成功之后，国内外很多公司都采用了集成产品开发模式，代表性的有美国波音公司和中国华为公司，它们都在实施中受益。

集成产品开发的整体框架如图 10-21 所示。

集成产品开发框架的整体结构从上到下有四条线：产品规划、市场管理、产品开发、技术开发。

1. 产品规划

这是从战略层面出发的产品发展路径和决策。这是围绕产品族谱，聚焦用户和市场特征，给出的产品定位和发展方向，对产品开发投资进行决策。这样的工作内容是与企业的整体战略相匹配的，一个企业可能同时有多个产品和技术开发项目，到底做怎样的投资选择，需要高层管理者组成的委员会（IPMT）进行决策。

2. 市场管理

这是从市场需求到为产品上市做准备的活动。这条线要开始于产品开发之前，因为市场需求正是产品开发的输入。在产品开发完成之时，需要做好投入市场的准备工作，这样才能确保产品及时投入市场。

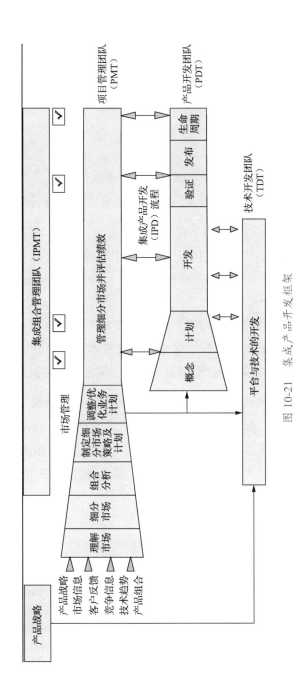

图 10-21 集成产品开发框架

看看那些手机产品你就知道了，2018 年，手机厂商会宣布 2019 年的产品发布计划，到了 2019 年产品开发完成即将投入市场时，它们在批量生产的同时举行新产品发布会。这就是市场管理伴随开发过程的结果。这个过程是由一个项目管理团队（PMT）主导的，市场、研发、生产、服务等多个专业人员需要共同参与。

3. 产品开发

这是从需求到设计、试制、测试，最后出产品的过程。这条线是一条产品开发的主线，我们通常说的研发管理主要是对这条线的管理。

产品开发周期可以分为以下几个阶段：概念、计划、开发、验证、发布、生命周期。这条线是由产品开发团队（PDT）主导的，按照项目管理的模式运行。

4. 技术开发

这是技术研究和攻关的过程。研发新技术并将其应用于即将开发的产品，属于我们前面讲到的预先研究。这条线是由技术开发团队（TDT）主导的，一般也按照项目管理的模式运行，与产品开发不同的是控制过程没有那么严格。

集成产品开发的核心思想和方法就是将产品研发分成上述这四条线。每条线都有它们的功能，都是不可或缺的；它们之间有相互的界限，也有相互的关联；它们的团队构成是有差异的，这与它们行使的功能相匹配。集成产品开发的框架给我们展示了产品研发的一般管理模式，用以解决企业产品研发容易出现的系统性问题。

10.6.3　产品开发与技术开发分离

集成产品开发看起来似乎比较复杂，其实如果用一句话概括它的精髓就是异步开发——产品开发与技术开发分离。

1. 产品开发与技术开发分离的必要性

产品开发和技术开发是不同的，它们的差异如下：

① 目的不同。技术开发是研究技术的可行性，探索技术是否可以应用于

产品；产品开发来源于市场需求，应用已有的技术设计面向市场的产品。

② 结果要求不同。技术开发是具有不确定性的探索，是可以失败的；产品开发是要在预定时间、成本和质量的前提下完成的，必须交付可供投入生产的产品，是不允许失败的。

③ 性质不同。技术开发是一种技术行为，为产品发展做技术准备；产品开发是一种投资行为，为市场营销和企业经营做产品准备。

④ 影响不同。技术开发影响产品发展和更新迭代；产品开发影响市场开发、生产和采购计划，甚至企业的经营计划。

很多企业的研发问题都来自没有将产品开发和技术开发分离，从而造成产品开发过程陷入技术攻关不能自拔，这会使得产品开发的周期和成本不可控，对企业的整体经营造成不利影响。

2. 技术成熟度

要想把产品开发和技术开发分离，就需要通过技术成熟度界定它们的边界。技术成熟度的概念来自 20 世纪 70 年代美国国家航空航天局（NASA），是指技术相对于某个具体系统或项目而言，能达到预期目标的满足程度，也就是技术确保能用的程度，不至于失败或者导致最终结果（成本、时间、功能等方面）超出可控范围。

技术成熟度这个概念现在被广泛采用。中国的材料行业、装备制造行业等都参照技术成熟度发布了相应的标准。国家军用标准将技术成熟度划分为 9 个等级，如表 10-1 所示。

表 10-1　技术成熟度等级

TRL	定义	阶段
TRL1	技术基本原理已被观察并有相关报告（科学研究）	实验室阶段
TRL2	概念性地描述了该技术的应用，并找到了有可能应用的对象	
TRL3	通过分析和原理样件试验已确认该技术的重要特征与参数（原理样机）	
TRL4	部件和基本的子系统已经通过了试验验证	工程化阶段
TRL5	技术在部件试验器或技术验证机上得到验证	
TRL6	工程验证机在与实际工况类比的环境下得到演示	
TRL7	原型机在近似真实环境下得到演示	产业化阶段
TRL8	通过了测试和验证，型号已完成研发工作，客户满意（设计定型）	
TRL9	型号已通过执行任务得到验证（生产定型）	

上面这 9 个等级遵从这样一个逻辑：1～3 级是实验室阶段；4～6 级是工程化阶段；7～9 级是产品化阶段。实际上具体操作还有详细的评价标准。

企业的产品开发要求的技术成熟度一般应该达到 6 级以上，这样才能保证产品开发可控。

10.6.4　产品开发的业务架构方法

产品开发是一项系统工程，与其他业务不同，具有强周期性和多专业协同的特征，描述它的业务结构要比描述其他业务更复杂。下面以航空发动机产品开发为例，讨论这种复杂业务架构的方法。

构建一个矩阵，首先要确定横坐标和纵坐标。以时间为横坐标，内容就是我们定义的产品开发阶段：论证阶段、方案阶段、验证机阶段、原型机阶段、状态鉴定阶段；以专业为纵坐标，这些专业包括项目管理、技术管理、设计、供应链、生产、试验/试飞保障、条件建设。其中，供应链、生产和条件建设是非技术性工作。

这样就构建了一个可以用来描述框架的二维矩阵，如图 10-22 所示。

接下来，我们将各个专业的工作内容沿着时间轴展开就形成了一个初步的业务框架，如图 10-23 所示。

在这个框架中可以看到，从论证阶段和方案阶段开始，以项目管理、技术管理为主线，设计、供应链、生产、试验/试飞保障、条件建设专业就要开始投入工作。

这是一张顶层宏观的业务框架图，再向下一层就要将所有这些业务结构继续展开，项目管理中包括组织管理、计划管理、财务管理、质量管理、风险管理，如图 10-24 所示。

因为篇幅的限制，我们没有办法展示航空发动机这种复杂产品开发到细节的业务框架图。下面用一个简单的电气产品开发的业务框架来示意，如图 10-25 所示。

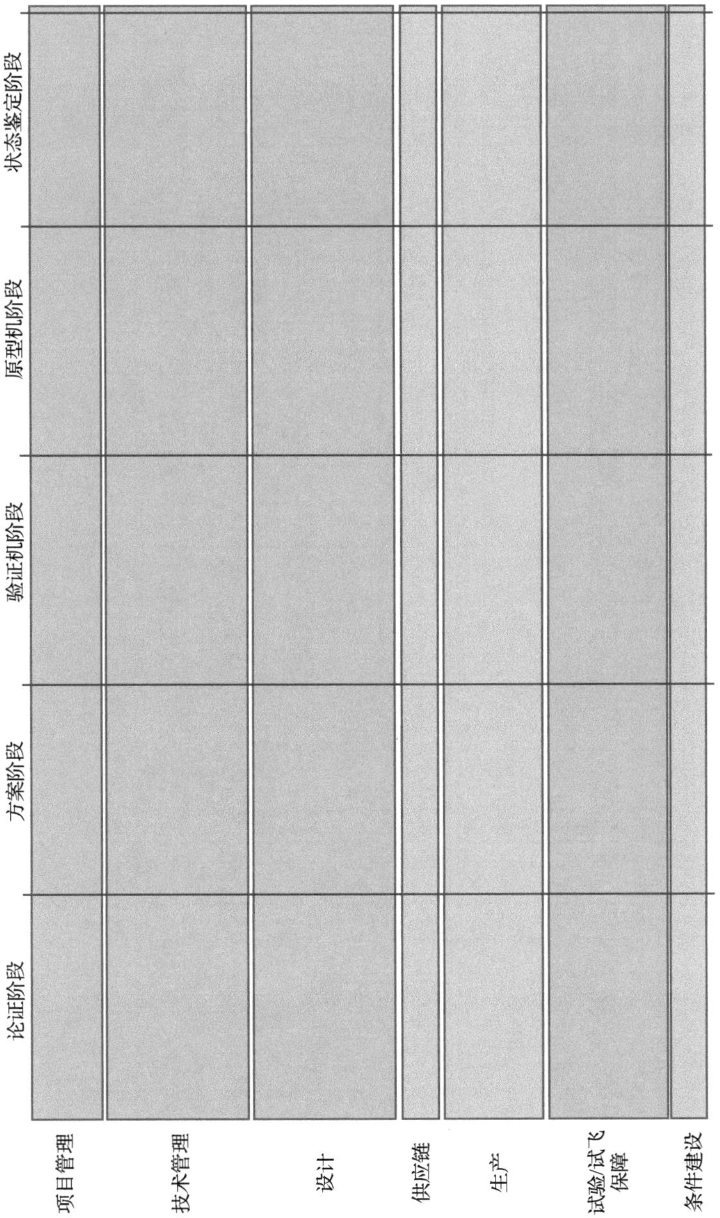

图 10-22　产品开发框架描述矩阵

	论证阶段	方案阶段	验证机阶段	原型机阶段	状态鉴定阶段
项目管理					
技术管理					
设计					
供应链					
生产					
试验/试飞保障					
条件建设					

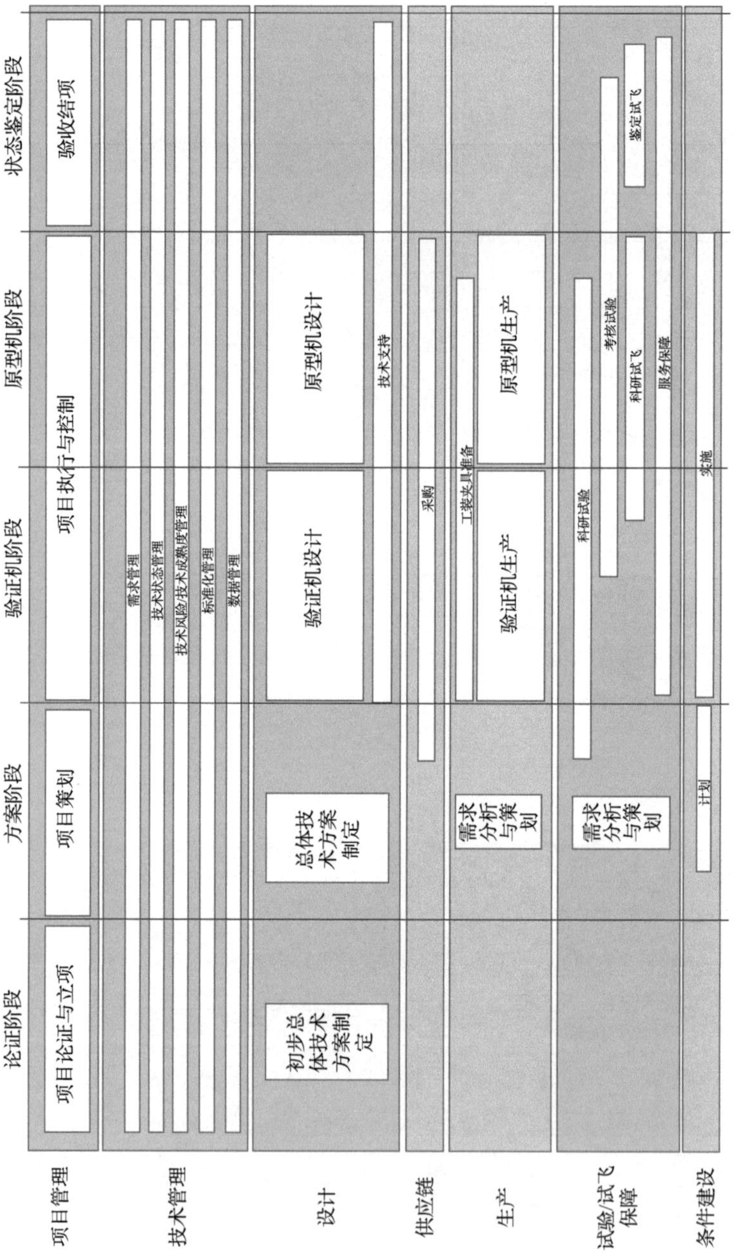

图 10-23 产品开发初步的业务框架

图 10-24　项目管理描述矩阵

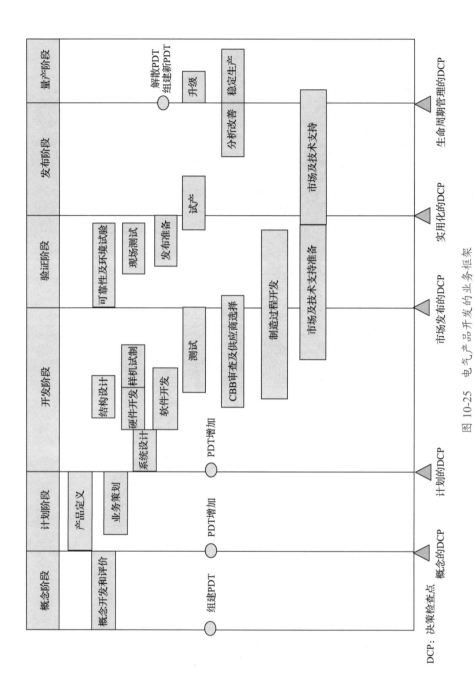

图 10-25 电气产品开发的业务框架

DCP：决策检查点

10.6.5　业务框架矩阵的作用

为什么要通过这样复杂的矩阵构建产品开发的业务框架,而不是直接描述它的流程?

像产品开发这样多个专业共同参与的长周期系统工程,如果我们不去构建业务框架而直接绘制流程图,那么很难确保所有的工作都被描述完整。图 10-26 所示为没有经过业务架构直接梳理流程得到的结果（部分示例）。

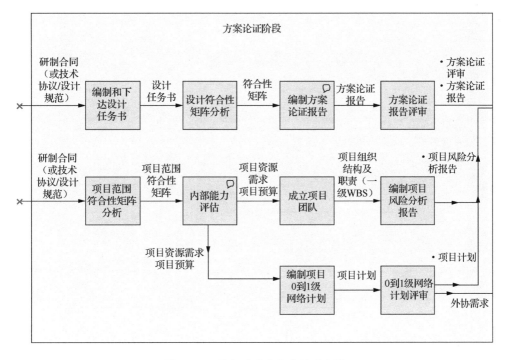

图 10-26　没经过业务架构的流程图

通过构建矩阵式的业务框架，我们就可以将所有专业的工作都列举出来，然后再按照时间轴展开绘制产品开发的流程，如图 10-27 所示。

因为这样的图很大，所以我们只能看到冰山一角，并且只是到逻辑层而没有到流程的细节。不过，我们已经看到后面那张图比前面那张图有更完整的信息，各专业在产品开发的各个阶段中工作协调的逻辑表现得非常清楚。

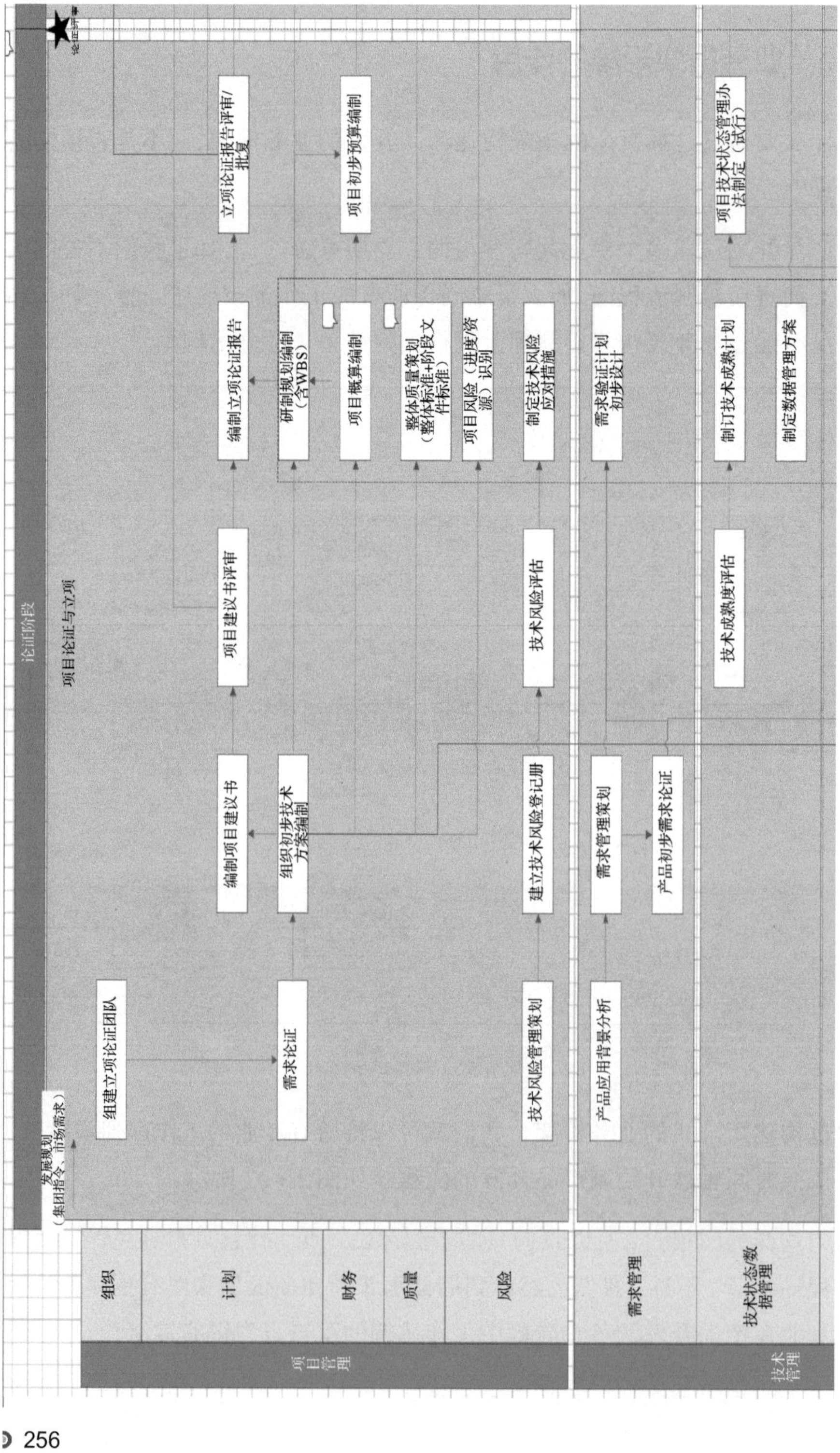

图 10-27　矩阵式的业务框架（部分示例）

如此说来，这实在是一项复杂的工作，重要的是我们需要理解这种业务框架的构建方法。在描述复杂的业务结构时，用二维的矩阵模型要比直线模型更容易清楚地表现。

10.7　质量管控的业务框架

有些人认为质量管控的业务功能应该属于企业价值链运营的部分，也有人认为应该属于管理和支持，实际上这都不是什么问题。我们一般更倾向于将它归属于价值链的部分，因为质量管控与价值链运作的关系更密切一些。在规模很小的企业中，质量管控可以是隶属于生产或者技术部门的工作。

质量管控包括质量策划、质量保证、检验和计量检测。我们通常会将质量策划和质量保证的部分称作 QA（Quality Assurance），将检验和计量检测的部分称作 QC（Quality Control），如图 10-28 所示。

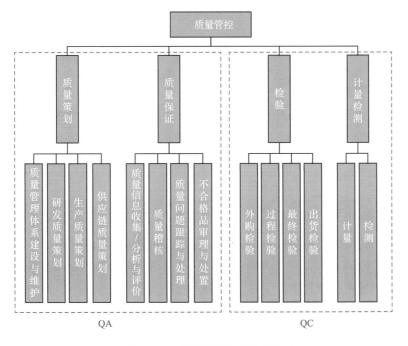

图 10-28　质量管控的业务结构

1. 质量策划

质量策划包括质量管理体系建设与维护、研发质量策划、生产质量策划、供应链质量策划。

质量管理体系建设与维护，是企业建设和维护质量管理体系相关的工作，包括编制和更新体系文件、质量管理理念传递、质量内审和外审等，这些是质量管理体系本身的工作。

研发质量策划、生产质量策划和供应链质量策划，都是质量策划的工作，与之前介绍的生产和供应链策划的工作类似，就是针对研发、生产和供应链的运作制定相应的质量控制策略。

在产品开发的各个阶段，应该有哪些活动确保开发出的产品符合质量标准？在生产过程中需要设置哪些质量检验点？这些检验点应该用什么方法做检验来确保产品质量？如何管理和控制供应商，以确保它们提供的原材料质量是符合要求的？

2. 质量保证

质量保证包括质量信息收集/分析与评价、质量稽核、质量问题跟踪与处理、不合格品审理与处置。

（1）质量信息收集/分析与评价。企业在运营过程中需要收集与质量相关的信息。这些信息包括企业内部、供应商和客户的信息，也包括外部监管要求和同行业信息。通过这些信息的收集、分析和评价，企业可以制定质量管理的相关策略。

（2）质量稽核，是要定期和不定期对运营过程做质量符合性检查。

（3）质量问题跟踪与处理，是在出现质量问题时启动的一套应对程序，包括查找问题原因、追究相关人员责任、制定预防措施、跟踪处理结果，避免同样的质量问题再次出现。

（4）不合格品审理与处置。当出现产品不合格的情况时，企业需要经过不合格品审理与处置程序，经过生产、质量、工艺相关专业的审理，给出处置意见，包括返工、返修、报废或者让步接收。

3. 检验

检验的内容包括外购检验、过程检验、最终检验和出货检验。外购检验是指对采购的物料、零部件进行检验；过程检验就是在生产过程中的工序检验；最终检验是对生产的零部件和产成品进行检验；出货检验是在产成品发货前进行的出厂检验（包括附带的包装、附件，确认最后的交付状态）。

4. 计量检测

计量的主要内容是仪器仪表生命周期管理，包括采购、分配、维护、检定、校准、报废，还有量值传递；检测是当常规的检验手段不能满足要求时，需要借助更专业的技术手段进行的测量和测试，一般涉及几何量、物理和化学。

10.8 管理和支持部分的业务框架

管理和支持不是价值链的直接构成部分，而是为企业提供资源和保障的业务。管理和支持的主要业务功能有人力资源管理、财务管理和信息化。

10.8.1 人力资源管理

人力资源管理通常有标准的六大模块：人力资源规划、招聘与岗位配置、劳动关系管理、薪酬与福利、员工绩效、培训与人才开发，如图 10-29 所示。

1. 人力资源规划

实际上，我更倾向于把人力资源规划叫人力资源策划，因为它是一个策划类的工作。它不仅包括企业的人力资源规划，还包括很多设计类的工作，比如员工的岗位序列如何划分、员工职位分多少级、员工的薪酬结构如何设计、员工的福利策略

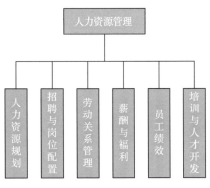

图 10-29　人力资源管理的业务结构

等。这些都是人力资源策划要思考的问题，为全公司的人力资源发展做整体筹划。

2. 招聘与岗位配置

招聘与岗位配置就是指企业对外的招聘（是校园招聘，还是社会招聘）和招聘之后岗位的配置，包括入岗、转岗、离岗、待岗等状态。

3. 劳动关系管理

劳动关系管理就是指企业和员工之间签订合同、确定劳动关系、变更劳动关系、解除劳动关系这样一整套程序。这个程序通常都是比较标准化的。

4. 薪酬与福利

薪酬与福利就是员工的薪酬、各种保险和福利等。薪酬与福利是比较传统和标准的人力资源管理的模块。早些年，有些传统企业的人力资源部门叫劳资科，其实做的就是人事工作，有劳动关系管理和发工资这两个最基本的功能。

5. 员工绩效

企业有企业的绩效，业务有业务的绩效，部门有部门的绩效，所有这些绩效最后落地下来，都要由员工绩效来承接。通俗地说，不管如何评价企业，如何评价一个部门和业务，最终都要落实到评价员工，最后的结果都要在员工的个人绩效中体现。所以，从这个角度来说，员工绩效和企业绩效的关系是相互承接的关系。有些企业的员工绩效没能很好地与企业绩效对接，这就会形成一个根本的战略性问题——员工的努力最终如何成为企业前进的动力？

6. 培训与人才开发

培训与人才开发这部分内容比较简单，企业通过培训提升团队和员工的能力。培训与人才开发的方式包括全员集中培训、分专业培训、管理层培训，以及内部培训、外部培训、派出培训等。企业需要制定年度培训计划和预算，组织培训，评价培训效果等。

10.8.2　财务管理

财务管理的业务结构都是标准模块，通常包括管理会计、资金管理、会计核算和成本会计，如图 10-30 所示。

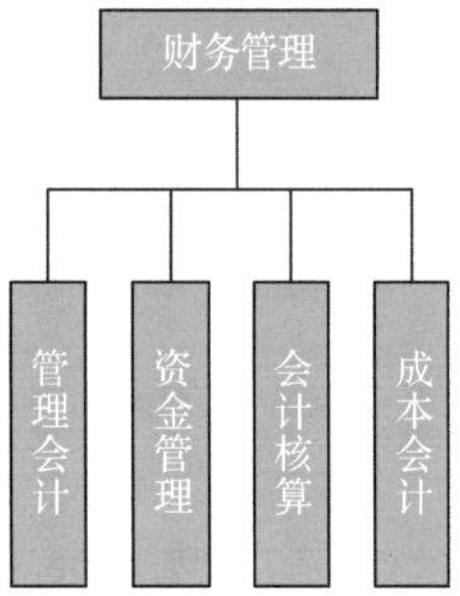

1. 管理会计

管理会计是财务专业中管理类型的工作，包括财务预算和决算、财务分析和报告、税务筹划、财务稽核等。

2. 资金管理

资金管理是确保企业资金链能够有效和安全运作的工作，包括资金计划和统筹、资金往来管理、财务融资、现金管理等。

图 10-30　财务管理的业务结构

3. 会计核算

会计核算是财务基础的专业性工作，包括财务资产核算、销售核算、采购核算、工资核算、项目核算、编制财务报表等。

4. 成本会计

成本会计的主要内容是成本归集与成本核算、费用管理和成本分析。

10.8.3　信息化

信息化一般包括 IT 规划、IT 需求管理、IT 开发与实施、IT 运维，如图 10-31 所示。

1. IT规划

IT 规划是承接整个公司未来一段时间（一般为 3 ~ 5 年）的战略规划和业务发展目标，对信息化建设制定的目标、实施路线和计划安排。第 9 章已经讨论了"基于流程的 IT 规划和设计"相关内容。

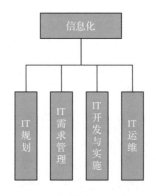

图 10-31　信息化的业务结构

企业的 IT 规划通常需要借助外部的力量实现，因为企业内部团队一般不太可能有那样的能力，毕竟 IT 规划不是一个持续性的工作。

2. IT需求管理

IT 需求管理通常应该有一套程序和相应的渠道，供各专业反映业务对信息化的需求，以及对现有信息系统的反馈意见。IT 专业人员需要对需求进行响应，并且每隔一段时间对需求进行集中评审，将其作为 IT 系统设计和改进的输入。

3. IT开发与实施

企业要上线新的 IT 系统，就需要 IT 开发与 IT 实施。从无到有的定制叫开发，应用成熟的系统叫实施。开发和实施都要按照项目来管理。

4. IT运维

IT 运维包括机房和服务器运维、网络运维、终端运维、系统运维，也包括信息化安全。

除了上述业务功能，管理和支持部分还包括行政后勤、企业文化、安全合规等，此处略过。

第 11 章
流程梳理和表达

罗伯特·卡普兰和大卫·诺顿说，不能呈现就不能衡量，不能衡量就不能管理。

流程是需要描述的，流程梳理和表达是所有流程管理工作的基础。我们通常看到的流程图就是流程语言表达的结果，有时候我们也会直接把流程图叫流程。

11.1 流程表达语言

流程要表达的基本要素包括流程活动、输入、输出和角色。通俗地说，流程就是在描述谁在什么情况下做什么事情，结果是什么，如图 11-1 所示。

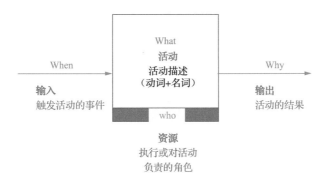

图 11-1 流程的基本要素

此外，随着管理要求的不断提高和流程应用的不断深入，流程需要表达更多的信息，包括流程发生的场景及承载和传递的信息。

11.1.1 流程表达语言的进化

流程表达语言经过了一个逐步演进的过程。下面从用不同的语言描述的流程图来看这个进化过程，大约经过四个阶段。

1. 逻辑流程图

20 世纪 80 年代，我们并没有给流程图承载那么多管理的要求，只是用它表达做事情的基本逻辑，所以流程图看起来是简单粗放的，我们称之为逻辑流程图，如图 11-2 所示。

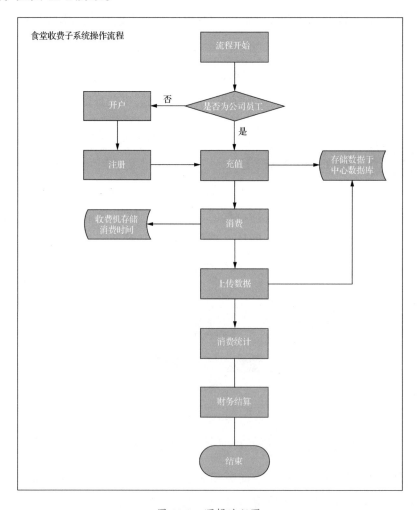

图 11-2　逻辑流程图

它的特点是没有那么多要素，也没有很多规则，不注重语言规范，表现形式也是灵活的。

2. 泳道流程图

20 世纪 90 年代，我们对标准化的要求提高了，开始用泳道流程图描述流程。代表性的工具就是微软的 VISIO，从开始到结束，流程图表达流程在部门之间流转的职责关系，所以我们也称之为职能流程图，如图 11-3 所示。

它的特点是可以用泳道表示部门或者岗位，同时也有相应的绘图规范。为了把业务发生过程描述清楚，出于管理规范化的需要，我们希望流程图能够承载更多的信息，于是会为这样的流程图附加流程说明。流程说明用 Excel 表的方式呈现，用来表达流程的相关要素和要求。流程说明可以根据实际需要定制，不过由于我们经常希望表达的要素过多，往往陷入繁文缛节中。

3. 全息流程图

2000—2010 年，为了能够让流程图承载更多的信息，又不会陷入流程说明的繁文缛节中，出现了一种新的流程表达方式，我们称之为全息流程图，如图 11-4 所示。

全息流程图可以借助软件将流程的各种要素和信息附加在流程图中，也可以输出文本化的说明文件。

全息流程图的出现是流程管理理论进化的结果，流程能够摆脱职能独立存在，职能和流程是相互匹配的关系，流程的形态不会因为职能分工的变化而改变。

全息流程图在视觉上更加简洁，可以承载更多的信息，这是建立在系统级应用的基础上的。此时的流程管理软件已经不是一个单纯的工具，而是一套可以多人协同工作和管理流程生命周期的系统，有服务器端和用户端，我们称之为流程管理系统（BPMS）。代表性的软件是 CONTROL 系统。

序号	子流程工作步骤名称	子流程工作步骤描述	IT系统	岗位角色	完成时限	完成标准
1	接收供应商发货信息	接收供应商提供的发货信息		省公司润滑油中心进货管理角色		
2	创建内向交货单	根据采购订单及供应商的发货信息创建内向交货单	ERP	省公司润滑油中心进货管理角色		
3	传递发货信息到物流部门	将收到的发货信息传递至物流部门		省公司润滑油中心进货管理角色		
4	检查质量合格证	按发货通知单（内向交货单）对照检查质量合格证		油库质检人员		
5	判断	若质量合格证书无误，则转步骤6				
5	判断	若质量合格证书有误，则转步骤5				
5	润滑油采购索赔流程	进行采购索赔		省公司润滑油中心		
6	检查油品品种数量	按发货通知单对照检查油品品种数量		油库仓管员		
6	判断	若品种数量有差异，则转步骤5				
6	判断	若品种数量无差异，则转步骤7				
7	检查包装物完好情况	检查包装物完好情况		油库仓管员		
7	判断	若包装物变形破损，则转步骤5				
7	判断	若包装物无变形破损，则转步骤8				
8	油品接卸	进行包装物接卸		油库仓管员		
9	复核	对油品品种、油品品种数量复核		油库主任		
10	账面入库	对所购油品在ERP系统中进行账面入库	ERP	油库账务员		
11	打印入库验收单	打印入库验收单，交相关人员签字	ERP	油库账务员		

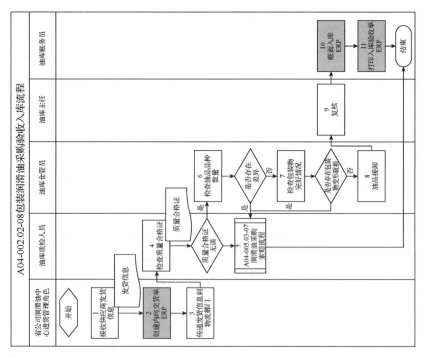

图 11-3　泳道流程图

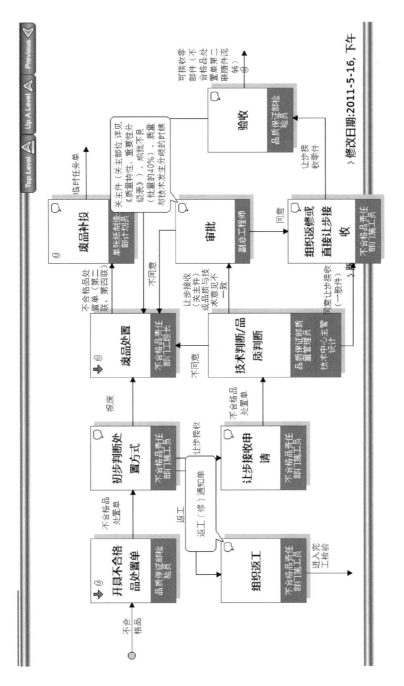

图 11-4　全息流程图

4. 仿真流程图

21世纪10年代，流程管理系统进一步演化，已经从绘制流程的工具进化成了建模工具，这时的流程表达语言更加复杂而精确，我们称这样的流程图为仿真流程图，如图11-5所示。

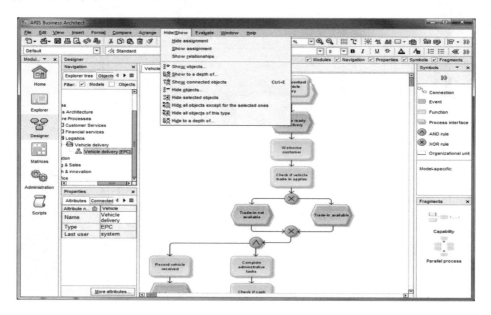

图 11-5　仿真流程图

从单个流程的直观视觉呈现上来看，仿真流程图与全息流程图没有本质差异，区别在于流程图的符号语言背后具有了数据意义。这样的进化使得流程的应用扩展开来，通过建模语言可以将流程更加精细地表现出来，可以将不同的流程相互连接和调用实现流程贯通。

进入这个时期，我们的需求更加深入了，不只是要把流程表现出来，更重要的是把流程作为企业管理的一个维度。企业是一个多维度的系统，我们可以把企业里的各种管理维度用数据化、模型化的方式表达出来，并且集成起来做管理的整体设计。这样的系统已经不只是流程管理系统，还可以构建多种管理和业务模型，包括战略、组织、绩效等，是具有多种功能和应用的企业管理设计平台。

因为流程本身具有了数据意义，所以我们可以设计不同的流程方案，然后模拟运行它们，计算其中的时间和质量偏差等数据。通过运算的数据对比分析不同的流程方案，可以帮助我们做出选择，我们称这个过程为流程仿真。

进化到仿真流程图的阶段，流程的语言丰富了，形成了国际通用的语言标准，我们熟知的是 BPMN 2.0 语言的标准。这样的语言标准可以在流程和信息化之间搭建起对话的桥梁，采用标准语言设计的流程图可以通过流程中间件实现从设计到执行的转换，支持流程的模块化快速开发。代表性的软件是 ARIS 系统。

我们经过多年的实践发现，国内能够用到这种仿真流程图的企业很少。有一些公司花费很大的成本用这样的工具，但是最后发现很难操作。因为功能和易用性是硬币的两面，如果超越了太多的现实就会成为"鸡肋"。如果一个企业的流程管理的成熟度达到了第 3 级，也就是整个企业的流程已经体系化地呈现出来，并且数据化达到了相当的水平，同时也有相应的团队能力，那么才能够应用流程建模和流程仿真这样的系统。

11.1.2　流程表达语言的对比

我们用一张图来做对比，看一看用不同的语言描述流程的差别。图 11-6 是用两种语言描述的同样一个网站开发的流程。

上面这个流程仅用 10 个符号表达，我们看到的只有流程的活动；用下面这个流程语言符号就要复杂得多，这是用 BPMN 2.0 语言表达的流程图。我们将绘制上面这种流程图的过程叫流程梳理，将绘制下面这种流程图的过程叫流程建模。

当还处在流程管理初级阶段时，我们尽可能不用非常复杂的语言符号，这样更有利于业务人员和管理人员学会与掌握，让流程管理的基础工作更容易上手。

流程表达语言的进化伴随着管理精细化的发展。不得不说的是，企业选择的产品并不是越先进越好的，而是应该与企业的管理现实水平和一段时期的预期相匹配的。不管我们用什么样的工具呈现流程，都不意味着一定可以把流程管理这样的工作做好，更重要的还在于管理。

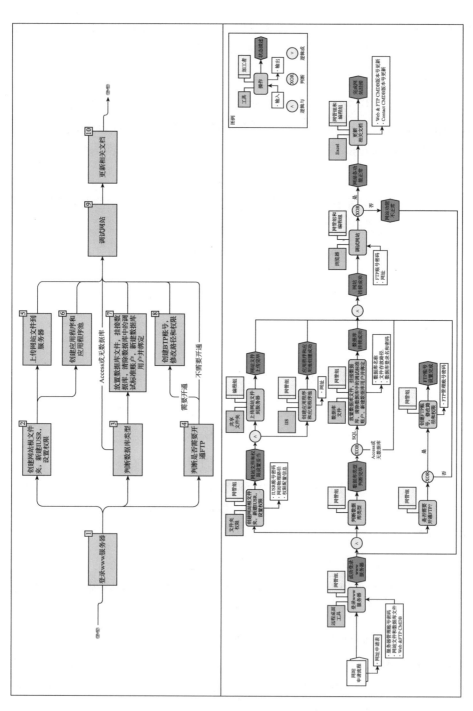

图 11-6 用两种语言描述的流程图对比

11.2 流程梳理要清楚的问题

关于流程梳理，有三个被问到最多的问题。在流程梳理之前，我们必须解决这三个问题：谁来梳理流程？是遵照理想还是遵照现实？什么颗粒度合适？

11.2.1 谁来梳理流程

流程梳理由谁来操作？是管理人员、流程专业人员、业务专家，还是具体工作的执行者？这是流程梳理首先要清楚的问题。

流程专业人员通常是掌握流程语言和方法的，但是他们并不熟悉具体的业务，即使是通晓多个专业的管理人员和业务专家，也并不清楚各个专业的操作细节。

操作人员最清楚是怎样工作的，但他们通常不知道怎样用流程语言描述自己的工作内容。虽然我们可以辅导操作人员应用流程语言，但是实践证明并不能对此有很高的预期，这不是因为语言符号本身有多么复杂，而是思维方式的问题。就像你可以背几千个英文单词，但这并不表示你就能学会英语。

另外，不要认为一个人就能把某个专业的所有流程都清楚地呈现出来，现实总没有那么简单。每个人的头脑里的流程就像不完整的拼图。即使对于同样一件事情，不同的人也可能把流程描述成不同的结果。我们需要将每个人头脑中的拼图最终拼成一张完整的流程地图，这是需要很多人参与的。

那么到底怎么样做这样的工作呢？应该是共同参与的过程。以操作人员的描述为基础，由流程专业人员按照操作人员的描述绘制流程，然后复述这个过程，请操作人员和相关管理人员确认结果的有效性。

我们可以辅导某些操作人员，让其具备流程描述的能力，通常的做法是在各个业务部门培养流程专业人员。这样做的好处如下：一方面，增加流程专业人员的数量有利于推进工作。另一方面，具备业务能力的流程专业人员对业务描述的合理性更有判断力，能更好地引导操作人员完整地描述业务现实。

有的操作人员认为流程梳理这件事情没有必要做,他们认为这是在给他们增加额外的工作量,甚至给他们增加更多的约束,就像增加更多的制度规范一样。我们需要引导他们明白这样做的用意:为了帮助他们将事情做好,消除那些对他们的工作结果不利的因素。

我们通常会采用流程工作室方法,让操作人员和流程专业人员坐在一起,用投影仪或者白板,一边绘制,一边讨论和验证绘制的结果。同时,也要注意,操作人员的范围不仅要包括操作这项业务的人,还要包括与这项业务相关的上下游和有接口关系的人员,这样才能保证流程绘制结果的完整性。

11.2.2 是遵照理想还是遵照现实

在梳理流程之前,企业通常已经存在很多管理制度和体系文件。有人会问,是应该呈现现实的流程,还是遵照文件的规定描述它们?

流程梳理有一条基本的原则,就是流程必须与现实保持一致。首先,我们假定一个前提,制度或者体系文件的内容是不可信的,因为现实总是告诉我们确实如此。

下面用一个例子来说明这个问题,如图 11-7 所示。

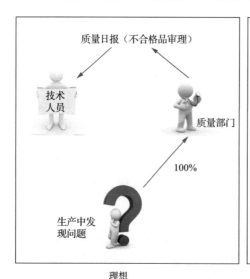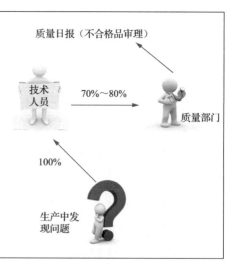

图 11-7　理想和现实的差异

　　在企业的质量管理体系文件中规定，在生产中发现问题，首先要报告给质量部门，把问题写进每天的质量日报，然后第二天质量系统基于质量日报进行审理。如果判定是技术问题，就找技术人员，如果发现是材料问题，就找采购人员，这是规定程序。

　　然而，经过对业务人员的调查发现，在现实中如果他们发现了问题，在第一时间会找到技术人员，因为技术人员能够现场解决其中 20%~30%的问题。对在现场解决不了的问题，他们才会写进质量日报之后第二天处理。原因很简单，这是解决问题更快捷的途径，没有必要舍近求远。

　　这样看来体系文件就不可信了，它制定的规则并没有选择最短路径，倘若必须如此，那么它也没有给出控制措施（如何能够确保在生产现场报告给质量部门而不是技术人员），缺少对流程路径的控制和约束。

　　如果我们在梳理流程时按照现有的体系文件来做，就失去了发现问题的机会。不管是体系文件需要修改，还是必须采取措施按照要求控制流程，这都是下一步流程优化考虑的内容，但前提是必须发现这个问题，所以流程梳理是发现问题的机会。

　　流程梳理和流程优化是两件事，这两件事是不能混为一谈的。这个问题我总是反复地讲，很多人会认为在流程梳理的过程中可以进行一些优化的工作。其实不然，流程优化通常并没有我们想象得那样简单，至少要进行相应的制度和文件的修订、表单的修改、员工的宣贯等工作。关于流程优化的方法会在后续的章节中讨论。

　　我们要坚信的一点是，流程是不能够脱离现实的。现实的流程就是现实情况的反映，未来的流程是未来现实情况的反映，流程和现实要始终保持一致。

　　有人提出这样的问题：如果在未来流程改变了，那么是不是还要重新描述流程，重新修订流程文件？这就是本末倒置了。流程和操作就像工艺规程和生产，我们总是要先制定工艺规程然后生产，要改变生产操作就要先改变工艺规程，工艺规程是生产操作前端的设计过程。流程文件也一样，是现实操作的设计过程，要改变现实操作就首先要修改流程文件，这样才能保证流程文件和现实操作不会有"两层皮"。如果脱离了这个原则，流程文件就失去了存在的意义，就像如果生产之后再制定工艺规程，工艺规程就失去价值了。

如果我们把流程梳理这样的工作当成制度或者体系文件的另外一种表达方式，那么流程梳理这样的工作就失去了意义。

11.2.3 什么颗粒度合适

流程描述必须表现到细节，即每个人、每个动作的呈现。流程只有呈现到细节，才有真正的操作价值。

例如，一家企业只有一个采购流程，而且只有几个动作，这显然没有描述到流程的细节，如图 11-8 所示。

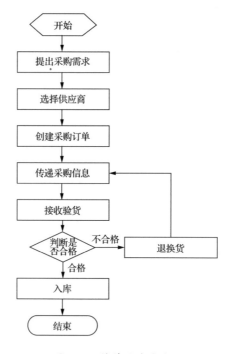

图 11-8　简单的采购流程

在企业的采购流程中，因为物资和服务种类不同，所以从提出采购需求到接收验货的过程都是不一样的，通常要有几十个流程、几百个活动，才能够把整个企业的不同种类的物资和服务的采购流程梳理清楚。如果流程只描述到图 11-8 所示的颗粒度，那么我们无法做流程分析，也看不出其中的问题。

图 11-8 中的第一个活动"提出采购需求"本身就应该是一个流程，如图 11-9 所示。

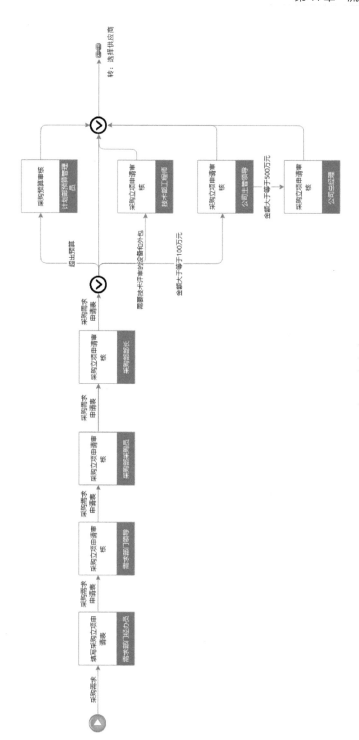

图 11-9 采购需求申请流程

企业管理是有成本的，不是所有的流程都要表现到细节。那么哪些流程要表现到细节？一般从以下三个方面考虑。

① 企业中与价值链相关的核心业务流程，比如生产、研发、供应链、售后服务系统，这些工作内容非常复杂，直接影响企业经营的结果，需要将流程描述到细节。

② 有一些业务可能不是核心业务，但是发生的频率比较高，涉及的部门和人员比较多，也需要描述到细节，比如人员入职。

③ 存在问题比较集中的流程需要细化，以便通过流程分析解决这些问题。

我们通常这样确定流程最小的颗粒度：一个能够产生交付物的活动。也就是说，一个角色完成了一个完整的动作，产生了一个可以传递的结果，不管这个结果是继续由这个角色操作还是要交给其他人继续操作。

比如，在写一篇分析报告形成了初稿之后，交给别人审核。形成分析报告初稿就是一个流程最细节的活动，而写分析报告的步骤则是技术问题，而不是流程活动的范畴，如图 11-10 所示。

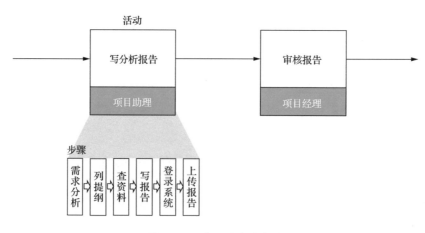

图 11-10　流程活动的步骤

生产现场也如此，一个工人加工一道工序之后进行传递，这是一个最细节的活动，加工过程不是管理所考虑的对象，而是属于技术范畴。

11.3　流程梳理的方法

流程梳理是流程管理中一项很有技术性的工作，人们通常会把这件事想象得过于简单，流程管理后续出现的很多问题就是从这里开始的。下面就来讨论流程梳理的方法。

11.3.1　确定流程边界

首先，我们需要确认的是流程的边界，这是所有事情的开端。一个流程从哪里开始，到哪里结束，输入是什么，输出是什么，这是流程的边界。确定流程的边界很重要，因为企业中的流程多半都是相互关联的。如果我们不清楚这样的边界，就很难找到它们之间的关系。就像拼图一样，我们要把很多小的单元最终拼成一张大图，总是要在它们的边界之间找到对应的关系。只有确保它们不会重叠，也不会缺失，才能最终拼接起来。

下面梳理一个外购物料入库的流程，从确定边界开始，如图 11-11 所示。

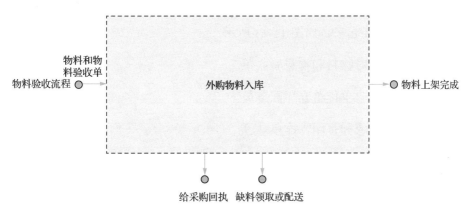

图 11-11　外购物料入库流程的边界

首先找到它的边界：前端是物料验收流程，它的输入是物料和物料验收单；它的输出有两种状态，一种是物料入库上架完成的状态，另一种是缺料入库，要通知车间领料或者将物料配送给车间，这样就有了两个出口。同时，还要有一个出口是给采购回执，通知采购物料已经入库可以发起付款。这样就找到了这个外购物料入库流程的边界，1 个输入，3 个输出。边界找到了，就锁定了这个流程的范围，就像锁定了一个箱子。

11.3.2 三条线思考

接下来，我们就可以打开上述"确定流程边界"步骤中已经锁定的箱子，看一看里面发生了什么。我们沿着三条线思考和验证这个流程里面的具体活动，这三条线分别是动作流、角色流、实物和信息流，如图 11-12 所示。

图 11-12 沿着三条线思考和验证流程

1. 动作流

我们首先考虑动作流由哪些连续的活动完成。我们描述它们，用活动和连线将入口和出口接起来，如图 11-13 所示。

① 接收并核对物料和物料验收单。

② 把物料验收单传给仓库账务员。

③ 账务员生成和打印入库单。

④ 把入库单传给物料员。

⑤ 把物料上架存放。

⑥ 调整物料卡，把单据存档。

⑦ 把物料单传给采购员（采购员将其作为付款依据）。

⑧ 开领料单。

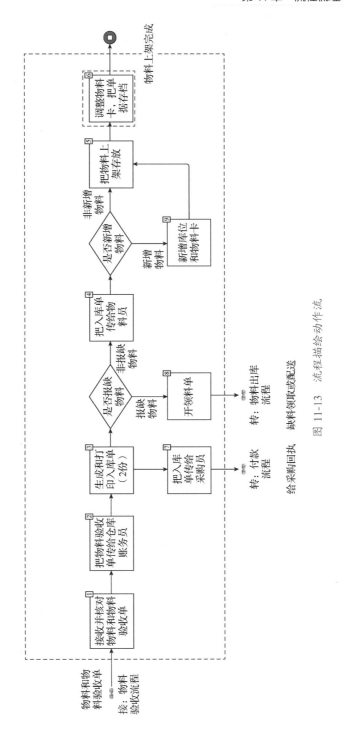

图 11-13　流程描绘动作流

⑨ 新增库位和物料卡（有新增物料的操作）。

这样就完成了物料上架活动的描述，完成了这一步，流程看起来是一个白描的效果。

2. 角色流

接下来，我们考虑角色流，即有哪些角色参与完成了这个流程。仓库物料员和账务员参与完成了这个流程，将他们添加到这些活动中。我们也可以将信息系统作为一个角色处理，如图 11-14 所示。

很多时候，角色是岗位或者代指不确定岗位的人，比如申请人就不是一个岗位。

在添加角色的过程中，我们可以验证流程中对活动的描述有没有缺失。如果发现其中有某个角色参与，而我们并没有表现他的活动，那么需要将这样的活动补充完整。

3. 实物和信息流

第三条线是实物和信息流。从整个流程的输入进来，一路沿着流程走下去，看这些输入、输出的实物和信息发生了哪些形态的变化，中间有没有间断。在这个流程中，输入的是物料和物料验收单，在流转过程中验收单经过活动转变成了入库单，然后一直流转下去到物料上架存放。这时，我们发现了一个问题，在流转过程中物料始终没有跟随单据进行流转，而是在仓库物料员接收时暂时放在那里，最后在上架存放时再次出现，于是我们可以在上边画一条线，表示物料流转的路径。与角色流一样，实物和信息流也能帮助我们验证流程活动的连续性和完整性。

这样就沿着动作流、角色流、实物和信息流把一个流程的基本要素都完整地表达出来了。这三条线能确保我们在描述流程时不会有缺失，同时也能够验证我们最开始设定的流程边界及与其他流程的接口是不是正确的。

这些是我们描述流程的基本要素，实际上我们还需要一些其他的附加要素用来将流程更清楚地表达出来，也就是前面提到的流程发生场景的各种要素。

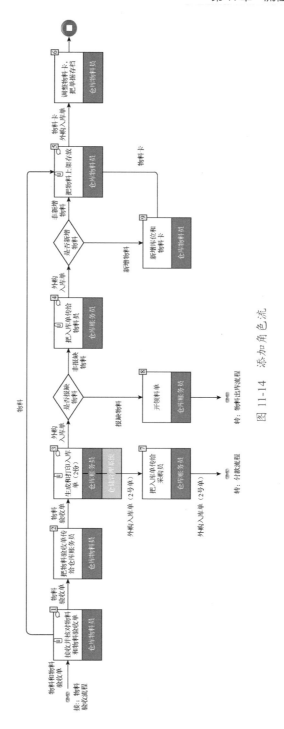

图 11-14 添加角色流

例如，我们可以在接收并核对物料和物料验收单的活动中，附加验收单的模板，添加核对活动的说明，表明我们需要核对哪些要素。到了这一步，我们就可以说，已经完整地呈现了一个流程的现实，如图 11-15 所示。

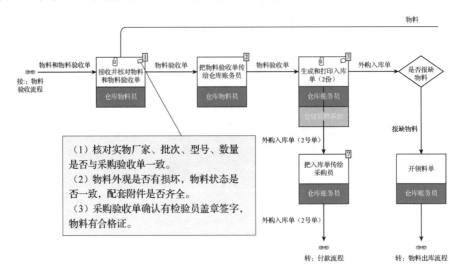

图 11-15　呈现完整要素的流程图

这里用到的是全息流程图，当然也可以用其他语言描述流程。图 11-16 是 VISIO 泳道流程图。

用 VISIO 泳道流程图的方式描述流程的好处是，可以在一条泳道中看到这个角色的所有活动。其缺点是如果流程的角色发生了变化，就意味着这个流程的形态要发生改变。这样的结果与我们倡导的基本理念有些差异：流程与组织和角色之间是相互独立的，角色只是流程的一个要素；流程是最佳实践的结果，不应该因为角色的改变而改变。

我们一般也会称 VISIO 泳道流程图为职能流程图。它通常是在我们需要描述一个流程时，为了分清楚职责边界而采用的。如今，在很多现实的应用中，我们还需要将流程和流程之间组合起来，生成一个更大的流程场景，在处理这样的组合过程中，泳道流程图就显得捉襟见肘了。因为当多个流程组合成为一个流程时，泳道就很难处理，所以 VISIO 泳道流程图的表现方式已经被新的 BPM 平台抛弃，它们更愿意选择 BPMN 2.0 的语言形式。

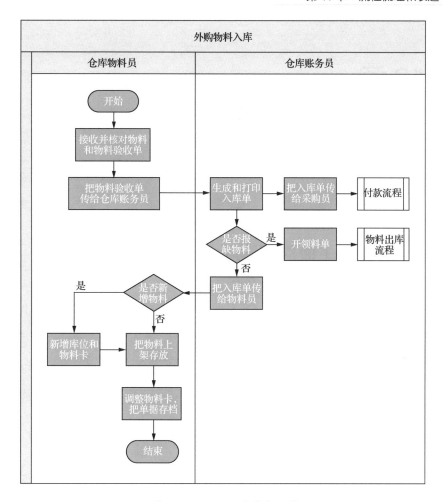

图 11-16　VISIO 泳道流程图

第 12 章
流 程 优 化

12.1 流程生命周期管理

流程生命周期管理，是流程管理专业工作的主线。流程生命周期整体上是一个 PDCAO 的循环：Plan（设计）、Do（执行）、Check（监控）和 Action（调整）和 Operation（运行），具体内容和环节如图 12-1 所示。

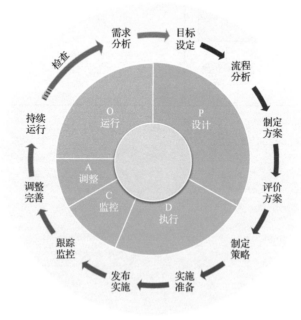

图 12-1 流程生命周期

这个过程并不包括流程梳理;我们一般认为流程梳理是流程生命周期管理前期的基础工作,是流程管理所有事情的前提。当然,将其列入流程生命周期管理开始的一个环节中也未尝不可。

1. 流程设计

流程设计是来自需求的,这样的需求来自两个方面。一是来自企业战略、业务发展和管理层的意愿。当我们面对一项新业务,或者一项业务的新场景和新模式时,如果以前没有流程或者以前的流程不能满足应用要求,就需要进行流程设计。二是来自企业现有流程优化的需要。流程已经在运行并且显性化了,如果在运行中发现了问题,需要通过流程分析和优化解决问题,这时就需要流程再设计。

流程设计的环节包括目标设定、流程分析、制定方案、评价方案。

① 目标设定。在流程设计之初,首先需要确定目标,即新流程的设计需要达到的目标或者流程再设计需要达到的改进目标。只有有目标才能衡量工作的有效性。

② 流程分析。流程分析建立在流程呈现的基础上,需要对比目标和经验之间的差异、分析流程中存在的问题,用技术策略和方法寻找目标与经验之间存在差异的原因,然后有针对性地制定解决方案。

③ 制定方案。在流程分析后,就需要制定流程优化的方案,这个方案的主体是设计新的流程。新流程是对原有流程的改变,比如串联和并联、增加或者减少环节等。在方案中需要阐述这些变化的原因、结果及优化的价值。不仅如此,方案还应该包括由流程变化引发的其他管理变化,以及与这些变化相配套的措施。例如,组织机构调整、岗位职责调整、权责分配调整等,也可能会涉及支撑这个流程运行的手段,比如 IT 系统。

④ 评价方案。制定方案之后需要对方案做出评价,一般会通过一个评审小组验证这个方案的可行性,以及是不是能够达到预定的目标。

从目标设定、流程分析、制定方案到评价方案,就完成了流程设计的整个过程。

2. 流程执行

在流程设计完成后，就开始流程执行。流程执行的环节包括制定策略、实施准备、发布实施。

① 制定策略。首先要制定流程实施的策略，这个策略是针对用新流程代替旧流程在具体操作上实现的转换，包括需要确定实施的时间点、是否需要试运行，以及实现这种转换之前需要完成哪些前置性的工作。如果在方案中有组织机构和岗位的变化，有 IT 系统的调整，或者制度的变更，那么这些事情都应该作为前置任务，在实施转换之前完成。

表 12-1 所示为一个成品库流程优化实施方案。

表 12-1　成品库流程优化实施方案

任务		细目	输出结果	时间	责任人
实施准备	调整表单	制定《入库申请单》	《入库申请单》	2019.3.27	张工
		制定《出库申请单》	《出库申请单》	2019.3.27	张工
		制定《库存商品复检通知单》	《库存商品复检通知单》	2019.3.27	张工
		制定《产品借用明细表》	《产品借用明细表》	2019.3.27	张工
		制定《在制产品借用流水账》	《在制产品借用流水账》	2019.3.27	张工
	设置岗位	设置齐套岗并安排人员到位	齐套岗岗位职责	2019.4.23	孙工
		成品库管理员与账务员岗位分离	成品库管理员与账务员岗位职责	2019.4.23	张工
	调整制度	修改《产成品库管理办法》	《产成品库管理办法》	2019.5.1	张工
		新增《产品齐套性检验规范》	《产品齐套性检验规范》	2019.5.1	孙工
	库房改造	完成图纸设计初样	成品库设计图纸	2019.4.1	李工
		总办会审议通过	总办会纪要	2019.4.10	李工
		库房施工	成品库库房	2019.4.30	李工
		投入使用前的准备工作	可用库房	2019.5.25	孙工
	实物清理	成品库现有实物的清理（包括实物的盘点，及实物所属库别的区分）	实物分库别摆放	2019.5.25	张工
	宣贯培训	成品库相关人员培训	培训记录	2019.5.25	张工
	召开评审会	对试运行条件进行评审	评审通过	2019.5.28	王总
试运行		试运行组织和监控	试运行通知	2019.6.1	王总
		试运行总结	试运行结果报告	2019.6.30	王总

② 实施准备。实施准备是按照制定的策略在实施之前完成准备活动，经过确认具备可以实施流程的条件。流程实施一般必不可少的是要进行宣贯和员工培训。复杂的流程实施还需要成立工作组，制订工作计划，组织完成相应的实施准备，以及预先制定对实施过程的控制策略。

③ 发布实施。如果流程具备了实施条件，我们就需要在一个时间节点上进行流程的公开发布并组织实施。

3. 流程监控

流程开始实施，需要实施工作组或者指定人员监控新流程的运行过程。流程监控需要有反馈机制，对于运行中出现的问题应该有快速响应的渠道，确保能够及时处理和解决。

4. 流程调整

根据流程试运行和流程监控反馈的情况，对流程和相关的运行机制可以进行再次调整和完善。试运行通常是有周期的，在试运行周期结束后，应该有试运行的评估报告，作为流程调整和实际运行效果评价的依据。

5. 持续运行

最后，流程进入稳定持续运行阶段。这个过程经过一个比较长的周期，如果再有问题，就再进行一次新的 PDCAO 循环。

在流程运行过程中需要做检查，检查包括两个方面：控制性检查和符合性检查。控制性检查是看流程本身是不是合理；符合性检查是看流程是不是得到了有效执行。

这个循环就是流程生命周期管理的全过程。其中，流程优化可能变动很大，也可能很小。即使在变动很小的情况下，我们也要从完整的生命周期的角度思考，因为即使是一个比较小的改变也会涉及一些管理职责、工作方法和习惯的变化。只是我们可以将其中的某些环节做简化处理，比如不需要试运行、实施不需要工作组等。

在这个循环中，核心的运行机制包括责任矩阵和项目管理机制，如图 12-2 所示。

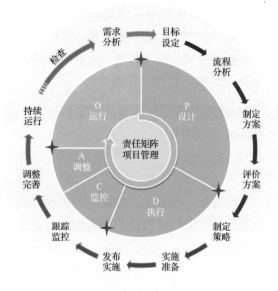

图 12-2　流程生命周期运行机制

关于责任矩阵，我们之前讲过，是确定流程负责人（也称流程 Owner）的机制。流程负责人这个角色是非常重要的，是整个流程生命周期管理中的主角和推动者。项目管理是针对一次流程优化的阶段性工作。

另外，领导小组（流程管理委员会）在关键节点上要进行控制。例如，如果流程优化是一个比较大的量级的工作，那么在起始阶段领导小组需要对设定的目标进行评审，在流程发布实施和调整阶段也需要对结果进行管控。

12.2　流程优化的层级和价值

最能够直接体现流程管理价值的工作就是流程优化，企业可以通过流程优化提高效率、降低成本、稳定质量、控制风险。

12.2.1　流程优化的层级

我们很熟悉扁鹊见蔡桓公的故事：扁鹊在第一次见蔡桓公时说君有疾在腠

理，在第二次见蔡桓公时说君之病在肌肤，在第三次见蔡桓公时说君之病在肠胃，在第四次远远地看见蔡桓公时掉头就跑。在抓到他时，他说君之病在骨髓，已经很难医治了。

企业的问题也如此，对于解决企业不同层面的问题，流程优化有不同的层级。从最深层到表面，流程优化有三个层级：业务模式优化、流程场景优化和流程活动优化，如表 12-2 所示。

表 12-2　流程优化的层级

层级	问题来源	内容范围	影响范围	典型示例
业务模式优化	战略和市场	价值链重构	业务结构、组织结构、业务分工	从批量化到定制化；IPD 研发模式的引入；从自制转换为供应链协同
流程场景优化	业务策略和方法	业务变革	工作方式、权责关系、岗位职责	引入 IT 系统；.生产组织方式和工艺布局调整；从分散采购到集中采购
流程活动优化	流程环节	流程重排	流程、制度、表单	删减冗余环节；从串联到并联；增加检查活动

1. 业务模式优化

业务模式优化是一种对业务模式进行顶层设计的工作，会改变企业价值链的结构，也会表现在企业的组织形态、权责关系的重大变化上。哈默教授在《企业再造》中写到，要根本性地解决问题，就需要业务模式的重构。这样的企业再造就是业务模式的优化。

例如，华为从 IBM 引入 IPD 的研发模式，花费巨大，当时把每年的销售利润都投入其中。结果是显而易见的，经过这样的业务模式重构过程，华为成为中国民族企业的一面旗帜。

业务模式优化是一项系统工程，会经历一个比较长周期的酝酿、系统性设计和实施过程，企业的组织结构也会随之改变。这种优化的起因通常是企业面对所处的环境条件变化进行的战略调整，用新的模式寻求新的业务增长点。

2. 流程场景优化

流程场景优化是企业中的某一些业务实现方式和场景发生了变化,而价值链结构没有发生整体性改变。例如,引入了一套 IT 系统,IT 系统与手工的运作方式不同,流程要按照相应的新模式设计和运行。相似的例子还有,企业中的生产组织方式、工艺布局发生变化,从分散采购转变为集中采购等,都是流程场景优化。这种流程优化的量级没有业务模式优化那样大,但要比流程活动优化复杂一些。不仅工作方式、制度和表单会发生变化,局部的组织结构和权责关系也会发生变化。变化程度要看具体工作范围的影响,如果是上线 ERP系统这样的工作,这个过程就会相当复杂。

3. 流程活动优化

流程活动优化是最基础、最简单的优化,作用于一个流程的细节活动。流程活动优化的表现形式是流程的重排,包括从串联到并联、增加某些环节、消除某些冗余环节。流程活动优化是企业的局部活动的变化,这样的局部变化通常不会引起权责关系和业务模式的结构性变化,只是某些操作发生了变化。即使这样非常小的变化,也会引起工作方式、制度、表单,以及个别人的岗位职责发生变化。

从业务模式优化到流程场景优化,再到流程活动优化,工作量级是逐渐递减的,工作的复杂程度也是递减的,如图 12-3 所示。

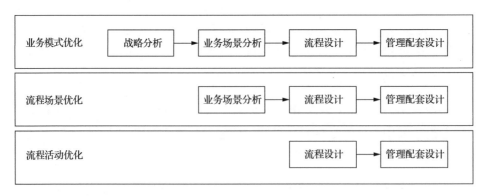

图 12-3　流程优化不同层级的工作环节

在接下来的章节里会对不同层级的流程优化的方法和示例进行详细叙述。

12.2.2 流程优化的价值

经常有人会问：怎样衡量流程优化的价值？

实际上，流程优化只有在流程活动优化这个层级上才容易衡量它的价值。因为如果只是简单地消除或者重排了几个活动，那么我们可以很容易地计算其中节省了多少时间和成本。

业务模式和流程场景这种量级的流程优化是很难衡量价值的。这种价值感通常就来自企业管理层的自我认知，就像我们不知道战略规划、组织变革这样不可或缺的工作到底怎样衡量价值一样。如果不改变，很多问题就不能得到解决，这关系到企业的生存和发展。就像扁鹊见蔡桓公这个故事一样，如果蔡桓公不治病，那么可能病得更重。当然，如果他认为自己没有病，就没有医治的必要了。当企业的管理层有价值感时，实际上并不需要我们再阐释流程优化到底有多少价值。

就像当年华为不仅引入了 IBM 的 IPD 研发模式，同时还找过十几家咨询公司做各个方面的管理提升，没有人能够衡量今天华为的发展到底有多少来自引入 IPD 研发模式或者某一项管理提升。

真正的管理提升都是不容易衡量价值的，这是管理的特性，它们通常只存在于我们对未来预期的感官认知中。

12.3　审批流的优化

企业中总有一些审批流，如何分析和优化它们，是我们经常要直接面对的问题。下面就用示例说明审批流优化的方法。

12.3.1 审批活动的删减

图 12-4 所示是一个园区管理公司的客户退租流程，其中淡红色的部分是这个流程中的审批活动。

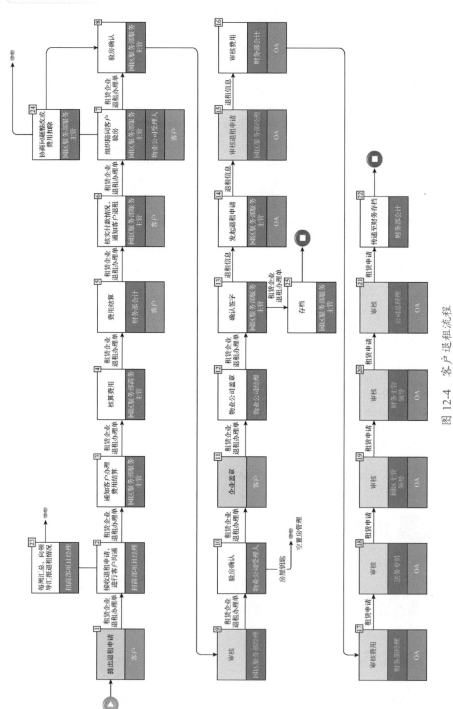

图 12-4 客户退租流程

为了对审批过程进行分析，我们将这个流程中的活动排列起来，构建一个流程要素分析表（PEA）。我们一般针对线性的流程构建这样的分析表，如果流程比较复杂，存在分支，就可以去掉部分分支，抽取其中主干的部分形成一个典型的线性流程场景来做分析。

我们在流程要素分析表中选取了主干部分的 22 个活动，将其列举出来，如表 12-3 所示。

表 12-3 客户退租流程的活动

序号	活动	角色	增值	确认	传递	检查
1	提出退租申请	客户				
2	接收退租申请，进行客户沟通	招商部项目经理	√			
3	通知客户办理费用结算	园区服务部服务主管			√	
4	核算费用	园区服务部商务主管	√			
5	费用结算	财务部会计	√			
6	核实付款情况，通知客户退租	园区服务部服务主管		√		
7	组织陪同客户验房	园区服务部服务主管、物业公司受理人	√			
8	验房确认	园区服务部服务主管		√		
9	审核	园区服务部经理				√
10	验房确认	物业公司受理人		√		
11	企业盖章	客户				
12	物业公司盖章	物业公司经理	√			
13	确认签字	园区服务部服务主管		√		
14	发起退租申请	园区服务部服务主管			√	
15	审核退租申请	园区服务部经理				√
16	审核费用	财务部会计				√
17	审核费用	财务部经理				√
18	审核	法务专员				√
19	审核	园区主管领导				√
20	审核	财务主管领导				√
21	审核	公司总经理				√
22	传递至财务存档	财务部会计			√	
合计			5	4	3	8

它的基本过程是这样的：首先，客户提出退租申请，园区管理公司接到申请后给客户结算费用，然后通知客户付款；同时，园区管理公司需要派人陪同客户验房，如果验房没有问题就确认结算，然后双方签字盖章，退租申请就完成了；退租申请单经过园区服务部、财务部、法务专员、园区主管领导、财务主管领导、公司总经理这些环节的审批，最后传递到财务部会计那里存档，这就是整个流程的完整路径。

在流程要素分析表中，需要填写这些活动的角色和属性。我们把活动的属性分成以下几种类型：增值、确认、传递、检查。

① 增值表示这个活动创造了一个新的交付物，这样的环节一般是不可缺少的。

② 确认表示这个活动需要留痕验证通过，比如验房之后要签字确认。虽然这个活动并不创造价值，但通常是不可缺少的环节。

③ 传递是信息或者物品从一个岗位传到另一个岗位，这是由于当事人所处的空间或者职责不同产生的交接。我们通常并不希望这样的活动发生，但很多时候是不可避免的。

④ 检查是为了防止错误和风险而设置的校对、复核、审核、审批的活动。我们把它们都归为检查。检查的活动通常是在优化时重点关注的，在风险可控的前提下应该尽可能减少功能的重叠。

通过对活动属性的定义，我们看到的结果是增值活动有 5 项，确认活动有 4 项，传递活动有 3 项，检查活动有 8 项。

增值、确认、传递的活动通常不容易被优化，除非我们的工作方式发生了变化。于是，我们的视角重点锁定在那些检查的活动上，需要分别对它们做出功能定义，在表中加一列检查功能来说明为什么要检查和检查什么内容，如表 12-4 所示。

我们看第 9 个活动，园区服务部经理的审核是园区服务的专业审核，后面第 15 个活动也是专业审核，第 19 个活动是园区主管领导的专业复核。

表 12-4 客户退租流程的检查活动的检查功能

序号	活动	角色	增值	确认	传递	检查	检查功能
1	提出退租申请	客户					
2	接收退租申请，进行客户沟通	招商部项目经理	√				
3	通知客户办理费用结算	园区服务部服务主管			√		
4	核算费用	园区服务部商务主管	√				
5	费用结算	财务部会计	√				
6	核实付款情况，通知客户退租	园区服务部服务主管		√			
7	组织陪同客户验房	园区服务部服务主管、物业公司受理人	√				
8	验房确认	园区服务部服务主管		√			
9	审核	园区服务部经理				√	
10	验房确认	物业公司受理人		√			
11	企业盖章	客户					
12	物业公司盖章	物业公司经理	√				
13	确认签字	园区服务部服务主管		√			
14	发起退租申请	园区服务部服务主管			√		
15	审核退租申请	园区服务部经理				√	专业审核
16	审核费用	财务部会计				√	财务复核
17	审核费用	财务部经理				√	财务复核
18	审核	法务专员				√	法务复核
19	审核	园区主管领导				√	专业复核
20	审核	财务主管领导				√	财务复核
21	审核	公司总经理				√	审核
22	传递至财务存档	财务部会计			√		
合计			5	4	3	8	

第 16 个活动是财务部会计的财务复核，接下来第 17 个活动是财务部经理的财务复核，第 20 个活动是财务主管领导的财务复核。

第 18 个活动是法务专员的法务复核。

第 21 个活动是公司总经理的审核。总经理为什么审核？经过了解，他们说是全面审核，对于总经理为什么审核，他们并没有给出答案。

有些时候检查可能是必要的，但如果出现了功能的重叠，比如都是财务部复核，那么谁最终对财务部负责就是需要弄清楚的一件事了。为了弄清楚这些复核活动的必要性，我们需要在分析表后面再加一列"风险"项，如表 12-5 所示。

表 12-5　客户退租流程的风险分析

序号	活动	角色	增值	确认	传递	检查	检查功能	信息系统	风险
1	提出退租申请	客户							
2	接收退租申请，进行客户沟通	招商部项目经理	√						
3	通知客户办理费用结算	园区服务部服务主管			√				
4	核算费用	园区服务部商务主管	√						
5	费用结算	财务部会计	√						
6	核实付款情况，通知客户退租	园区服务部服务主管		√					
7	组织陪同客户验房	园区服务部服务主管、物业公司受理人	√						验房异常
8	验房确认	园区服务部服务主管		√					
9	审核	园区服务部经理				√	专业复核		
10	验房确认	物业公司受理人			√				
11	企业盖章	客户							客户延迟
12	物业公司盖章	物业公司经理	√						
13	确认签字	园区服务部服务主管		√					
14	发起退租申请	园区服务部服务主管			√			OA	
15	审核退租申请	园区服务部经理				√	专业复核	OA	
16	审核费用	财务部会计				√	财务复核	OA	费用偏差
17	审核费用	财务部经理				√	财务复核	OA	
18	审核	法务专员				√	法务复核	OA	

（续表）

序号	活动	角色	增值	确认	传递	检查	检查功能	信息系统	风险
19	审核	园区主管领导				√	专业复核	OA	
20	审核	财务主管领导				√	财务复核	OA	
21	审核	公司总经理				√	审核	OA	
22	传递至财务存档	财务部会计			√				
合计			5	4	3	8		8	

我们要通过调查了解在这个流程中，哪些活动可能会存在风险。这种检查活动之所以存在，主要是为了控制风险而对效率做出的牺牲。我们了解到存在着三个风险点：第一是在组织陪同客户验房的过程中可能有验房的异常风险，如客户损坏了房屋结构或者物品；第二是客户盖章的时间不可控，可能造成延迟；第三是财务部审核的过程中可能存在费用核算的偏差。除此以外，不管是既往经营的历史，还是他们通过经验判断，都不会有其他风险。

于是，我们可以得出这样的结论：第16个活动的财务复核是必要的，因为费用偏差是通过财务复核能够检查出来的，除此以外的检查活动实际上都没有存在的必要。它们本身不创造价值，同时对风险控制也没有意义。现实中的具体情况也是这样的，客户的房屋到期不再续租，园区作为承租方是不能拒绝的，只有可能发生费用偏差的问题，那么一个财务复核活动就完全可以解决。法务的复核也如此，法务专员复核是被动的，只有在产生纠纷的前提下才需要法务专员的支援。

之所以会存在如此多的复核活动，是因为他们的几个相关部门（招商部、园区服务部、物业公司）和管理层需要得到这些与经营有关的信息，比如业务开展的变化情况，以及有没有大面积退租的情况发生。这些与经营有关的信息完全可以在业务系统中实时查询，而且还有定期报表和例会可以向管理层提供这些信息。这样看来，我们完全可以把这个流程中的 7 个检查活动删除而不会对经营造成影响。

现实中的很多企业都存在这样的现象，为了信息透明和防范风险增加了这些检查活动。一方面，这些活动本身并不能够给企业带来更多收益，而且会降低效率，增加运营成本。另一方面，如果多个人检查，那么很容易造成责任不清楚。

风险控制通常不是靠增加更多的检查活动实现的，交给一个可以信任的机制才是硬道理。生产型企业普遍采用的核心业务系统是 ERP（企业资源计划）系统，这是大家熟知的。企业从订单到交付的指令和核心数据都要在这个系统里生成与传递，它的重要性不言而喻。然而，ERP 系统没有检查活动，却能够精准运行，为什么？因为这些数据是可视的、透明的，而且数据之间的关系是彼此吻合的，正是靠着这样的机制实现了效率和风险之间的完美平衡。

企业中审批流的存在是必要的，但是不能靠一层一层地多级检查来运行和管理。

12.3.2　审批活动的合并

在现实中有些审批流的检查活动并没有上述示例那样简单，下面以一个相对复杂的示例来看审批活动的其他处理方法。

这是一个公司研发业务的外包流程，我们选择其中一段签订合同（从供应商谈判完成后拟定合同到合同审批完成）的流程做分析，如图 12-5 所示。

这段流程有 14 个活动，我们同样把这个过程写入流程要素分析表，并且对相关要素和功能给出定义，这个操作过程和前面示例描述的一样，如表 12-6 所示。

在流程要素分析表中，我们可看到从第 2 个到第 10 个活动是检查活动，下面分别对这些活动进行必要性分析。

第 2 个活动：项目技术负责人审核技术条款，看其是不是满足技术要求，因为其中有技术风险；实际上，在合同形成之前，需要形成技术协议或者备忘录，而这些技术文档是需要项目技术负责人签字的，并且它们要作为合同审批的附件上传到系统中，因此这个技术审核活动实际上并没有存在的必要。

第 3 个活动：项目负责人全面审核，包括合同的价格、时间、技术、交付条件和要求等。

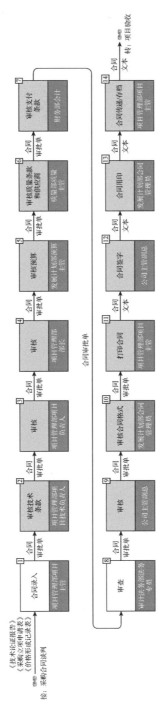

图 12-5 签订外包合同流程

表 12-6　签订外包合同流程的要素分析

序号	活动	增值	确认	传递	检查	检查功能定义	部门	角色	信息系统	风险
1	合同录入	●					项目管理部	项目主管	合同管理系统	
2	审核技术条款				●	审核技术条款	项目管理部	项目技术负责人	合同管理系统	技术风险
3	审核				●	审核全部	项目管理部	项目负责人	合同管理系统	价格、时间、技术等
4	审核				●	审核全部	项目管理部	部长	合同管理系统	
5	审核预算				●	是否在预算中	发展计划部	预算主管	合同管理系统	资金风险
6	审核质量条款和供应商				●	审核质量条款与供应商	质量部	质量主管	合同管理系统	质量条款
7	审核支付条款				●	审核支付条款	财务部	会计	合同管理系统	财务风险
8	审查				●	文本合法性	审计法务部	法务专员	合同管理系统	条款合法性
9	审核				●	审核全部	公司主管副总		合同管理系统	
10	审核合同格式				●	合同格式	发展计划部	合同管理员	合同管理系统	格式差错
11	打印合同		●				项目管理部	项目主管		
12	合同签字	●				根据授权签字	公司主管副总			
13	合同用印	●					发展计划部	合同管理员		
14	合同传递/存档		●	●			项目管理部	项目主管		

第 4 个活动：项目管理部部长的审核和项目负责人的审核一样，都是全面审核；这个活动审核的内容和前面的项目负责人审核的内容是重叠的，而且对于重要的项目，项目管理部部长甚至更高级别的管理层会担任项目经理，因而这个活动没有存在的必要。

第 5 个活动：发展计划部的预算主管审核项目是否在预算内、有没有超出预算，是为了控制资金风险。

第 6 个活动：质量部的质量主管审核合同的质量条款能否满足对质量的要求，以及供应商是否在合格供应商名录内。

第 7 个活动：财务部的会计审核支付条款，主要审核如果有分期付款，那么应该分三期以上，第一期付款不应该超过 30%。

第 8 个活动：法务专员审核合同条款中没有法律漏洞。

第 9 个活动：公司主管副总全面审核；公司主管副总实际上在后面的活动中会作为代表人在合同上签字，在签字活动中可以审核，这是重复的活动，可以去掉。

第 10 个活动：发展计划部的合同管理员审核合同的格式是否满足要求，有无差错。

这样，可以先去掉第 2 个、第 4 个、第 9 个活动，其他活动的功能看起来是不重叠的，那么它们是不是就有存在的必要呢？

我们再看第 5 个活动，发展计划部的预算主管审核预算，实际上在项目前期的立项阶段是要有预算的，否则就没有办法通过立项，既然通过了立项，就意味着一定在预算中了；如果签合同的金额和预算的金额有出入，项目负责人就可以掌控，而且在后续的合同付款流程中发展计划部的预算主管还会控制资金计划，有这样的前后制约再去审核预算就没有必要。

第 6 个活动：质量主管审核质量条款和供应商。其实合同中的质量要求并不是技术性的，技术性要求是在技术协议和备忘录中进行约束的。这里的质量条款是一段标准文本，所有认字的人都有能力识别而没有必要由质量专业的人来审核。

第 7 个活动：财务部的会计审核与第 6 个活动类似，虽然审核的是财务条款，但是内容简单到认字的人都看得懂的程度，根本不需要会计专业的人来审核。

第 8 个活动：法务专员审核合同的法律风险，实际上公司有标准文本库，采购合同都是在标准文本库中选取的。如果有新的文本模板，那么法务专员需要审核，然后将其写入标准文本库，因此这个活动其实就是审核是不是在公司的标准文本库中选择的文本模板。

经过这样的分析，我们可以将这段流程中的 9 个检查活动合并为 2 个，如表 12-7 所示。

第 1 个检查活动是项目负责人进行审核，他需要检查项目主管录入的合同要件（包括价格、时间、技术等信息）以免出错，同时也要检查是不是应用了标准的合同文本；第 2 个检查活动是法务专员进行审核，审核内容包括原来 6 个活动的内容，即预算、质量条款、支付条款、合同格式、合同模板及整个前述活动（包括合同签订之前立项过程应该完成的活动记录及附件等）的合规性。

表 12-7　流程检查活动合并

序号	活动	增值	确认	传递	检查	检查功能定义	部门	角色	信息系统	风险
1	合同录入	●					项目管理部	项目主管	合同管理系统	
2	审核技术条款				●	审核技术条款	项目管理部	项目技术负责人	合同管理系统	技术风险
3	审核				●	审核全部	项目管理部	项目负责人	合同管理系统	价格、时间、技术等
4	审核				●	审核全部	项目管理部	部长	合同管理系统	
5	审核预算				●	是否在预算中	发展计划部	预算主管	合同管理系统	资金风险
6	审核质量条款和供应商				●	审核质量条款与供应商	质量部	质量主管	合同管理系统	质量条款
7	审核支付条款				●	审核支付条款	财务部	会计	合同管理系统	财务风险
8	审查				●	文本合法性	审计法务部	法务专员	合同管理系统	合规性审查
9	审核				●	审核全部	公司主管副总		合同管理系统	
10	审核合同格式				●	合同格式	发展计划部	合同管理员	合同管理系统	格式差错
11	打印合同		●				项目管理部	项目主管		
12	合同签字	●				根据授权签字	公司主管副总			
13	合同用印	●					发展计划部	合同管理员		
14	合同传递/存档		●	●			项目管理部	项目主管		

我们把流程优化成这样一个结果，从 14 个活动变成了 7 个活动，其中的 9 个检查活动变成了 2 个检查活动，没有功能的重叠和缺失，而且还增加了对采购全过程的合规性检查，如图 12-6 所示。

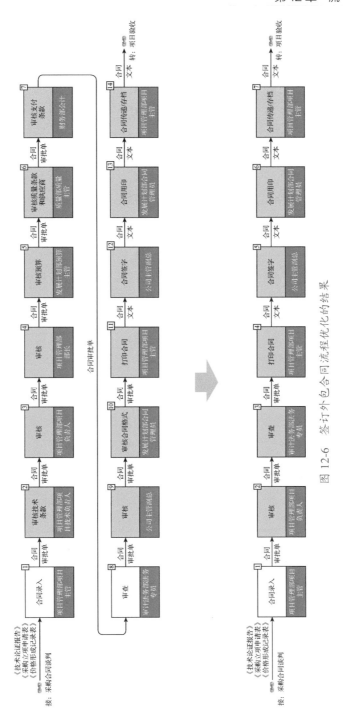

图 12-6 签订外包合同流程优化的结果

需要说明的一点是，当我们需要一些不同的功能审核时，这些不同的功能并不一定需要各自专业的人来审核。假如其中的财务审核需要计算成本和价格构成，非财务专业的人很难胜任，财务专业的审核就是必要的，否则如果没有专业的壁垒，那么将相应的检查活动合并不失为一个很好的优化策略。在上述示例中，我们可以将 6 个检查活动合并为 1 个检查活动就是这个道理。

总之，审批流优化的要点如下：首先，我们需要将审批活动的属性和功能进行定义，对比这些功能是否有重叠，然后逐个分析这些审批活动和风险之间的关系，通过分析得出结论，即这些审批活动是不是必要的，以及哪些可以合并。最后，应该得出这样的结果，即在控制风险的前提下，确保流程高效运行。

12.4 多因素流程的优化

企业中经常存在这样的情况：一个流程的运行结果是由多个因素决定的，有时候这样的因素很多，我们并不能非常直接地判断出这些因素的关系，以及它们对整体结果的影响程度。当面对这样的问题时，我们就需要先梳理这些影响因素，分析它们的结构和关系，然后有针对性地制定优化策略。我们称这个过程为多因素流程的优化。

下面看这样一个示例。企业采购业务的运行结果为到货及时率 62%、到货齐套率 79%。这就意味着采购物资只有 50% 左右能够按照计划准时投入生产，这样的结果指标让该企业很不满意。该企业期望通过流程优化，使采购物资的到货及时率能达到 80%、到货齐套率能接近 90%。事实上影响采购到货的因素很多，从哪里入手呢？

12.4.1 寻找影响因素

该企业让采购部、检验中心、生产部、计划部和技术部的几个专业人员坐在一起，做头脑风暴，列举采购到货的影响因素，一共有 29 项，如图 12-7 所示。

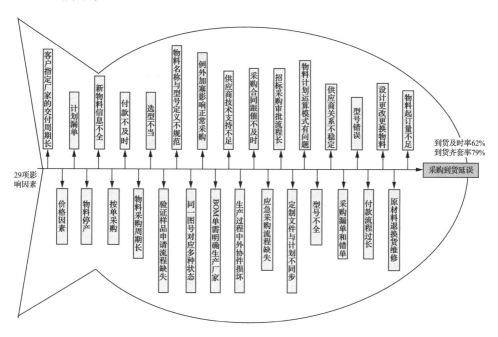

图 12-7 采购到货的影响因素

12.4.2 影响因素结构分析

这 29 项影响因素既有内部各个部门活动的因素、供应商的因素，也有外部环境的因素，既有技术层面的、生产层面的，也有管理层面的。这些因素是松散的，需要借助鱼骨图进行结构分析，如图 12-8 所示。

把影响因素整理成 8 个类型：运营方式、设计、流程、生产过程、采购、供应商、客户和财务。例如，运营方式的原因包括例外加塞影响正常采购、价格因素、按单采购、计划漏单、物料计划运算模式有问题。

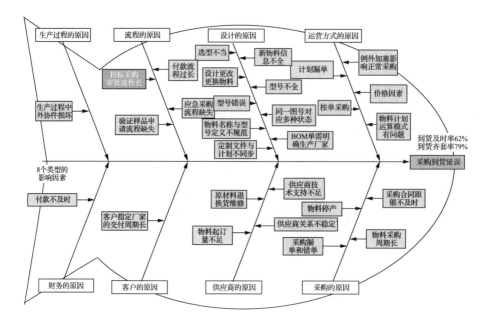

图 12-8　采购到货的影响因素结构分析

12.4.3　优化可行性分析

构建一个图表，分析这些因素的影响程度和优化的可行性（其中，"可行"表示需要与其他专业配合做出调整，"现实"表示可以立刻做出调整，"短期不可行"表示目前没有解决策略），如图 12-9 所示。

我们需要分析这些影响因素的特征，包括影响程度和优化可行性。显然，我们需要优先解决那些影响大，同时又具有优化可行性的影响因素。经过分析得到的结果是，例外加塞影响正常采购、计划漏单、按单采购这三个影响因素是可以被优化的。我们需要针对这样的影响因素，制定相应的优化策略和实施方案。

12.4.4　制定改进方案

我们分析 8 个类型中的相关因素可以改进的可行性，并制定优化策略和实施方案，最后将优化策略和实施方案进行归集整理，形成工作任务清单，如表 12-8 所示。

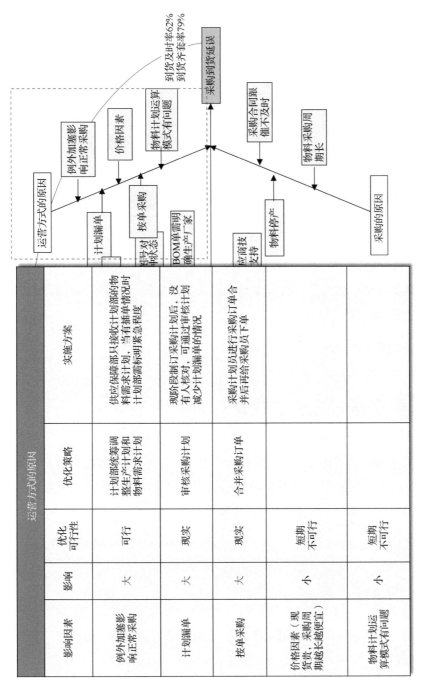

图 12-9　影响因素优化的可行性分析

表 12-8　流程优化的工作任务清单

工作内容	工作时间	2019年3月	2019年4月	2019年5月	2019年6月	2019年7月	责任人
实施方案	新增《供应商交期表》并实施滚动跟踪						×××
	编写《物料周期表》						×××
	编写《设计选型目录》						×××
	与供应商沟通协商						×××
	寻找代理商						×××
	建立自查、互查制度						×××

然后，制订计划，把这些工作任务分派下去，在一个预定的时间节点完成。同时，我们需要评估实施这些优化策略后，未来的采购物资到货及时率和到货齐套率能否达到预期的目标。

这是多因素流程优化的一个示例。

12.5　多场景流程的优化

多场景流程的优化是比较常见的，源于企业的一些业务有相对复杂的运行场景，而很多企业在流程设计中对场景的认识不足，这就容易使流程不能满足多种场景的需要，表现出流程缺失、冗余之类的问题。

我们之前讨论过流程场景，流程场景就是流程运行的环境和条件。

12.5.1　构建多场景

图 12-10 所示为一家定制化生产型企业的订单评估流程，是从客户需求到启动订单的过程。

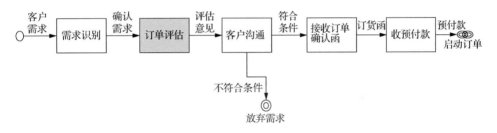

图 12-10　订单评估流程

在客户需求输入后，要进行需求的初步识别，然后进行订单评估来决定是不是承接这笔订单。若输出结果符合条件，则启动订单，若不符合条件，则放弃需求。第二个活动（订单评估）是这个流程的核心环节，需要评估订单的技术性、经济性和可满足性，这也是目前问题集中的环节。

当前存在的问题是在订单评估环节中，缺少相应的评估人员和评估标准的规则，容易出现两个方面的问题：如果订单评估缺少相关的专业人员参加，就会造成技术论证不准确、生产计划冲突、物料采购时间不足、利润评估有偏差等问题，这些问题会直接影响企业最终的产品交付，也会影响企业的整体运营绩效；如果每一笔订单评估都需要各个专业人员参加，就容易因为流程的冗余和重复工作造成客户需求响应时间过长、运营成本高、工作效率低的结果。

因此，我们就需要给出一个面向不同场景的订单评估业务策略。订单类型可以按照技术类型、金额类型、客户类型、物料类型四个维度进行分类，先构建一个订单类型矩阵，如图 12-11 所示。

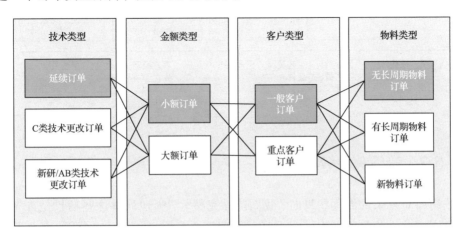

图 12-11　订单类型矩阵

在这个矩阵中，理论上存在 3×2×2×3=36 种业务场景，在这么多的业务场景中，如何确认对于不同类型的订单评估，应该有什么人参加呢？

我们以一种类型为基线，即延续订单、小额订单、一般客户订单、无长周期物料订单。基线类型需要销售员和计划员参加评估。然后，在此基线的基础上，确认各种不同类型的订单需要增加或者减少的评估人员，如图 12-12 所示。

对于 C 类技术更改订单，需要工艺员和会计参加评估；对于新研/AB 类技术更改订单，需要设计员、工艺员、会计参加评估；对于大额订单，需要管理层参加评估；对于重点客户订单，需要客户经理参加评估；对于有长周期物料订单和新物料订单，需要采购员参加评估。于是，这样的策略已经充分考虑并覆盖了公司所有订单类型的评估，形成了完整的流程优化策略。

这并不是一个非常复杂的流程场景优化的示例，在现实中比这个复杂的情况还有很多，但是思考的方法是相同的。

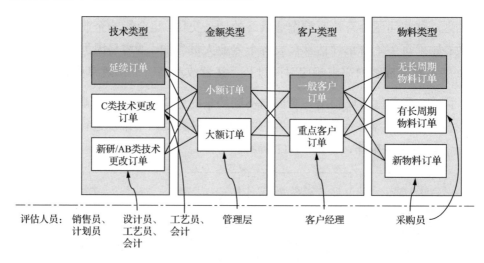

图 12-12　各种类型场景的人员构成

12.5.2　管理策略分析表

当面对复杂的流程场景时，我们能够完整、清晰地列举这些场景是首先要做的事情。为此我们引入一个工具：管理策略分析表。表 12-9 为一个公司的订单交付及回款管理策略分析表。

表 12-9 订单支付及回款管理策略分析表

产品和服务类型	二级分类	支付拨收	安装调试	培训	验收	发票	收款及核销
仪器	检测仪 全自动样本筛选仪 样本处理系统 影像平台	客户现场签收、签物流单据	售后安装调试	售后培训	安装调试验收后，部分培训后确认验收	正常为验收后开发票，在特殊情况下会先开发票后验收	1.验收后一次性付款。 2.交预付款。 3.验收后分期付款（含质保金）。 4.验收后分期付款（不含质保金）。
耗材	—	客户现场签收、签物流单据	—	—	物流单签收		1.验收后一次性付款。 2.交预付款（部分预付，剩余部分签收后付款）
系统产品	纯软件—标准产品	不涉及（安装后即接收）	售后安装	售后培训	部署后一段时间后才会验收签单	正常为验收后开发票，在特殊情况下会先开发票后验收	1.验收后一次性付款。 2.交预付款。 3.验收后分期付款（含质保金）。 4.验收后分期付款（不含质保金）。
	纯软件—定制化产品		研发安装	研发培训			
	软硬件一体机—标准产品	客户现场签收、签物流单据	售后安装	售后培训			
	软硬件一体机—定制化产品			研发培训			
转包产品	转售	客户现场签收、签物流单据	第三方安装调试	第三方培训	安装调试培训后验收	验收后开发票	1.验收后一次性付款。 2.交预付款。 3.验收后分期付款（含质保金）。 4.验收后分期付款（不含质保金）。
	打包 再加工	销售人员到现场、清点后客户签收物流单据	主体售后安装、第三方配合				
定制产品	模块产品	1.按里程碑接收 2.客户以服务确认函作为接收依据			物流单签收		1.验收后一次性付款。 2.交预付款。 3.验收后分期付款（不含质保金）。
	服务产品				确认函验收		1.验收后一次性付款。 2.交预付款。
	备件	客户现场签收、签物流单据			物流单签收	验收后开发票	1.验收后一次性付款。 2.交预付款。 3.验收后分期付款（含质保金）。 4.验收后分期付款（不含质保金）。
售后产品	培训	服务完成后、客户签服务报告单		售后培训	服务报告单验收		1.验收后一次性付款。 2.交预付款。
	打包服务	不涉及（根据合同签订时间执行）			—	签完合同后一次性付款（公司动期确认）	一次性付款（公司动期确认）
	单收服务—非标准产品	服务完成后、客户签服务报告单			服务报告单验收	验收后开发票	验收后一次性付款
	单收服务—标准产品	服务完成后、客户签服务报告单			先开发票、收到付款后、完成服务	先开发票、收到付款后，完成服务	交100%预付款
应用培训	客户端培训 实验室培训	服务完成后、客户签确认表		售后培训	客户签确认表	验收后开发票	1.验收后一次性付款。 2.交预付款。

表 12-9 中的列是公司提供的产品和服务类型，包括一级分类和二级分类，行是订单交付及回款业务的几个关键环节。需要说明的是，关键环节并不严格地代表一个流程或者一个活动，具体要在流程梳理过程中识别。这样就构成了一个管理策略矩阵，能够把不同类型的产品和服务在订单交付及回款过程中的各种场景完整地表现出来。

管理策略分析表为流程场景分析提供了一种完整视角的思考方法，我们通常会在构建流程框架之后，进行流程梳理之前应用它。这有助于我们识别到底这项业务有多少个流程、哪些场景会共用一个流程、哪些流程需要进行场景区分。如上述示例表现的那样，订单交付及回款的流程是相对复杂的，不是一个流程和一个场景能够表达清楚的，而能够识别出这些流程场景，也就为流程优化提供了前提条件，借此我们去做这一类的流程优化也就不再有技术障碍。

有人会说，这样做是不是看起来太复杂？事实是，企业的现实情况就这么复杂，能够把复杂的事情呈现清楚，这本身是需要一定技术性的。

12.6 业务模式的优化

业务模式的优化通常与企业的战略是直接相关的，它的问题表现在企业价值链的核心业务或者整体的经营结果方面。表现通常是多方面的，成因复杂，需要经过系统性的分析，实施的过程也通常是系统性的。下面就用一个案例来说明业务模式的优化。

一家定制化研发和生产一体化的企业的主要问题表现为订单及时交付率比较低、运营成本高、经营业绩不理想。我们分析该企业整体价值链的运营过程，发现多个环节都存在问题，如图 12-13 所示。

① 销售：在销售的过程中对客户需求的技术状态判断不准确，客户的交货期限没有经过很好的产能评估，很多订单不能及时交付。

② 计划：采用来一单下一单的方式，每笔订单就像独立的项目一样运转，缺少整体平衡。

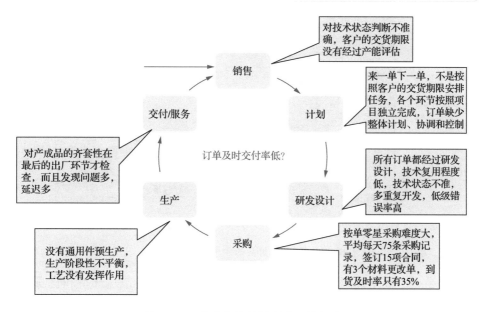

图 12-13 企业价值链问题的主要表现

③ 研发设计：所有订单都要经过研发设计，不管是重复的订单，还是技术更改的订单，都与新品订单走一样的路径。

④ 采购：按单零星采购，缺少安全库存策略。

⑤ 生产：在生产过程中没有通用件的预生产，造成生产不均衡。

⑥ 交付/服务：产品交付齐套性检查滞后，问题多发。

该企业为什么会存在如此多的问题？问题的根源在于它的运营模式。它原本是一家完全定制化研发和生产的企业，在初创期所有的订单都要经过研发设计、采购、生产、交付/服务这样的过程来完成。在经过几年的持续经营之后，重复订单和复用产品逐渐增多，比例已经达到销售额的 70%，如图 12-14 所示。

公司的价值链运行依然沿用完全定制化的模式，而随着规模的扩张和产品品种与产量的增加，这种完全由外部需求拉动的单线运营模式的问题也就显现出来：运营成本增加，管理难度增大，价值链的整体协调性不好，订单及时交付率比较低，企业的整体利润率下滑。这些问题的根源就在于，它的运营模式已经不能满足公司发展的要求，如图 12-15 所示。

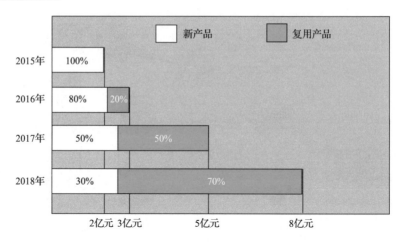

图 12-14　企业产品的复用比例逐年变化

这是一个战略性问题，企业经过几年持续运行之后，市场环境和自身条件已经发生了变化。重复订单量不断增加，而企业也积累了相当多的产品研发和生产经验，需要进行战略转型，从定制化向产品化方向转型，如图 12-16 所示。

这样的转型是一个系统工程，需要从产品规划、营销和服务模式、研发模式、生产模式、供应链模式的顶层设计层面考虑调整价值链的运营。

① 产品规划：规划产品的型谱，定义产品平台、产品线、产品型号。

② 营销和服务模式：以产品销售预测和订单作为生产的输入，发展战略合作客户，增强标准产品的销售和服务能力。

③ 研发模式：把预研和产品研发分离，实现异步开发，加强工艺技术能力。

④ 生产模式：加强生产计划管理和数据化，启动半成品预生产，平衡产能。

⑤ 供应链模式：发展战略合作供应商，按照物料采购周期制定采购策略，设置部分物料和半成品的安全库存。

运营模式转型的结果是，从一个定制化的单线运营方式转变成计划拉动的扇形运营模式，以计划统领营销和服务、研发、生产、供应链，如图 12-17 所示。

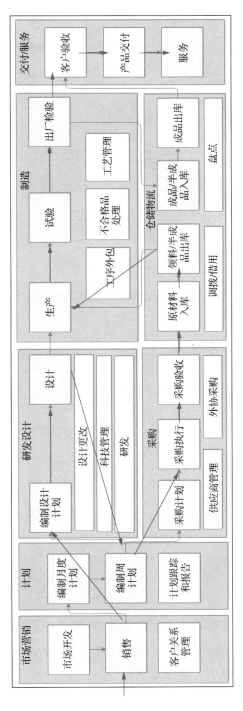

图 12-15 需求拉动的单线运营模式

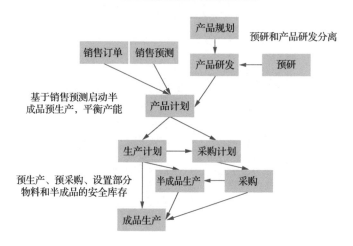

图 12-16 企业转型的路径

　　这样的转型最终要在流程层面实现优化落地。企业管理层形象地称之为"打七个靶"，如图 12-18 所示。

　　这是一个典型的业务模式优化案例。这样的变革起始于对现实问题的诊断。我们要找到最本质的系统性原因，将问题系统化、结构化，构建价值链的完整运营场景，然后基于流程的思维推演解决策略，分析要做哪些方面的调整和变革，最后落实到流程中分配任务、组织实施。实施过程可以是整体性的，也可以是渐进性的，这要看具体情况。例如，在上面的例子中，先从重点型号入手实现部分产品化运营，再逐步增加产品化的比例。

　　应该说，这种量级的变革实际上已经超出了流程优化的范畴，这是一个企业的运营模式变革工程，流程只是其中的工作之一。我们怎么定义这个标题并不重要，解决问题才是根本目标。管理的策略和方法本就是要综合运用的，需要系统性地解决问题，几乎没有什么流程变革不涉及其他管理领域的情况。

　　业务模式优化的实际操作是非常复杂的，需要企业投入足够多的精力和资源实现。每个企业所处的环境和自身条件都不同，面对的问题也不同，这个过程在知识和经验的基础上，更需要有足够的智慧。

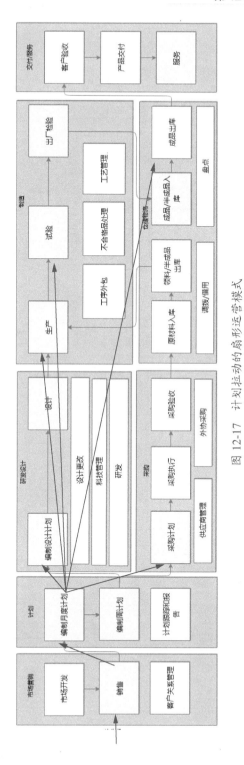

图 12-17 计划拉动的扇形运营模式

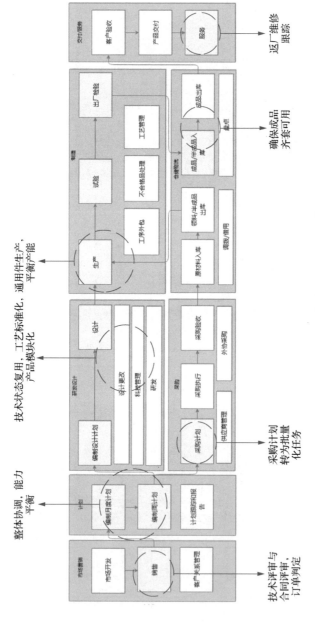

图 12-18 运营模式转型的实现策略

第 13 章
流程实践经验分享

13.1　流程如何落地

流程如何落地是很多人关心的问题。流程落地有两个层面的含义：第一是流程可以落地，这是流程落地的前提；第二是流程能够落地，这是实现流程落地的方法。

13.1.1　流程落地的前提

流程落地的前提是，在设计流程时需要考虑这三个方面：流程是基于现实的设计和呈现、流程必须到操作的细节、确保流程的合理性。

1. 流程是基于现实的设计和呈现

有人说，如果流程只是基于现实的呈现，而不是优化后的结果，那么它的存在还有什么意义呢？——其实正好相反。流程是基于现实的设计和呈现，这是流程管理工作的前提。

流程之于运营就像工艺之于产品。在制造产品之前，我们总要设计产品的工艺，然后按照设计好的工艺制造产品，工艺就是制造产品的方法。如果要改变产品制造的现实操作，就首先要修改工艺。

同样的道理，流程就是对企业运营方式的设计，我们要改变企业运营的方式，就首先要优化流程，然后按照优化后的流程运营。如果我们总是先改变了现实的运营再呈现流程，那么就像做好了产品之后再设计工艺一样，流程就失去了存在的价值。

流程梳理和流程优化是两件事，流程的呈现本来是我们在企业运营之前就应该做好的事情，而现实的流程显性化是缺失的，所以我们做流程梳理只是在补上企业运营设计的这一课，然后在流程呈现的基础上进行企业运营的再设计。这样才能进入一个正常的循环，即设计、执行、再设计、再执行。

如果我们能够清楚这一点，那么流程落地就是一个悖论。流程本来应该与现实保持一致，自始至终都不应该让它"飞"起来，如果流程不会"飞"起来，那么就不用担心它的落地。

2. 流程必须到操作的细节

很多时候，企业的流程设计很粗糙，操作的细节没有体现出来，这就增加了实际操作的自由度，对活动控制的效果就会打折扣。比如，在产品测试完成之后要将产品传递到工位，具体操作是要检验室测试工程师将产品送回，还是通知生产线人员来取？是通知到工段长、转工员，还是操作工人？是打电话通知，还是用系统信息传送？这些细节都应该非常清楚地呈现出来，在具体操作时才不会有疑问，如图 13-1 所示。

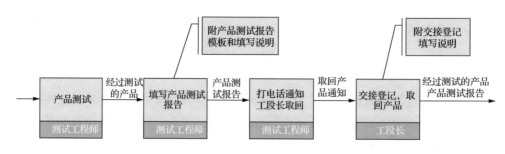

图 13-1　流程描述操作的细节

一旦出现大家都不清楚的情况怎么办？我们就需要通过讨论来完善这样的流程，然后把流程确定下来。比如，有这样的例子，企业的工装工具是有人负责的，其包装物也有人管，有一次突然出现了一个例外情况，工装工具的包装物发生损坏，在这种情况下应该怎么做？由谁来负责？这时就该流程管理员出场了，组织讨论之后确定工装工具的包装物损坏处理的流程，明确相关的责任人，如果以后再出现这样的情况就照此办理。

若非如此，没有固化的流程和责任，今天领导临时指派一个人处理了，如果明天再出现这样的情况，那么员工还会再去找领导，这样做的结果就像在2.3 节中描述的那样，领导总是被杂七杂八的事情困扰而无暇顾及更重要的事情，企业的运营也会漏洞百出。

有一种说法叫高标准严要求。这对企业来说实在是难以两全的。如果制定的工作标准比较高,那么怎么能够严格要求员工做到呢? 高标准是对少数人说的，这需要相当的技术能力和经验；对于大多数人来说，制定的标准应该比较低，通过严格要求才能确保预期结果的实现。

在流程设计中需要尽可能地将业务操作分解到活动细节,确保员工不需要很强的能力就可以很好地完成。就像麦当劳那样，将流程细化到操作，并且借助各种设备和工具使得流程操作非常简单，这样流程才能被很好地执行。

我们经常说，细节决定成败。

3. 确保流程的合理性

流程是企业的最佳实践，既然是实践就离不开最有实践经验的人，一线的操作者应该有相当的话语权。

有很多企业不重视员工的智慧，流程是领导说了算的，领导拍板之后就照此执行。是不是合理的不好说，依靠组织的强制力推行。以个人的好恶决定流程是非常可怕的，因为管理者并不总能够通晓业务的全部细节，久而久之就会形成各种流程与具体操作的不协调。虽然流程的执行是需要组织强制力作为保障的，但是流程在设计时不能只出自管理者的意愿。

流程设计和决策需要通过一种机制实现，这就是流程的生命周期管理机制。流程需要经过一定范围内的讨论来确保本身的合理性，讨论的范围包括管理者、实际操作者、上下游流程的相关者。不合理的流程实施起来就像削足适履。

对流程设计过程的讨论对流程实施也具有重要的意义。如果操作者参与了流程设计，就更乐于接受流程设计的结果，在流程实施时，培训和宣贯的过程也要简单得多。

13.1.2 实现流程落地的方法

1. 树立权威

在流程文化里我们说过契约精神。流程和制度一样都是企业中的契约，契约不是单向的，而是为了降低交易成本共同制定的。如果期望每个人都能够遵守，首先就需要在契约面前人人平等，这样才能保证契约的权威性。

流程经过设计、讨论、评审、发布之后，需要形成一个正式文本。这个正式文本在企业中需要具有权威地位，以企业标准或者制度的方式确立起来。它应该是具有威慑力的，需要企业的强制力来保证。

2. 检查和控制

人总是企业中最活跃的因素，人的行为充满了不确定性。我们不能相信所有人都自觉地遵守流程。离开了检查和控制，一个群体中总会有个体试图破坏规则。

詹姆士·威尔逊和乔治·凯林在犯罪学中提出破窗效应：有人打破了一个建筑物的一扇窗，如果不及时维修，其他人就很有可能打破另外的窗。这种破窗的示范效应会促使人们打破更多的窗，如图 13-2 所示。

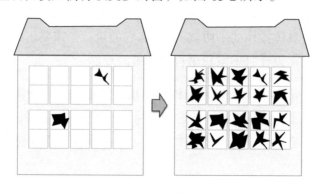

图 13-2　破窗效应

企业的规则也如此,如果一个员工的一次违规行为不能够及时被发现和制止,就会有更多的员工尝试着不去遵守规则,最后企业的规则就会名存实亡。

流程的执行过程必须要有检查和控制,要有现场检查,也要有事后检查。当发现不符合规则的现象时要及时纠正,只有如此才能强化流程作为规则的权威。

同时,这种检查和控制不是在流程的所有环节中的,因为这样的成本过高,需要在关键节点上进行控制,而这样的关键节点和控制方式也是流程设计过程中需要考虑的内容。没有控制措施的流程设计本身是不完整的。

3. 绩效激励

绩效激励的作用比较容易理解,包括正向激励和负向激励。对维护流程权威和流程优化做出贡献的人给予正向激励;对那些触犯规则的人给予相应的负向激励,也就是处罚。激励应该具有及时性,只有及时激励才更有效果。

4. 员工训练

企业文化是群体心智模式和行为模式。这些心智模式和行为模式,在很大程度上是通过员工训练养成的一种习惯。

训练有素的员工按照习惯思考和操作成了一种本能。军队里的操练,很多都是一些基本活动的训练,包括齐步走、叠被子等,而不限于作战的技术性训练,正规军和游击队的主要差别就在于此。这与很多企业推行 5S(现场管理)的目的是一样的,通过训练让团队养成习惯。

员工训练的首要目的是让员工能够遵守集体规则和指令,训练之后的员工能自主地按照规则完成工作。我对在一家日资企业曾经看到的一幕印象深刻:员工上工时首先面对面站成两排,然后互相检查头盔、衣领、腰带、鞋子,做整齐划一的分解动作,完成之后互相拍手上工位。

员工训练在企业管理中是很容易被忽视的,因为这看起来似乎并不实用,但其实对于提高团队的执行力来说是非常重要的。

5. IT固化

IT 固化对流程落地的作用是不言而喻的，通过信息技术的手段能够让运营更透明，降低人为因素的影响。现实是企业往往陷入另外一种极端——对 IT 过度依赖。很多企业的管理者会认为如果没有 IT，流程就不能固化，现实并非如此。企业中总是有部分流程能够用 IT 固化的，而部分流程是没有办法用 IT 固化的，即使是 IT 固化的流程也要通过人机交互的方式完成。

对于流程落地的手段来说，IT 固化只是其中的一种而不是全部，毕竟企业还是要靠人的，人才是真正能够实现价值增值的因素。

企业管理是多维度的，流程落地的手段和方法也是多方面的，需要综合运用，不能在某一方面形成短板。短板不会因为你的忽视而不存在，也无法通过其他方面的长板来弥补。

13.2　流程管理软件的类型

流程管理软件，又称为业务流程管理系统（Business Process Management System，BPMS）。目前，市场上很多厂商都声称自己的软件是流程管理软件。到底什么样的软件才是流程管理软件？流程管理软件有哪些类型呢？

13.2.1　流程管理软件的四种类型

流程管理软件可以分成四种类型：流程梳理软件、流程建模软件、流程分析软件、流程中间件。

1. 流程梳理软件

顾名思义，流程梳理软件就是用于支持流程梳理工作的软件。我们在11.1.1 节中曾经介绍过，流程表达语言从逻辑流程图、泳道流程图、全息流程图演化到仿真流程图。

流程表达语言和流程管理软件的应用是息息相关的。流程梳理软件采用的比较典型的语言就是全息流程图。它是在流程梳理过程中，管理人员和业务人员用来呈现业务现实的工具。正因为它的用户是管理人员和业务人员而不是专业人员，所以易用性和通俗化是它的典型特征。

比较有代表性的流程梳理软件有 Nimbus 的 CONTROL 系统。另外，我国近年来也开发了一些类似的系统，如图 13-3 所示。

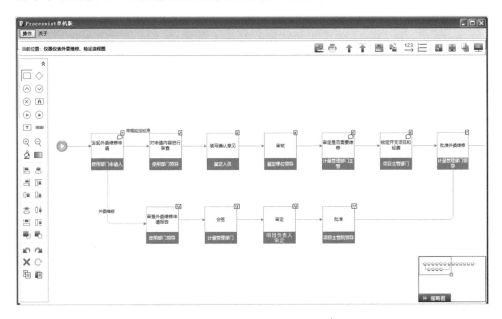

图 13-3　流程梳理软件示例

首先需要说明的是，我们在此讨论的软件都是系统，而不是 VISIO 这样的工具软件。工具软件和系统的区别是显而易见的，系统通常有服务端和客户端，可以多人协同工作，具有管理功能，而工具软件通常是单机应用，不具备管理的功能。对于流程管理来说更重要的意义在于，只有系统级的产品才能支持流程管理作为一个完整体系的存在和实现。比如，流程的逐层展开和端到端连接（就像高德地图一样）。再如，流程的生命周期管理，是流程管理系统软件首先必须支持的。

2. 流程建模软件

要想清楚流程建模软件和流程梳理软件之间的差别，首先就要清楚流程建模和流程梳理的差别。虽然很多人会把它们混为一谈，但实际上它们不是一回事。流程梳理的结果是要完整地、结构化地呈现流程，这是以管理人员和业务人员为主体的工作。虽然这个过程也需要有标准化的语言，但是对于所采用的语言的精确程度没有很高的要求。流程建模却不同，需要有复杂而且精确的语言，否则我们很难称之为模型。这样的工作不是管理人员和业务人员能够完成的，通常要由专业人员实现。

实际上，我们更应该称流程建模软件为企业建模软件（可以支持 EA），因为它们构建的不只是流程模型，可以基于多个维度构建企业模型（比如组织模型、绩效模型、风险模型等），甚至有些软件还可以自定义模型。

代表性的流程建模软件就是业内熟知的 ARIS，如图 13-4 所示。

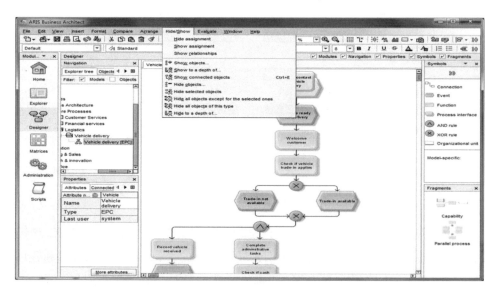

图 13-4　流程建模软件示例

这种流程建模软件的优点是功能强大，可以扩展应用支持管理集成和系统集成。它的缺点是易用性不足，只有受过专业训练的人才能使用。或许这不能称为缺点，因为功能强大和易用性总是一把双刃剑。

3. 流程分析软件

流程分析软件在流程建模软件的基础上，通过赋予流程的数据定义，能够实现流程的模拟运行——仿真。这种流程仿真是有前提的：第一，构建了非常完整而且精确的流程模型；第二，流程的各种运行场景通过数据进行区分和组合；第三，流程的每一个活动都基于某些维度定义了数值，如时间、成本等。然后，通过运算可以得出流程模拟的数据。这样的好处是显而易见的，就像产品设计的仿真一样，我们可以做流程设计的仿真，为流程的分析和优化提供数据的支持，如图 13-5 所示。

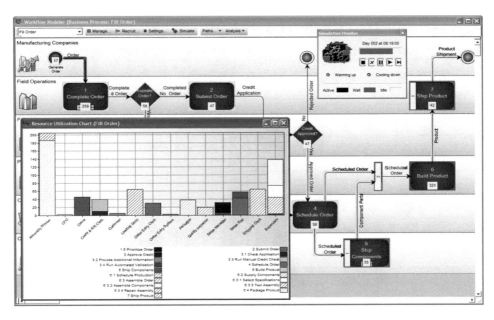

图 13-5　流程分析软件示例

这实在是一件美好的事情，然而现实是"骨感"的。我认为目前国内绝大多数企业都不具备上述条件，既缺少体系化的流程，也缺少支持流程分析的数据，还缺少流程建模的专业人员。

流程分析软件一般不会独立存在，在很多时候是流程建模软件的扩展应用。

4. 流程中间件

流程中间件是介于流程管理软件和流程执行软件中间的一个状态。流程执行软件就是我们通常说的业务系统，比如 ERP、MES、OA 等系统。当然，像

ERP 系统这样复杂的业务系统并不只是做流程的执行，更重要的是做企业资源的管理，这实际上已经超出了流程管理的范畴。

流程管理软件和流程执行软件是有差异的。流程管理软件是流程设计和生命周期管理的工具，并不执行流程。执行流程的都是业务系统和工作流软件。流程中间件就是流程管理软件和流程执行软件之间的桥梁，相当于一个翻译器，将设计出来的流程植入 IT 系统实现流程的运行。毫无疑问，这样的过程是流程建模软件的延伸和扩展，如图 13-6 所示。

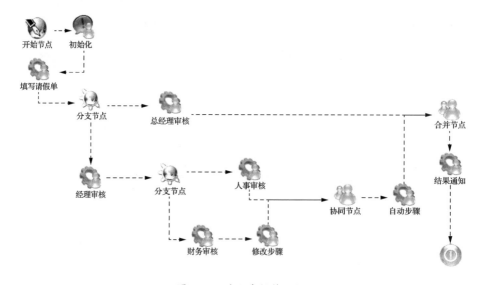

图 13-6　流程中间件示例

流程中间件也有比较简单的用途，有些中小型企业不需要构建完整的流程体系，只是在梳理和设计某些流程之后，通过中间件将它们转成工作流执行，实现从流程设计到执行一体化。

这种设计和开发策略是很有意义的，毕竟对于中小企业来说，流程体系可能不是它们眼下所关注的。当然，这种设计是局部的，与我们讲的流程体系化设计和生命周期管理不是一个层面的事。

这种类型的软件现在很多，它们都是从工作流软件发展起来，由执行端向设计端延伸的一种扩展应用。

13.2.2　没有完美的结局

以上是流程管理软件的四种类型。在现实中，很多企业都期望有一套这样的系统：从流程梳理开始，可以构建流程模型，可以进行流程分析，需要的话还可以将某一部分流程植入 IT 系统中执行，与 OA 系统或者 ERP 系统实现对接和集成。那是不是很完美？

很不幸，在现实中找不到这样一种系统。因为我们处在流程成熟度的不同阶段，对流程管理的要求是不一样的，这样的要求通常对于软件来说是难以相容的。

如果企业还没有实现流程体系化的呈现和管理，那么需要的是流程梳理的系统，而流程建模和仿真的系统对企业来说就太难应用了；对于一个流程管理相当成熟的企业来说，走过了流程管理体系建设的阶段，那么建模和仿真的技术性不会是很大的障碍；如果企业更倾向于局部的流程应用和工作流实现，那么通过流程中间件实现从设计到执行一体化也是不错的选择⋯⋯

如此说来，企业在流程管理的不同阶段和不用应用之间，怎么能够实现成果的复用而不是重复建设？为此，人们做了很多努力：让 ERP 系统和 ARIS 进行合作，就是为了实现从企业建模到系统执行之间无缝连接；国际组织 BPMI 开发了一套标准的流程建模语言 BPMN 2.0，期望通过这样的标准语言在流程设计和应用之间建立联系；逐渐兴起的低代码开发平台也在朝着这个方向延伸，通过模块化的方式实现敏捷开发，缩短软件开发的周期和降低成本；很多 BPM 软件开始支持云平台的应用，可以进行更大范围的流程成果复用和共享服务⋯⋯

很多人为这些软件的未来描绘了一个美好的前景——不需要技术人员的参与，业务人员通过流程设计、建模、系统配置就可以实现软件功能的开发和应用。

我们已经看到了一个趋势：开发越来越不再是 IT 应用的障碍，而最难以解决的仍然是面向企业个性化的流程设计和建模。不过，现在 BPM 软件的发展，已经在为这个过程提供更多的便利和更好的选择。

工具没有完美的，适合自己的就是最好的。

13.3　流程管理咨询的类型

　　流程管理咨询有不同的流派，实际上这也是市场对流程管理咨询需求的类型，提供服务的方式与市场的需求是直接相关的。黑格尔说："存在就是合理的"——存在总有存在的原因。

13.3.1　三个咨询流派

　　我们认为流程管理咨询有三个流派，分别是实用派、传统派和系统派。

　　1. 实用派

　　实用派是由业务专家和经理人队伍发展而来的，他们的管理咨询（不限于流程管理方向）有同样的一个特点：更注重立竿见影的效果，也就是实用性。

　　在他们的眼中，企业引入管理咨询的目的总是要面向现实解决问题，比如企业库存大的问题、订单不及时交付的问题、产品质量的问题、市场快速反应的问题等。老板更希望得到业务专家的指导：告诉他应该怎么做。对他讲体系，对他讲道理，不如告诉他应该怎么做。

　　实用派面对的企业需求是从最直接的运营而来的，有两种类型：一种是非常模式化的方法论和教科书式的解决方案，比如精益管理和现场改善，以教练方法阶段性地为企业辅导；还有一种是深入企业业务本身，用经验告诉企业应该怎样做，直接指导业务的实际运营。有些时候顾问会与企业签订这样的合同，承诺经过咨询之后企业的经营业绩上升到什么水平。

　　一切以效果、功用为标准，不管是黑猫还是白猫，能抓住老鼠就是好猫，这颇有点儿实用主义哲学的色彩，所以我们称之为实用派。

　　2. 传统派

　　传统派是由传统的本土咨询公司发展而来的。与我们通常所说的战略、人力资源管理等咨询方向类似，流程管理也是管理咨询的一个专业。

传统派的特性与实用派不同，他们会把专业分得很清楚，也将企业的需求分得很清楚。就像中医一样，针对不同的人、不同的病，抓不同的药。从调研诊断开始，基于管理方法论出发提出解决方案，然后实施。他们通常不会对经营结果负责，毕竟那是企业自己的事，正所谓师傅领进门修行在个人。

传统派的咨询发展到今天有 20 多年的时间，积累了很多的理论和经验。其中，战略、人力资源等传统咨询的方向比较成熟，而流程管理咨询是一个新的方向，历史比较短，甚至可以说还并不成熟。

3. 系统派

系统派最早是一些国外软件的代理商。比较典型的有两家：一个是 ARIS 系统的代理商 IDS Scheer，另一个是 CONTROL 系统的代理商 Nimbus。代理商在把这些流程管理系统软件引入国内时，也把国外系统化的管理思想引进过来，我们称这种类型为系统派。

系统派的特点是言必称体系，做质量的说质量管理体系，做风险的说风险内控体系。系统派强调企业管理是一个系统性的整体，凭一招一式解决不了问题，企业管理需要系统性的解决方案。

13.3.2　三个流派的差异

这三个派别有什么差异？每种类型的客户规模、诉求和咨询内容都是不一样的。

实用派的客户以小型的民营企业为主，顶多是中型企业，基本上都分布在长三角和珠三角的工业区。这样的企业处在发展期，需要通过咨询改善运营水平，提高市场生存能力，实现从初级的生存挣扎到持续发展进化的过程。其咨询内容主要是解决生产现场、供应链、营销等直接面向业务运营的问题。

传统派的客户规模一般稍微大一些，如比较大的民营企业和一些国有企业，其分布范围比较广泛，数量也比较多。这样的企业处在上升期，需要解决持续发展和管理水平上台阶的问题，要实现从管理粗糙到精细转化的过程。其咨询内容通常是流程梳理和流程优化，构建权责机制，也有和其他管理需求相匹配的解决方案，包括组织变革、绩效激励等。

系统派的客户通常是大企业、集团公司，或者新兴的高技术产业。这样的企业对管理的认知和需求更深入，已经走过了管理的初级阶段，一个局部的变化对企业没有什么帮助，它们需要系统性地解决问题。其咨询的内容是构建完整的流程管理体系，或者管理模式的设计和优化，也会伴随着业务架构、体系整合、管理机制建设、IT 规划等内容。比如，华为引入 IBM 的 IPD（集成产品开发）研发模式，这是从头到脚的顶层设计，是构建一套完整的研发体系的过程。

这三种流程管理咨询类型的存在都来自市场需求，都有存在的合理性。小企业搭建体系解决不了生存的问题，大企业做局部改善解决不了运营模式的根本问题。

企业在引入管理咨询时，需要充分考虑自身的发展阶段和条件，选择适合自己的目标、方式和内容。